घेरे से बाहर

घेरे से बाहर

सांत्वना निगम

वाणी प्रकाशन

वाणी प्रकाशन

4695, 21-ए, दरियागंज, नयी दिल्ली 110 002

फ़ोन : +91 11 23273167 फ़ैक्स : +91 11 23275710

शाखाएँ

अशोक राजपथ, पटना 800 004, बिहार

कॉफ़ी हाउस कैम्पस, महात्मा गांधी मार्ग, इलाहाबाद 211 001, उत्तर प्रदेश

महात्मा गांधी अन्तरराष्ट्रीय हिन्दी विश्वविद्यालय, वर्धा 442 001, महाराष्ट्र

www.vaniprakashan.in
marketing@vaniprakashan.in
sales@vaniprakashan.in

GHERE SE BAHAR
by Santvana Nigam

ISBN : 978-93-88434-75-1
Memoirs/Autobiography

प्रथम संस्करण

मूल्य : ₹ 450

सिटी प्रेस, दिल्ली-110 095 में मुद्रित

वाणी प्रकाशन का लोगो मक़बूल फ़िदा हुसेन की कूची से

भूमिका

एक बहुत ही साधारण–सी लड़की, फिर साधारण औरत और उसका साधारण–सा जीवन। उसके बारे में क्यों लिखा जाये? पर साधारण पाठकों के लिए एक औसत ज़िन्दगी भी कुछ मायने में दिलचस्प हो सकती है, यही सोचकर यह सब लिखने का इरादा किया। विशिष्ट व्यक्ति जो सफलता की सीढ़ियाँ चढ़ पाते हैं, उनके जीवन में भी औसत लोगों का आवागमन और योगदान तो होता ही है। उनके साथ सम्बन्धों के बनने न बनने या बनकर टूट जाने की कथा में भी कुछ दिलचस्प तो होगा ही। इन सब उलझी हुई बातों को अपने साधारण–से परसैप्शन से देखकर लोगों को बताना चाहूँ तो हर्ज ही क्या है?

इसलिए...

अनुक्रम

जड़ों की ओर

आख़िरी दिनों में माँ कहा करती थी–पेड़ ऊँचा हो जाता है, शाखाएँ आकाश छूती हैं, पत्ते हवा और रोशनी से नहाते हैं, पर जड़ों की बात कौन सोचता है? काली, खुरदुरी, मिट्टी सनी जड़ें। जड़ें मिट्टी के नीचे दबी, पेड़ को जीवित रखती हैं। ये सब वह अपने लिए ही कहती थी। मृत्यु के बहुत पास सरक आये व्यक्ति की सोच शायद ऐसी ही हो जाती है।

सो मैं अपनी जड़ों की ओर मुड़ कर देखती हूँ।

दीदीमाँ

हम भाई–बहनों के जीवन पर ननिहाल का बहुत गहरा असर था। कारण, माँ का अपने मायके से गहरा लगाव। हमारा परिवार 'मदर डॉमिनेटेड' था। पिता के परिवार से दूरी ही रही और बचपन की सारी स्मृतियाँ ननिहाल से ही जुड़ी हैं और ननिहाल की शक्तिशाली स्तम्भ थी–दीदीमाँ–मेरी नानी।

बहुत गोरी, मँझोले क़द की दुबली–पतली, देखने में सुन्दर नहीं, शरीर पर गहनों का लेशमात्र नहीं, महा ऐक्टिव। एक बार मैंने उनसे पूछा था, "दीदीमाँ आप गहने क्यों नहीं पहनतीं औरों की तरह?" उन्होंने कहा था–पहनती थी पहले! फिर एक बार तेरे नानाजी ने कहा था, "उँह बाँस में लट्ठा लपेटकर गहने लटका दिये हो जैसे।" बस उस दिन से दीदीमाँ ने सब गहने उतार दिये। नानाजी सुन्दर स्त्रियों के भक्त थे।

दीदीमाँ ग़ज़ब की बातूनी थीं। बात करते समय वह बँगला कहावतें और मुहावरों का भरपूर प्रयोग करतीं। बचपन में सुनी हुई वे कहावतें और मुहावरे मुझे आज तक याद हैं। ऐसे ही बातों के सेशन में उन्होंने हमें बताया था कि वह जब चार–पाँच साल की थीं तो ईश्वरचन्द्र विद्यासागर की गोद में अकसर बैठा करती थीं क्योंकि वे उनके पिताजी के क़रीबी मित्र थे। दीदीमाँ के पिता 'बंगाल रेनेसाँ' से जुड़े हुए थे और कलकत्ता के पुराने रईस थे।

अपनी शादी का बड़ा दिलचस्प वर्णन किया करती थीं–''ग्यारह साल की थी मैं और तेरे दादाबाबू (नाना) छब्बीस के। शादी के बाद विदा होकर जब ससुराल पहुँची तो ससुरजी ने फिटन में से गोद में उठाया और एक कमरे में लाकर खड़ा कर दिया। कमरे में लालटेन जल रही थी और सामने एक बड़ा–सा आदमी खड़ा था, दैत्य हो जैसे। सासुजी की मृत्यु हो चुकी थी। दो देवर और एक ननद, सब काले। तेरे नानाजी मैथेमेटिक्स में एम.ए. थे और तब वक़ालत पढ़ रहे थे।''

चौदह वर्ष की उम्र में पहली सन्तान जन्मी। बेटी देखने में बाप जैसी। डेढ़ साल बाद फिर बेटी–वह भी असुन्दर। तीन साल बाद बेटा जन्मा–काला, नाम रखा गया 'तमोकान्ति'। इसके कुछ ही महीने बाद नानाजी बंगाल छोड़कर परिवार सहित सुदूर पश्चिम में वक़ालत की प्रैक्टिस करने चल पड़े। मसूरी उनका पहला पड़ाव था।

आसपास के पहाड़ी प्रदेश जैसे गढ़वाल, जौनसार बावर, चकराता वग़ैरह में ज़मीन–जायदाद के झगड़े और मुक़दमेबाज़ी ख़ूब चलती थी और दादाबाबू की रोटी रोज़ी उसी से चलती थी।

दीदीमाँ हमारे जितनी क़रीब थी, दादाबाबू (नानाजी) उतने ही दूर थे। बड़े–से लॉन में एक आरामकुर्सी पर बैठे हैं, हाथ में एक डिक्शनरी है, और नानाजी शब्द रट रहे हैं या टल्लियों से भरा एक कोट पहने कचहरी जा रहे हैं या जेब में चना–गुड़ के लिए एक रुपया रखकर मसूरी जा रहे हैं, पैदल। हाँ, नानाजी फितूरी थे। पहला फितूर ज्ञान–पिपासा। अंग्रेज़ी, लैटिन ग्रीक का गहन अध्ययन। ख़ुद पढ़ना और औरों को पढ़ाना। नानाजी का घर भरा रहता था रिश्तेदारों के बेटे–बेटियों, भतीजे–भांजों से जो पढ़ने के लिए देहरादून आते थे। दूसरा फितूर पैसे कमाना और जोड़ना, तीसरा फितूर प्रॉपर्टी ख़रीदना। जितने नामी वकील थे, उतने ही नामी कंजूस। नाना–नानी का 'वेव लेंग्थ' बिल्कुल अलग था। दोनों ही अपने–अपने तरीक़े से दबंग थे–लिहाज़ा दोनों के कमरे, रसोई, मित्र, मिलने वाले सब अलग थे। दीदीमाँ के कमरे के साथ ही लगा हुआ कमरा नानाजी का था, जिसका बीच का दरवाज़ा हमेशा बन्द रहता था और तभी खुलता था जब दीदीमाँ किसी बात या घटना पर अपनी राय नानाजी को सुनाती थीं, और वह राय नानाजी की राय से मेल नहीं खाती थी। दीदीमाँ का एकालाप फुल वॉल्यूम में चलता रहता दो–दो, तीन–तीन घण्टे। पर नानाजी की प्रतिक्रिया ज़ीरो। वे अपनी डिक्शनरी रटने में डूबे रहते। घर

में चारों तरफ़ चुप्पी छायी रहती। बात कहाँ से शुरू हुई और कहाँ ख़त्म होगी किसी को पता नहीं होता था।

दीदीमाँ का तर्कप्रिय स्वभाव ग़ज़ब का था। किसी तर्क में उलझ जाना, फिर दो–तीन घण्टे चालू रहना–यह तो रोज़ ही का रुटीन था। उन्हीं 'मॉनोलॉगों' में मिल्टन, शेक्सपियर और कितने ही बँगला के लेखकों, कवियों का उल्लेख होता रहता था। उनके 'मॉनोलॉग' ने मेरे बँगला ज्ञान की कितनी वृद्धि की, यह आज महसूस होता है।

पहले सिर्फ़ बंगला ही जानती थीं दीदीमाँ। पर जब बच्चे स्कूल जाने लगे तो शाम को नानाजी उन्हें पढ़ाते थे। तब दीदीमाँ भी कॉपी–पैंसिल लेकर चौखट पर घूँघट डाले बैठ जातीं और इसी तरह उन्होंने अंग्रेज़ी सीख ली।

पढ़ो–पढ़ो, ख़ूब पढ़ो। जो पढ़ना चाहे उसकी हर तरह से सहायता करतीं। मोहल्ले में बंगला महिला समिति थी। बँगला लाइब्रेरी थी। फिर महिला समिति ने तय किया कि बंगाल से हज़ारों मील दूर इस शहर में रहने वाले बंगालियों के बच्चे क्या अपनी भाषा नहीं सीख पायेंगे? सो एक बँगला स्कूल खोला गया जो आज भी है।

दीदीमाँ का एक और शौक़ था–लिखना। उनकी एक तीन फुट बाई तीन फुट लकड़ी की चौकी थी। उस पर एक दवात और क़लमदान रखा रहता था। दोपहर की नींद के बाद तीन बजे के क़रीब वे चौकी पर आकर बैठ जातीं और लिखना चालू कर देती थीं, कविताएँ, गद्य और चिट्ठियाँ। कितनी तो चिट्ठियाँ उनके नाम आती थीं। वे उन सबका जवाब देतीं। कभी–कभी दीदीमाँ हाथ में क़लम पकड़े सामने शून्य–दृष्टि से देखती रहतीं, फिर उनकी आखों से आँसू झरते रहते, दो–तीन मिनट बाद वे एक लम्बी साँस लेतीं, अपनी आँखें पोंछतीं और फिर लिखने लगतीं। मैं अकसर खम्भे के पीछे से छुपकर यह क्रियाकलाप देखती रहती।

जब नानाजी पचहत्तर वर्ष के थे तो एक दिन कचहरी से जल्दी ही लौट आये और शाम होते–होते उनकी इहलीला समाप्त हो गयी। ज़बरदस्त हार्ट अटैक हुआ था। सारा घर जैसे हिल गया था।

उनके चले जाने के बाद पूरे परिवार में जैसे दरारें पड़ गयीं। कुछ ही महीने बाद एक दिन दीदीमाँ बगल में कपड़ों की पोटली दबाये घर से निकल पड़ीं। तीन विशाल बँगलानुमा कोठियों में से एक में ननिहाल था। बाक़ी दो बँगलों में से एक में पटियाला के राजघराने का कोई रहता, एक

में जज हक़साब। बँगले के एक तरफ़ तीन कच्ची कोठरियों का सर्वेंट्स क्वार्टर था। एक में जज साहब की नौकरानी झुम्मन बी रहती थी, दूसरे में हमारा माली गोपाल। तीसरा ख़ाली था। दीदीमाँ ने उसी कमरे में डेरा डाल लिया। मामा लोग सब उन्हें मनाने के लिए आये पर वे टस–से–मस न हुईं। मैंने एक दिन उनसे पूछा था कि वे घर छोड़कर क्यों चली आयीं? उन्होंने जवाब दिया था–बड़ी बहू ने मुझे 'मिथ्यावादी' (झूठी) कहा था। दीदीमाँ बेहद स्वाभिमानी थीं पर बहुत उदार और स्नेहमयी भी थीं।

सन् 46 में जज साहब पाकिस्तान चले गये। घर ख़ाली हो गया। बाबा जेल से लौट आये तो हम उसी ख़ाली मकान में रहने लगे। दीदीमाँ सर्वेंट्स क्वार्टर छोड़ हमारे साथ ही एक कमरे में रहने लगीं। हम पच्चीस रुपया मकान का किराया मामा लोगों को देते थे।

दीदीमाँ अठासी साल तक रहीं। चौथी पीढ़ी के बच्चों का मुँह देखकर गयीं। दीदीमाँ कह गयी थीं कि मेरे साथ ही मेरी सब चिट्ठियाँ जला देना। उनके मरने पर दीदी श्मशान गयी थी। उसने बताया कि चिट्ठियों के दो–तीन बड़े–बड़े गट्ठर थे। अद्‌भुत दृश्य था। चिता धू–धू कर जल रही थी, चिता पर रखे चिट्ठियों के दो–तीन गट्ठर। नदी किनारे श्मशान के खुले आसमान पर दूर–दूर तक चिट्ठियों के जले–अधजले टुकड़े हवा में तैर रहे थे।

दीदीमाँ के साथ–साथ पत्रों में छुपा उनका अतीत भी जलकर भस्म हो गया। बस वे रह गयीं अपने प्रिय जनों के मन में।

मौसियाँ–बड़ी मौसी

हम उन्हें "बौड़ो माशी माँ" कहते थे। रंग काला, नैन–नक़्शे अच्छे नहीं–नाम शक्तिमयी। बड़ी मौसी विधवा थीं। तीन बेटे थे उनके, जो ननिहाल ही में पले। मौसाजी को बस तस्वीर में ही देखा। गोरे, गोल–मटोल। बड़ी मौसी ने सिर मूँड लिया था, बिना किनारे वाली सफ़ेद सूती धोती, सफ़ेद शमीज़, पैर में चप्पल–यह उनकी फॉर्मल पोशाक थी। घर में जब कमरे में अकेली होतीं तो निर्वस्त्र घूमतीं और बरामदे में काम वग़ैरह करना हो तो दो बड़े लाल रंग के गमछे पहनतीं, एक कमर पर बाँध लेतीं, एक कन्धे पर डाल वक्ष ढाँप लेतीं। हज़ार कहासुनी के बाद भी टस–से–मस न होतीं। दरअसल बड़ी मौसी को छुआछूत की बीमारी थी जिसे बँगला में कहते हैं "शूची बाई"–यानी शुचिता का फितूर। वे हर समय कुछ–न–कुछ

धोती–माँजती रहतीं, जलाने की लकड़ी भी धोकर सुखाती थीं। हमारे घर का गेट लोहे का था। वे कभी भी उसे खुद न खोलती थीं। गेट के पास खड़ी किसी राहगीर की प्रतीक्षा करती रहतीं। कोई आता दिखा तो कहतीं–भैया ज़रा गेट खोल दो–गेट खुलते ही शरीर को टेढ़ा–मेढ़ा कर, बिना गेट छुए अन्दर या बाहर चली जातीं। कारण? जमादार इसी गेट को खोलकर अन्दर आता है। दिन में वे कम–से–कम दस बार नहातीं।

बड़ी मौसी के पैरों में चक्र था। महीने में बीस दिन वे बाहर रहतीं। मथुरा, वृन्दावन, काशी, कलकत्ता–चारों धाम की यात्रा उन्होंने पूरी कर ली थी। वे बँगला में कविता लिखती थीं, सस्वर पाठ भी करतीं। कभी घर में शादी–ब्याह होते तो दुल्हन के कपड़े बड़े शौक़ से छू–छूकर देखतीं और कहतीं–"अगले जनम में मैं भी ऐसी सब साड़ियाँ पहनू ए भगवान जी।" ऊपर से "कोई परवाह नहीं" का जामा ओढ़े मौसी की कितनी इच्छाएँ अधूरी रह गयीं।

इतनी घुमन्तू बड़ी मौसी ने अपने आख़िरी दिनों में कलकत्ते में अपने मँझले बेटे के घर खूँटा गाड़ लिया। उन्हें सेरिब्रल अटैक हो गया था और उसी हालत में जाने कितनी अतृप्त इच्छाओं की गठरी पीठ पर लादे वे इस दुनिया से कूच कर गयीं।

छोटी मौसी

सुना था जन्म के बाद से ही वे हर समय सोती रहती थीं। तभी नाम रखा था सुप्ति। पर हमने जब से उन्हें देखा तो महा ऐक्टिव, फ़ैशनेबल। बनारस विश्वविद्यालय में गणित में "एम.ए." कर रही थीं, उसके आगे पढ़ना और पढ़ना। वे हिन्दुस्तान की पहली पीएच.डी., डी.एस.सी., डी. लिट. थीं।

जब छुट्टियों में देहरादून आतीं तो शोर मच जाता। ग्रामोफ़ोन बज उठता, लॉन में दरी बिछाकर शाम को संगीत की महफ़िल जमती। बात–बात पर पिकनिक जाना, पैदल। साथ में पराँठे और आलू की सब्ज़ी। सुबह छह बजे ही उठा देतीं "उठो–उठो, यह क्या तामसिक वृत्ति है?" तामसिक वृत्ति उनका तकिया कलाम था–"जोत्तो शौब तामोशिक वृत्ति।"

उन दिनों पढ़ी–लिखी औरतों की एक पूरी जमात थी जिन्होंने अपनी मर्ज़ी से विवाहित जीवन को न अपनाकर कुमारीत्व का वरण किया था–शिक्षा के प्रसार के लिए। स्कूल और कॉलेजों में ऐसी महिलाओं की भरमार थी।

डॉक्टरेट करने के दौरान जब छोटी मौसी घर आतीं तो अकसर

दीदीमाँ से उनकी किसी बात पर बहसबाज़ी होती। बहस के दौरान अकसर दीदीमाँ का कहा एक वाक्यांश कान में पड़ता–'बीये कौरो'–शादी करो। वे शादी करने पर राज़ी नहीं थीं। लेकिन वे किसी भी हालत में प्यूरिटन नहीं कही जा सकती थीं। 'मेल कम्पनी' से उन्हें कोई परहेज़ नहीं था। अपने फुफेरे छोटे भाई के बहुत क़रीब थीं। छोटी मौसी बहुत आकर्षक, खुले स्वभाव की ज़िन्दादिल इनसान थीं। मेरी माँ छोटी मौसी से बिल्कुल उल्टी थीं–धार्मिक, पुरुष संगति से दूर रहने वाली घरघुसरी–पर उन्होंने हम तीनों बहनों को मौसी के हवाले कर रखा था।

लखनऊ के किसी गर्ल्स कॉलेज में वे प्रिंसिपल रहीं, अपना मकान ख़रीदा अपनी कमाई से, जो उन दिनों बहुत 'रेयर' था। उन्हीं दिनों वे व्यास की सतसंगी बन गयीं। और उनके गुरुभाई गोविन्द बोस, जिन्हें हम गोविन्द मामा कहते थे, उनके साथ रहने लगीं। बड़ा तूफ़ान मचा परिवार में और बाहर भी। सुना है बड़े मामा ने हंटर से पिटाई भी की, पर वे टस–से–मस न हुईं। गोविन्द मामा के तीन–चार भतीजे–भतीजियाँ भी उनके साथ रहने लगीं–अपने आप एक परिवार बन गया। नाना जी चल बसे थे; परिवार के और लोगों ने अनिच्छा सहित इस रिश्ते को मान ही लिया।

वर्ष बीतते गये। छोटी मौसी अब दिल्ली में राय केदारनाथ रामजस गर्ल्स कॉलेज की प्रिंसिपल थीं। उन्होंने चन्दर नाम के एक लड़के को गोद ले लिया था। वह इंजीनियर था और माँ–बाप नहीं थे।

धीरे–धीरे गोविन्द मामा और छोटी मौसी के सम्बन्धों में दूरी आती गयी। कारण? चन्दर? या गोविन्द मामा की एक और कम उम्र की गुरु बहन? क्या पता?

रिटायरमेंट के बाद छोटी मौसी व्यास चली गयीं। वहाँ उनका एक कमरे का क्वार्टर था जहाँ वे अपने मुँह बोले बेटे के साथ रहती थीं। आख़िर के दिनों में वे पूरी तरह अपने गुरु को समर्पित हो गयी थीं। बात–बात में कहतीं–'मालिक की मर्ज़ी'। दो साल की सख़्त बीमारी के बाद एक दिन वे अपने मालिक के चरणों में लीन हो गयीं।

मामा लोग

चार मामा, चारों बहुत पढ़े–लिखे : बड़े इंजीनियर, मँझले डॉक्टर, तीसरे वकील, चौथे भी इंजीनियर। पर वकील मामा को छोड़कर बाक़ी सब

नाना जी की कमाई पर ज़िन्दगी गुज़ारते रहे। इनमें से मँझले मामा की कहानी बड़ी दिलचस्प है।

गोरे और बहुत ही हैंडसम। उन्हें डॉक्टरी पढ़ाने एडिनबरा भेजा गया। बहुत सारी डिग्रियाँ लेकर लौटे पर प्रैक्टिस नहीं की। थोड़े दिनों के लिए आगरा मेडिकल कॉलेज में नौकरी की फिर बॉस से टकराहट के कारण छोड़–छाड़कर चले आये। और पुश्तैनी घर पर परमानेंट डेरा डाल लिया। पागल मामा–हम बच्चों में वे इसी नाम से जाने जाते थे। सिरफिरे थे, पर डॉक्टरी में बेहद पारंगत। जब वे एडिनबरा में थे तो उनका एक स्कॉटिश लड़की से इश्क़ हो गया था। पता नहीं क्या हुआ था पर उस लड़की ने शादी करने से मना कर दिया था–और अपने ही देश के किसी से शादी कर ली थी। पर पागल मामा उसे ही अपनी पत्नी मानते थे। उनकी जेब में 'आइज़ा'–यही उसका नाम था–की एक पासपोर्ट साइज़ की फ़ोटो रहती थी और वे हम सब बच्चों को दिखा कर कहते थे–'छबी मामी' यानी 'तस्वीर मामी'। हमारे शहर में एक ओडियन सिनेमा घर था जिसमें सिर्फ़ अंग्रेज़ी फ़िल्म दिखायी जाती थी। वहाँ के टिकट बाबू ने एक बार बताया था कि डॉक्टर साहब जब कभी फ़िल्म देखते हैं तो दो टिकट लेते हैं–एक सीट पर ख़ुद बैठते हैं और दूसरी सीट पर 'छबी मामी' की तस्वीर रखी होती है। चलते–फिरते कुछ बुड़बुड़ाते रहते और हाथों से इशारे करते रहते जैसे किसी अदृश्य व्यक्ति से बातें कर रहे हैं। घर में कोई भी बीमार हो तो उन्हीं का इलाज चलता। इस मामले में वे बहुत गुणी थे। वे अपने कमरे के दरवाज़े हमेशा बन्द रखते। स्टोव पर अपना खाना ख़ुद ही पकाते। मैं और मेरी सहेली कांची अकसर कमरे की दरार पर आँख रख कमरे के अन्दर हो रहे कार्यकलापों का जायज़ा लेते और कई बार कुछ अजीब दृश्य देखकर खिसियाहट भरी उत्तेजना से दरार से आँखें हटा लेते।

माँ

"देखने में कितनी ख़राब हो। दाँत ऊँचे, चौड़ा माथा, रंग भी दीदीमाँ की तरह गोरा नहीं, और होंठों के ऊपर नाक के नीचे इतना बड़ा मस्सा। और बाबा कितने हैंडसम हैं। पता नहीं शादी कैसे हो गयी।"

"तेरे बाबा ने मुझे पसन्द करके शादी की थी।"

'उँह झूठ' मैं माँ और बाबा दोनों की मुँह लगी थी। माँ एक पुरानी पीली

पड़ी चिट्ठी ले आयी, उसे दोनों तरफ़ से मोड़ दिया ताकि सम्बोधन और अन्त का मजमून देख न पाऊँ और मैंने पढ़ी। बाबा की लिखाई–"अख़बार के विज्ञापन से मैं बहुत इम्प्रैस्ड हुआ। लड़की ग्रीक लैटिन जानती है, शेक्सपियर का साहित्य पढ़ रखा है। मैंने तय किया था कि मैं इसी से शादी करूँगा, ऐसी पढ़ी–लिखी विद्वान लड़की से।" बात सही है। माँ कभी स्कूल तो न जा पायी पर नानाजी ने घर पर ही उन्हें पढ़ाकर सब कमी पूरी कर दी थी।

घर में झगड़ा चल रहा है। माँ और बाबा का। ज़ोर–ज़ोर से बहस। अचानक एक क्षण की चुप्पी–फिर माँ का गला खोलकर गाने की आवाज़–रवीन्द्र संगीत "आमार माथा नौतो कोरे दाओ हे तोमार..." बाबा का छड़ी पटकते हुए दाँत पीसकर बुड़बुड़ाते हुए बाहर चले जाना...। यह बचपन में बहुत आम दृश्य था। जब भी झगड़ा होता था, माँ गला खोलकर गाना गाती थी, और बाबा बाहर कूच करते थे। अब समझ में आता है, गाना माँ के लिए काम्पोज की गोली थी। मुझे अब इसका अहसास होता है कि खुले गले से गाने जैसा कोई ट्रैंक्विलाईज़र नहीं। काम करती हुई रसोई में, कभी कपड़े धोती हुई खुले गले से माँ राम प्रसादी, अतुल प्रसादी और रवीन्द्र संगीत गाती। कभी–कभी ऊँचे स्वर में कविताएँ भी बोलती रहती रवी ठाकुर की। बहुत बूढ़ी हो गयीं जब–तब अतुल प्रसाद का एक गीत वह बहुत गाती थी–

"मोन तुमी कृषि काज जानोना
ऐमन मानव जमीन रोइलो पतित
आबाद कोरले फोलतो सोना"
[रे मन तुम्हें खेती करना न आया
ऐसी मानव ज़मीन बंजर रह गयी
खेती करते तो सोना फलता]

जीवन भर जो चाहा, वह कर न पाने की टीस भरी होती उस गाने में–जीवन ज़ाया चले जाने का गहरा दुख। शायद सभी स्त्रियों के मन की व्यथा।

रामकृष्ण आश्रम के स्वामी जी गौर महाराज और निताई महाराज अकसर हमारे घर आया करते थे। माँ रामकृष्ण जी की भक्त थी। जब भी गौर निताई महाराज आते, बाबा उठकर श्रद्धा से नमस्कार करते फिर जैसे प्यादे आवाज़ लगाकर किसी के आने की सूचना देते, वैसे ही माँ के कमरे

की ओर मुँह कर घोषणा करते–"शामीजी रा ऐशेछेन"। दरवाज़े पर माँ का आविर्भाव होता। फिर घण्टा–डेढ़ घण्टा वार्तालाप चलता। कभी–कभी मैं और छोटी बहन वहाँ चले जाते और उनकी बातें सुनते–"अनासक्त अनुरागी संसारी संसार त्यागी" गौर महाराज की कही कविता की पंक्ति आज भी याद है।

माँ को साज–शृंगार का बिल्कुल ही शौक़ न था। उन्होंने दो बेटे टाइफाइड की बीमारी से खोये थे। शायद तभी यह वैराग्य। हमेशा किनारी वाली सफ़ेद साड़ी पहनती, बँगला तरीक़े से। साड़ी के ऊपर चादर लपेट लेतीं और पैरों में ब्राउन पी.टी. शूज़। हमें बड़ी शर्म आती। माँ ज़रा दीखने में अच्छी और वेल ड्रेस्ड हो तो किसे अच्छा नहीं लगता? एक बार वे इसी ड्रेस में स्कूल में आ गयीं। दीदी की सहेली ने पूछा–कौन है? दीदी तपाक से बोली–ताई जी।

घर का सारा काम पहाड़ी नौकर करते थे। माँ सिर्फ़ तभी खाना बनाती और घर का काम करती जब बाबा जेल चले जाते थे। तब नौकर छुड़ा दिये जाते थे। नौकरों पर माँ का बड़ा सुपरविज़न होता। सुबह उठता है कि नहीं, मसाले में मिर्च तो नहीं पीसता, लैट्रिन जाने पर कपड़े बदलता है या नहीं। दाल, चावल, आटा, सब तौलकर निकाला जाता। अगर ज़रा–सी भी इधर–उधर हुई तो नौकर बाहर। बाबा शाम को कचहरी से आकर चाय माँगते तो पता लगता कि चाय नहीं मिल सकती, नौकर को माँ ने निकाल दिया। बाबा कुड़कुड़ करते फिर साइकिल उठाते और घण्टाघर की ओर चल देते। वहीं पर नौकरों की तलाश करते गढ़वाली नौकरों की भीड़ होती, और एक नया नौकर घर आ जाता। हम तीनों बहनों को एक नया काम मिल जाता–नये नौकर की हिस्ट्री का पता लगाना और उससे दोस्ती करना। माँ को इससे बड़ी कोफ़्त होती–"नौकरों से इतनी गल्पकथा किसलिए?" पर इस मामले में हज़ार डाँट–फटकार से भी काम न होता। नौकर हम तीनों बहनों के अभिन्न मित्र रहे। माँ का बनाया खाना हमने कभी नहीं खाया। बस जब पेट ख़राब होता या बुख़ार तो माँ हमारे लिए परवल का झोल–तरी वाली सब्ज़ी–और पुराने चावल का भात बनाती। बहुत ही स्वादिष्ट। माँ के हाथ का खाना खाने के सुख में हम बीमारी का दुख भूल जाते।

माँ डिसिप्लिन के मामले में बेहद सख़्त थीं और उनके डिसिप्लिन का क़हर हम तीनों बहनों पर बरसता था। भाई लोग उस समय बहुत सीधे

और आज्ञाकारी थे। जब बाबा दूसरी बार जेल गये तो नाना जी ने हमें रखने के लिए मना कर दिया। सो हम पास ही करनपुर मोहल्ले में, जो तब मुस्लिम मोहल्ला था, एक छोटे घर में रहने लगे। अकसर सारा दिन हम ननिहाल में रहते। रात को घर आते। रात को रोटी बनाना दीदी की ड्यूटी थी। एक दिन दीदी ने परात में आटा निकाला और मुझे पकड़ा दिया। और ख़याल गाने की प्रैक्टिस करने लगी। उसके म्यूज़िक प्रैक्टिकल होने वाले थे। "अबहू लालन मईका ऽऽऽ, आ ऽऽ आ ऽऽ" दीदी ने तान छेड़ी। मुझे इतनी नींद आ रही थी कि पूछो नहीं। मेरे हाथ से आटे की परात धप्प से नीचे गिर पड़ी। नीचे कीचड़ था। लड़ाई का ज़माना था, आटा बड़ी मुश्किल से मिलता था, ब्लैक का ज़माना–इस कड़की में पूरा आटा ख़राब। मेरी नींद हवा हो गयी, और मैं दहाड़ें मारकर रोने लगी। तब तक माँ की एंट्री हो चुकी थी। माँ ने चूल्हे से लकड़ी निकाली और दीदी की पीठ पर धड़ाधड़ बरसाने लगी–तूने उसे परात पकड़ायी ही क्यों? तुझे मालूम नहीं शाम होते ही वह नींद में होती है? छोटी भी ज़ोर–ज़ोर से रोने लगी–माँ मत मारो, मत मारो। जब एक–एक कौर गिनकर खाना पड़ रहा है, तब आटा कीचड़ में गिर जाये इससे बड़ा सर्वनाश और क्या हो सकता है?

उस घटना के बाद दीदी ने बैठक में जाकर दरवाज़ा बन्द कर लिया। सात दिन तक बन्द रही। खाना दरवाज़े के नीचे से खिसकाया जाता रहा। बाबा तब यरवदा जेल में थे। दीदी ने बाबा को चिट्ठी लिखी। बाबा मैं तुम्हारे साथ जेल में रहूँगी, मुझे बुला लो। माँ ने फिर उसे कभी नहीं मारा पर मेरे और छोटी के सारे अंग माँ के थप्पड़–मुक्कों के लिए हमेशा हाज़िर रहते थे। बाद में माँ हाथ छोड़कर डण्डा, चिमटा, रस्सा, बेलन, झाडू जो सामने मिलता उससे मारतीं–हम दोनों को ख़ासकर मुझे। अकसर देखा है कि बेटियाँ जवान होते ही माँ–बाप शादी की सोचने लगते हैं। हमारे बाबा ऐसे ही थे–सोच–सोचकर दुबले होते थे। क्यों न हों। जेब में कौड़ी तक नहीं–तीन–तीन लड़कियाँ। जाने कहाँ–कहाँ से रिश्ते ले आते और माँ सख़्ती से मना कर देतीं। लड़कियाँ पढ़ेंगी। एम.ए. पास करेंगी उसके बाद देखी जायेगी। पर माँ को क्या पता था बेटियाँ क्या गुल खिला रही हैं।

उन दिनों आज़ाद हिन्द फ़ौज का बोलबाला था। हमारे छोटे शहर में बहुत से आई.एन.ए. के फ़ौजी आये थे। हर मोहल्ले में शाखाएँ खुल गयी थीं–लड़के–लड़कियों की। हम तीनों को माँ ने शाखाओं में भेज

दिया था। वहाँ क़वायद के साथ–साथ, देशभक्ति के गाने, लाठी, भाला, पिस्तौल, बन्दूक़ सब चलाना सिखाते थे। महिला कांग्रेस की शाखाएँ गर्मी की छुट्टियों में होती थीं। वहाँ भी दीदी और मुझे भेज दिया जाता था।

बर्मा में बमबारी होने के बाद वहाँ से काफ़ी तादाद में पंजाबी लोग, जो ज़्यादातर व्यापारी थे, देहरादून आ पहुँचे थे। ऐसे ही एक परिवार के नौजवान, बहुत ही हैंडसम, हमें आज़ाद हिन्द फ़ौज की शाखा में क़वायद सिखाते थे–लाजपतराय। दीदी इनके प्रेम में पड़ी। दो–तीन साल गुप–चुप चलता रहा, फिर शादी करने की ठान ली। मेरे होने वाले जीजाजी–लाजभाई बाबा के पास आये। बाबा ने उन्हें माँ के पास भेज दिया। माँ ने कहा–"तुमको शादी करना है तो वेट करो। हमारा बेटी बी.टी. से पहले शादी नहीं करेगा। अपने पैरों पर खड़ा होगा, तब शादी करेगा।" पर दीदी दो साल कहाँ इन्तज़ार करने वाली थी। राम–राम कर बी.ए. किया फिर जीजाजी ने माँ से प्रोमिस किया कि शादी के बाद ही बी.टी. करायेंगे, तब शादी की इजाज़त मिली। और सचमुच शादी के बाद ही दीदी ने बी.टी. की और पूरी ज़िन्दगी टीचरी करती रही। छोटी के साथ भी यही हुआ। लव– वव, करना है तो तुम जानो पर बी.ए., बी.टी. के बाद ही शादी होगी–माँ का यह अल्टीमेटम होता था। वह शायद इसलिए कि ख़ुद दूध की जली थीं।

माँ अपने ज़माने की फेमिनिस्ट थीं। पढ़ो–लिखो, वह सब सीखो जो लड़के करते हैं। तुम किससे कम हो? पर साज–श्रृंगार? छिः–छिः।

"काजल लगाने की क्या ज़रूरत है?"

"हमें अच्छा लगता हैं। तुम्हें क्या!"

"नहीं।"

और काजल की डिबिया ग़ायब। फिर बना लिया। फिर ग़ायब। हमारे नौकर तवा महीने में दो–तीन बार ही माँजते थे सो तवे के पीछे गहरी कालिख होती थी। मैंने एक दिन तवे की उल्टी तरफ़ उँगली घुमायी और कालिख को आँखों में आँज लिया। दीदी प्रफुल्लित, माँ हैरान।

"काजल कहाँ से लगाया?"

"क्यों बतायें?"

हफ़्ते भर तक जासूसी चलती रही, फिर हारकर बोलना छोड़ दिया। यही हाल था ब्रा पहनने का।

"कोई ज़रूरत नहीं, बंडी पहनो।"

मोहल्ले की लड़कियों से पूछताछ कर घर में ही ब्रा बनाना सीखा। पर मशीन बाबा के क़ब्ज़े में होती थी। उनकी आँखों में धूल झोंक ब्रा सिली, तब कहीं पहन पाये। माँ ने वितृष्णा से भरकर कहा–"छिः।"

आज़ादी आयी और साथ ले आयी दंगे–फ़साद। मोहल्ले ख़ाली होने लगे। घर में आने वाले मुस्लिम मुंशी जी, दूधवाला ग्वाला सब अदृश्य हो गये। अफ़वाहें फैल रही थीं औरतें रेप हो रही हैं। हालाँकि हमारे शहर में ऐसा कुछ नहीं हुआ। पर माँ के दिमाग़ में एक बात घर कर गयी। आत्मरक्षा–लड़कियों को आत्मरक्षा की सीख देनी होगी। महिला कांग्रेस के सेवादल में मुझे और दीदी को भर्ती करा दिया गया। वहाँ पूरी मिलिट्री ट्रेनिंग दी जाती थी–पिस्तौल, बन्दूक़ चलाना, तैरना, घुड़सवारी। पर इससे आत्मरक्षा कैसे होगी आततायी रेपिस्टों से? सो लाठी, भाले, छुरा चाकू चलाना सीखो। घर पर ही आर्यवीर दल के गुरु जी को बुलाया गया। हम दोनों बहनें दनादन लाठी घुमातीं, छुरे–चाकू का वार करतीं, वार रोकतीं। माँ थोड़ी दूरी पर मूढ़े पर बैठी निगरानी करतीं। पर गुरु जी उसी के बीच छोटे–छोटे गुप्त तरीक़ों से स्त्री देह की छुअन का आनन्द उठा ही लेते। हम चुप रहते। मारो गोली। पहले आत्मरक्षा के दाँवपेंच तो सीख लें। महीने–डेढ़ महीने में हमने खुद ही माँ से कह दिया–"अब बस काफ़ी सीख लिया।" –माँ भाँप गयी और गुरु जी का आना बन्द हो गया।

हमारे घर में लड़कों को बिल्कुल सिर नहीं चढ़ाया जाता था। नियम बने हुए थे, सब अपने–अपने कपड़े धोते थे। बाबा भी। नौकर चला जाता तो, खाना बनाना हमारा काम, बाज़ार से सामान लाना और बर्तन माँजना भाइयों का काम। इसमें किसी को आपत्ति नहीं थी। छोटे भाई कॉलेज से आकर बर्तनों का ढेर लेकर बैठ जाते और खुश होकर माँजते, झाड़ू सफाई भी सब अपने–अपने कमरे की करते थे। खाने की चीज़ों का बराबर का हिस्सा होता था। केले कम हों तो काटकर बराबर–बराबर सबको दिया जाता था। सबसे मज़ेदार बात थी, बाबा ने कभी इन सब बातों के लिए 'क्यों' नहीं कहा। वे भी इसे सही मानते थे।

"आमि कोथाय थाकबो" मैं कहाँ रहूँगी? यह प्रश्न एक अनन्त प्रश्न रहा मेरी माँ के लिए। शादी हुई तो नाना जी बाबा की टीचरी छुड़वाकर देहरादून ले आये वक़ालत पढ़ाने। माँ वहीं ससुराल में। ससुराल का कल्चर बिल्कुल

अलग, औरतों के लिए रसोई ही जीवन की धुरी। नानाजी माँ को वहाँ से ले आये और देहरादून में गृहस्थी शुरू हुई। बाईस वर्ष में शुरू हुए गृहस्थ जीवन ने चालीसवें वर्ष पर एक नया मोड़ लिया। आख़िरी सन्तान ने जन्म लिया–बेटी ने। आठ बच्चों को जन्म देकर माँ को साँस लेने की फ़ुर्सत मिली। इसी बीच दो बेटों को खोया। माँ ने घर के एक कमरे में संन्यास ले लिया और बाबा राजनीति में उलझ गये। दोनों के रास्ते अलग।

बाबा के जेल जाते ही किराये का मकान ख़ाली करना पड़ा। पहली बार हम नाना जी के घर रहे। स्कूल छूट गया। सिर्फ़ बड़े बच्चे पढ़ते थे स्कूल में। हम दोनों बहनों को माँ घर में पढ़ाती थी। दो साल बाद बाबा लौटे तो फिर किराये का मकान, फिर स्कूल में दाख़िला।

1942 का आन्दोलन। बाबा फिर जेल चले गये। इस बार नाना जी ने हमें रखने से मना कर दिया। वे अंग्रेज़ों के हिमायती थे। फिर वही विकराल प्रश्न–'कोथाय थाकबो' कहाँ रहेंगे? –किराये के मकान का किराया कहाँ से आयेगा? मेरी और छोटी की पढ़ाई फिर छूट गयी। बड़े भाई ने 'वैनगार्ड' अख़बार में नौकरी कर ली। छोटे भाई नेवी में रेटिंग बन गये। माँ ने बँगला स्कूल में 15 रुपये महीने में बँगला टीचर की नौकरी कर ली। और हमने करनपुर मुस्लिम मोहल्ले में एक छोटा–सा घर किराये पर ले लिया। किराया 15 रुपये महीना।

1946 के अन्त में बाबा जेल से लौट आये। फिर दूसरा घर किराये का। पर जो भी घर लेते उसमें माँ का कमरा अलग होता–कमरे के एक कोने में उनकी रसोई भी होती। वर्ष बीतते गये। तीनों बहनों की शादी हो गयी, बेटों की भी। बाबा को हार्ट अटैक हुआ। दोनों बेटे शहर से बाहर थे। बड़े भाई तो इंग्लैंड में थे। फिर वही प्रश्न 'कोथाय थाकबो?' दीदी दोनों को अपने घर ले जाना चाहती थी पर लड़की के घर? यह कैसे हो सकता है? तर्क–वितर्क। फिर भी दीदी दोनों को अपने घर ले गयी। वहाँ भी दोनों अलग। माँ ने बरामदे में आश्रय लिया। लड़की के घर रहना–यह बात दोनों को सालती रही। दीदी टीचर थी। उसने मकान का किराया देना शुरू किया। अब सब का मुँह बन्द। एक नयी शुरुआत तो थी ही। किराये के मकान बदलते रहे और माँ–बाबा का ठिकाना भी बदलता रहा।

मरने से साल भर पहले माँ ने फिर एक बार पूछा था–'आमि कोथाय थाकबो'–मैं कहाँ रहूँगी। क्योंकि जिस मकान में दीदी का परिवार रह रहा था, उसे ख़ाली करने का नोटिस आ चुका था। लेकिन दीदी का

बेटा मकान बना रहा था। उस मकान में उसने नानी के लिए एक कमरा, बाथरूम और किचन का सेट बनाया था। माँ को यक़ीन ही नहीं होता था। फिर उन्हें नक़्शा दिखाया गया, तब उन्हें चैन आया।

नये घर में रहने के भी माइनस पॉइंट थे। घर बहुत दूर डालनवाले में था। सुबह नौ बजे घर ख़ाली हो जाता। बेटी स्कूल और दामाद दुकान चला जाता। माँ सारा दिन अकेली। अपना काम करती, टी.वी. देखती। कुछ दिन बाद कहने लगी, सुनायी नहीं देता, टी.वी. क्या देखूँ। मैं उनके लिए दिल्ली से हियरिंग एड ले गयी। कुछ हफ़्ते इस्तेमाल किया। फिर मुझसे पूछा–"कितने का है रे?" "साढ़े चार सौ।" मैंने कहा। चुप रहीं। अगली बार जब मैं वहाँ गयी तो देखा माँ हियरिंग एड इस्तेमाल नहीं कर रहीं। पूछा, तो माँ ने कहा–"ले यह लौटा रही हूँ।" "क्यों माँ?" जवाब था–"जिस देश के आधे से ज़्यादा लोगों को एक टाइम भी भरपेट खाना नहीं मिलता, उस देश में मैं इस बुढ़ापे में सिर्फ़ टी.वी. की आवाज़ सुनने के लिए साढ़े चार सौ का 'कान का गहना' पहनूँ? ज़रूरत नहीं है।"

'अपने कमरे' में माँ सिर्फ़ एक साल ही रह पायीं। समाज के रीति–रिवाजों से हटकर एक क़दम उठाया था बरसों पहले–अलग रहने का–अकेले रहने का। सारी ज़िन्दगी बेटी, पत्नी, माँ बनी रहकर भी एक व्यक्ति के रूप में जीने का दावा किया था। उसके लिए उन्हें कितनी अनिश्चितता भुगतनी पड़ी। और जब एक निश्चिन्त ठौर मिला, तब जाने का समय आ गया। अब वह कभी पुरानी चिट्ठियाँ फाड़तीं, उन्हें दी हुई चीज़ें लौटातीं, हिदायत देती रहतीं। कुछ कहने पर कहतीं–जाना तो है न। छोटी बहन ने एक दिन पूछा–माँ फिर से जन्म लेने की इच्छा होती है? माँ ने कहा–"हाँ, पर अब की बार पुरुष होकर।" अट्ठासी वर्ष पूरे करके माँ चली गयीं। उनका वह कमरा अब भी हमारे लिए 'माँ का कमरा' और हमारे बच्चों के लिए 'नानी का कमरा' है।

बाबा

"कौतो कौथा बौलार छिलो, बौला होलो ना" कितनी बातें बतानी थीं, बतानी नहीं हुईं। शायद जाते वक़्त सभी के मन में यह बात आती है। ज़्यादातर परिवारों में बच्चों और पिता के बीच एक दूरी होती है पर बाबा हमारे बहुत पास के थे, हमारे लिए माँ–बाबा दोनों।

बाबा का पुश्तैनी घर इलाहाबाद में था। घर में सब सरकारी नौकरी

करते थे। स्त्री शिक्षा का चलन नहीं था। ऐसे ही एक बहुत ही साधारण परिवार के पाँचवें बेटे बाबा। अख़बार में ऐड देखा था शादी का। लड़की अंग्रेज़ी ग्रीक लैटिन जानती है। बाबा बेहद इम्प्रैस्ड हो गये और शादी कर ली। पर शादी के बाद माँ इलाहाबाद के पुराणपन्थी दमघोंटू वातावरण में रह नहीं पायी और नाना जी उन्हें देहरादून ले आये। बाबा को वकालत करायी और देहरादून में ही रहने की हिदायत दी। वह जो बाबा देहरादून आये फिर कभी इलाहाबाद लौटकर नहीं गये।

नाना जी के दबाव में आकर बाबा ने वक़ालत की प्रैक्टिस करनी शुरू तो की पर वे पूरी ज़िन्दगी एक असफल वकील रहे–कमाई की दृष्टि से शुरू–शुरू में वे दीवानी और फ़ौजदारी दोनों मुक़दमे लड़ा करते थे। एक बार हमारे शहर के एक राजपूत रईस ने अपनी रक्षिता पर सन्देह होने के कारण उसका ख़ून कर दिया था और लाश के टुकड़े–टुकड़े कर ट्रंक में भरकर तालाब में फेंक दिया था। पर वह पकड़ा गया था। बाबा उसका केस लड़ रहे थे। माँ को बाबा का यह केस लड़ना क़तई अच्छा न लगा था। पर बाबा केस लड़े और जीत गये। ख़ूनी को छुड़वा देने के कारण बाबा को बीवी बच्चों की निःशब्द भर्त्सना झेलनी पड़ी। और इसके बाद उन्होंने क़सम खायी कि सिर्फ़ दीवानी मुक़दमे ही लड़ेंगे। पर पैसे कमाना तो उन्हें आता ही न था। इसलिए रुपये–पैसे की तंगी हमेशा बनी रहती थी। पर नौकर हमारे घर हमेशा रहता था–चौबीस घण्टे का। माँ ने अपना कमरा अलग कर लिया था। उनकी कड़ी हिदायत थी कि बेटियाँ खाना नहीं बनायेंगी। पर किस्मत का फेर देखिए कि हम तीनों बहनों को पाकशास्त्र में बेहद दिलचस्पी है।

बाबा को सिलाई का बेहद शौक़ था। हमारे सब कपड़े यानी फ्रॉक, ब्लाउज़, पेटीकोट, कच्छा, कुर्ता–पाजामा–सब बाबा ही सिलते थे। माँ के ब्लाउज़, पेटीकोट भी। हमने सारी सिलाई बाबा से ही सीखी थी। एक बार स्कूल में मेरी सहेली ने कहा–तेरा फ्रॉक लम्बा बहुत है। मैंने कहा–"पिताजी ने सिला है।" उसने पूछा–"तेरे पिताजी दर्ज़ी हैं?" मैंने कहा–"हट, वह वकील हैं, सिलाई तो उनकी हॉबी है।" जब हमारी शादी के बाद बाल–बच्चे हो गये और बाबा बूढ़े हो गये तो हम बच्चों और अपने रिपेयर के कपड़े बाबा के सामने ढेर लगा देते, कि "बाबा रिपेयर कर दो" बाबा बड़ी तन्मयता से बटन टाँकते, रफ़ू करते, तुरपाई बखिया करते।

1937 का अक्टूबर। मेरी सबसे छोटी बहन का जन्म हुआ। उसके बाद से माँ–बाबा अलग कमरे में रहने लगे। कुछ घटा था जिसका परिणाम था अलगाव। बहुत–बहुत दिनों बाद माँ ने बताया था–डॉक्टर के मना करने और माँ के न चाहने पर भी अनचाही सन्तान का होना ही इसका कारण था। बाबा को इस बात से बड़ा धक्का लगा पर उन्होंने चुपचाप इस स्थिति को स्वीकार लिया और हमारे लिए माँ–बाप दोनों बन गये थे। लाड़–प्यार, दोस्ती, मेलों में ले जाना, पढ़ाना–हर समस्या का समाधान सब बाबा ही करते। हम उनसे बहुत ज़बानदराज़ी करते और झापड़ भी खाते और दूसरे ही क्षण वे पुच–पुच करते। पर डिसिप्लिन की सारी ज़िम्मेदारी ओट में रहने वाली माँ की थी।

इन्हीं दिनों बाबा राजनीति से जुड़ गये। कांग्रेस और गाँधी जी के भक्त। घर में चरखा आया। दोनों बहनों को सूत कातना और चरखे का सारा काम सिखाया गया। घर में माँ को छोड़ सबका खद्दर पहनना लाज़िमी हो गया। माँ कहती थी खद्दर भारी है, धोने में मुश्किल होती है। आचार्य कृपलानी की कही बात याद आती है–"इज़ इट हेवियर दैन देयर हसबैंड्स?"–हम आपस में कहकर हँसते।

सन् 39 में बाबा कुछ दिन के लिए देहरादून जेल में थे। मैं माँ के साथ बाबा से मिलने जेल जाती थी। मेन जेल के बाहर दो कमरों वाला जेल था। माँ हमें बतातीं, देखो इसमें पण्डित नेहरू रहते थे। जब मिलने का टाइम होता तो सिपाही के साथ हम मिलने वाले कमरे में जाते। अन्दर झाँककर देखती–एक बहुत बड़ा लम्बा कमरा जिसमें बाबा के सब साथी–राजनीतिक क़ैदी–बैठे बतिया रहे हैं। पास ही एक अँगीठी में रसगुल्ले उबल रहे हैं। बाबा ने कहा, अपनी पॉकिट मनी से वे आज सबको रसगुल्ला बनाना सिखा रहे हैं। मैं हैरान थी। यह जेल है? सब हँस रहे हैं, बतिया रहे हैं।

बाबा के जेल के साथियों में एक थे 'भूषण' कवि। उन्होंने अपने जेल के साथियों पर छोटी–छोटी कविताएँ लिखी थीं। बाबा पर यह कविता लिखी थी :

भूखे बाबू हैं बंगाली
आदत भी सस्ती–सी डाली
रगड़ अँगूठे से सुरती को
अपनी फंकी एक लगाली।

जब दो–ढाई साल बाद बाबा जेल से लौटे तो गड्डर–गड्डर सूत कातकर लाये। फिर सूत खद्दर भण्डार में देकर उससे उन्होंने धोती और गमछे बनवाये थे। जेल से लौटने के बाद बाबा गाँधी जी की तरह कपड़े पहनने लगे। गर्मियों में एक बड़ा–सा सफ़ेद खद्दर का गमछा कमर पर लपेटे रहते और बदन पर खद्दर की जेब वाली बनियान। जाड़ों में धोती, कुर्ता, शाल सब खादी का।

बाबा का गाँधीवाद माँ पर चला नहीं पर उन्होंने मुझे और दीदी को अपनी चेली बना लिया। हम चरखा–तकली कातते, पूनिया बनाते। हर मीटिंग, जलसे, प्रभात फेरियों में छाया की तरह बाबा के साथ रहते।

सन् 42! 'अंग्रेज़ो भारत छोड़ो', 'करो या मरो' के नारों से हमारा छोटा शहर गूँज उठा। शहर में दो ही बड़े कॉलेज थे, महादेवी कन्या पाठशाला और डी.ए.वी.। दोनों कॉलेजों के सीनियर छात्र–छात्राओं में जुलूस–नारों की होड़ लगती। 9 अगस्त को लड़कियों का कॉलेज बन्द नहीं किया गया। लड़कों का जुलूस नारे लगाता वहाँ आया, फिर लाठी चार्ज। छात्रों को पुलिस की गाड़ियों में भर–भर के जेल में ठूँसा गया। जब हम छोटी क्लास वाले घर लौटे तो गेट के सामने बिखरे पड़े जूते, चप्पल, पत्थर, रोड़े और ख़ून के धब्बे देख मन डूबने लगा। बाबा फिर जेल चले गये। फिर मेरा और छोटी बहन का स्कूल छुड़वा दिया गया। दोनों भाई भी पढ़ना छोड़ छोटे–मोटे काम पर लग गये। सिर्फ़ दीदी स्कूल जाती रही। यह माँ का डिसीज़न था।

46 के बीचोबीच बाबा जेल से लौट आये। चारों तरफ़ अजीब माहौल था। हमारे शहर से धड़ाधड़ अंग्रेज़ परिवार सहित अपने देश की ओर कूच कर रहे थे। बँगले ख़ाली हो रहे थे। फिर एक आँधी और चली। पार्टीशन! मुसलमानों के मोहल्ले पे मोहल्ले ख़ाली होने लगे और थोड़े दिनों बाद ही शरणार्थियों की भीड़ से भर गये। देहरादून शहर का कैरेक्टर ही बदल गया। अब गोरी चमड़ी वाले मेम साहब कभी–कभार दीख जाते।

ठीक आज़ादी मिलने के पहले दंगे शुरू हो गये। ट्रक भर–भर कर मुसलमान सहारनपुर, मेरठ भाग रहे थे। जो बचे थे उन्हें अफ़गान हाउस में रखा गया था। उनकी हिफ़ाज़त के लिए कमेटी बनी। बाबा उसके हेड थे। मुस्लिम जो दंगों के कारण भाग नहीं सके थे उनको रात के अँधेरे में छुपाकर शहर से बाहर भेजा जाता था। बाबा इसी में रात–दिन लगे रहते। साथ ही छोड़ी हुई वकालत को फिर से जमाने की कोशिश करते।

जब एम.एल.ए. बनने के लिए सबने उनसे ताकीद की तो महावीर त्यागी और खुरशीद लाल को आगे कर दिया। क्या होगा नाम, पैसा, ओहदे से? देशसेवा करने के लिए यह सब ज़रूरी क्यों?

सन् 49 में अभी बिखरे सूत्रों को समेटा ही जा रहा था कि माँ एक दिन गिर पड़ी और फिर उठ नहीं पायी। पता लगा उनकी रीढ़ की हड्डी में टी.बी. हो गयी थी। माँ चिल्ला–चिल्लाकर कहती–"एक जोन देशसेवा कोरलो आर आमार हाड़े दुब्बो गजिए गैलो"–यानी "एक जने ने देशसेवा की और मेरी हड्डियों में घुन लग गया।" माँ सात साल तक बिस्तर पर पड़ी रही। पूरा धड़ प्लास्टर से मँढा। सुबह उनकी खाट को उठाकर धूप में रखते उनके समेत। सारा दिन बाहर लेटी रहतीं। वहीं खाना–पीना और सब कुछ। बाबा ने उनकी ख़ूब सेवा की। हम लोग भी करते थे पर इतने लम्बे अरसे के अन्त तक आते–आते चिड़चिड़ाहट तो हो ही जानी थी। पर बाबा के चेहरे पर एक शिकन भी कभी नहीं देखी। रात–रात को उठकर बेडपैन देते। अपनी नपी–तुली आय में एक दिनभर की सेविका का भी प्रबन्ध कर दिया था। हम बच्चों की भी वे ऐसे ही सेवा करते। सुबह से रात तक सेवा में लगे बाबा का माँ के साथ अबोला अब भी चालू था।

फिर सरकार की ओर से 'ताम्रपत्र' पेंशन चालू किया गया। 200 रुपया महीना। बाबा बड़े ऊहापोह में। लूँ कि न लूँ। हम सबने उन पर बहुत ज़ोर डाला कि ले लें। वैसे माँ–बाबा दोनों ही दीदी के पास रहते थे। पर अपने हाथ में पैसे रहना थोड़ा आत्मविश्वास तो जगाता ही है।

हम सब भाई–बहनों में से सबसे पहले हमारे कॉमरेड भैया ने अपना मकान बनाया। बाबा छियासी वर्ष के हो चले थे। अचानक उन्होंने रट लगायी–"बेटे के घर रहूँगा।" भैया के घर रहने लगे, दूसरे शहर में। एक साल गुज़रा ही था कि रट लगायी–"देहरादून मुझे बुला रहा है, वापस ले चल।" फ़रवरी का महीना। बेहद ठंड। दिल्ली में श्रीराम सेंटर में नाटक समारोह चल रहा था। बाबा से कहा–"नाटक समारोह ख़त्म हो जाय तो अगले हफ़्ते तुम्हें ले चलूँगी।" उनसे विदा लेते समय वे भाई के घर के गेट पर लगे गुलमोहर के नीचे खड़े थे; कह रहे थे–"तो फिर जाना नहीं होगा?" हफ़्ता पूरा भी न हुआ था कि एक दिन सुबह भैया का फ़ोन आया, बाबा चले गये! अकेले ही चले गये देहरादून? क्या घूम रहे होंगे शिवालिक की पहाड़ियों और जंगलों में?

हरी घाटी का छोटा शहर और वह समय

दूनघाटी, देहरादून। इस नाम के बारे में भी कई दन्त कथाएँ हैं। कहते हैं सिख–गुरु रामराय ने यहाँ आकर डेरा डाला था, इसलिए डेरादून। कोई कहता है गुरु की मृत्यु यहाँ हुई थी, इसलिए देह–हरा–दून। जो भी हो घाटी का नाम दून तो था ही। चुनावों के समय दो भागों में बाँटा जाता है घाटी को–पर्वा दून और पछवा दून। चारों तरफ़ पहाड़ और जंगल। उत्तर में हिमालय की मसूरी और दक्षिण में शिवालिक की पहाड़ियाँ। रात को मसूरी के मालरोड पर खड़े होकर देखें तो हज़ारों बत्तियाँ झिलमिलाती हैं। लगता है जैसे एक बड़े–से थाल में हज़ारों हीरे चमक रहे हैं। और देहरादून के परेड ग्राउंड पर खड़े होकर देखो तो लगता है मसूरी जैसे एक हीरों का हार हो। कहीं भी चले जाओ इस शहर का मोह चुम्बक की तरह खींचता है।

अंग्रेज़ों का शहर 'डेयराडून'। उन दिनों अंग्रेज़ी क़ानून के तहत पाँच बीघे से कम में बँगला नहीं बन सकता था और वे बँगले घिरे होते थे फलों और फलों के बगीचों से। शहर बँटा हुआ था। कैंटोनमिंट। बँगलों वाले पॉश एरिया जैसे डालनवाला, राजपुर रोड जिसमें पॉश बँगले होते हैं। जिनमें ज़्यादातर अंग्रेज़ या आई.सी.एस. और बड़े नौकरीपेशा लोग रहते, हर धर्म के, बस सोशल स्टेटस होना चाहिए। महमूदउज़्ज़फर का विराट महलनुमा मकान (आजकल वैलहम गर्ल्स स्कूल), कुर्रतुल–ऐन हैदर, रफ़ी अहमद, शफ़ी अहमद किदवई के भी घर वहाँ थे। अफ़ग़ानिस्तान से भागकर आये हुए नवाबों का अफ़गान हाउस, इन सबके बँगले डालनवाला में थे। और धाकड़ वकील जैसे हमारे नाना, और नामी डाक्टरों के निवास स्थान भी क्लासी एरिया में हुआ करते थे। बाक़ी सब जनता घनी बस्तियों वाले मोहल्लों में। इन मोहल्लों के नाम भी अजीबो ग़रीब थे और अब भी हैं। सुनकर हँसी आती है, जैसे लूनिया मोहल्ला, खुड़बुड़ा, चक्कू मोहल्ला,

घोसी गली इत्यादि। पल्टन बाज़ार प्रमुख मध्यवर्गीय बाज़ार, और अंग्रेज़ों व उच्चवर्गीय लोगों का शॉपिंग सेंटर ऐशले हॉल और राजपुर रोड। शहर अनगिनत गाँवों से घिरा था जिनमें विश्वप्रसिद्ध बासमती चावल के खेत और अनगिनत फलों के बगीचे हैं। इन गाँवों के नामों में भी 'वाला' की दुम लगी होती थी। जैसे रायवाला, डोईवाला, हर्रावाला, भाऊवाला। शहर हिन्दू क्रिश्चियन और मुस्लिम मोहल्लों में बँटा था पर आजकल जैसा 'सेग्रिगेशन' नहीं था। करनपुर और इनामुल्ला बिल्डिंग धुर मुस्लिम मोहल्ले थे। चक्कू मोहल्ला और नैशविला रोड मुख्यतः ईसाई। इसके अलावा बंगाली मोहल्ले भी थे। बंगाली क्लर्कों और शिक्षकों की जात। सो स्कूल–कॉलजों और सरकारी दफ़्तरों के आसपास बंगाली मोहल्ले, गुरुद्वारे के आसपास सिखों की बस्ती।

शहर के दो फेफड़े थे, दो बड़े–बड़े परेड ग्राउंड। शाम को वहाँ बड़ी भीड़ रहती थी। एक कोने में तोता गँडेरी वाला बैठकर गाता था। "तोते की ये ले लो बाबू मीठी गँडेरी SSS।" पचास–पचपन साल तक उसका ठिया वहीं रहा। अंग्रेज़ महिलाएँ, बच्चागाड़ी ठेलती उनकी आयाएँ, हिन्दुस्तानी लोगों और बच्चों की भीड़।

कई ख़ास सरकारी दफ़्तर होने के कारण शहर की आबादी काफ़ी मिक्स्ड थी। सर्वे ऑफ़ इण्डिया, फॉरेस्ट रिसर्च इंस्टीट्यूट, ऑडिनैन्स फैक्ट्री, ऑयल एण्ड नेचुरल गैस कमिशन और इनके अलावा अनगिनत स्कूल और कॉलेज। कहने को देहरादून गढ़वाल का हिस्सा था पर उन दिनों कुछ डॉक्टर, वकील और टीचरों को छोड़कर ज़्यादातर गढ़वाली ग़रीब थे जो पहाड़ों से यहाँ घरेलू नौकरों के रूप में काम करते थे। नाम के आगे राम लगा हो तो ब्राह्मण–जैसे जगतराम, और वे रसोइये का काम करते। नाम के आगे सिंह लगा हो तो 'खत्री'। वे सब काम करते। छोटे–छोटे बच्चे भी काम के लिए आते जिन्हें हम 'पहाड़ी भुले' कहते थे। यू.पी. वालों में बड़े नामी–गिरामी बनिया कम्युनिटी के लोग रहते थे, जैसे–'लाल इमली' कम्पनी के गोयल। मांगलिक नागलिया। पंजाबी भी काफ़ी थे पर वे पुराने आर्य समाजी, सीधे–सादे पंजाबी थे और हिन्दी ही बोलते थे। कहीं कोई तड़क–भड़क नहीं थी। सो देहरादून में रहने वाले चाहे किसी भी प्रान्त, जाति–धर्म के हों, होते थे देहरादूनी ही। पर इन सबसे अलग–थलग रहने वाले थे बंगाली जो बँगला भाषियों के अलावा और सबको कहते थे 'हिन्दुस्थानी' मतलब हिन्दी बोलने वाले। करनपुर सबसे पुराना बंगाली

मोहल्ला है। बँगला साहित्य समिति, बँगला लाइब्रेरी, बँगला महिला समिति और बँगला स्कूल सभी इसी मोहल्ले में हैं।

धर्म का आज जैसा उग्र और ऑल परवेसिव रूप नहीं था। चुपचाप बहती नदी के पानी की तरह लोगों के जीवन में धर्म बहता था। आर्य समाज का काफ़ी बोलबाला था, विशेषकर स्कूल और कॉलेजों में। वह शायद इसलिए कि उस समय लड़के–लड़कियों के स्कूल–कॉलिज आर्य समाज द्वारा ही स्थापित थे। स्कूलों में हर शनिवार को हवन होता था। हवन में सक्रिय भाग लेने की वजह से आज भी मुझे कितने ही मन्त्र याद हैं।

विश्वयुद्ध के चार–पाँच साल। शुरु–शुरू में एक अजीब–सा डर लगता था। रात को 'ब्लैक आउट' होता था। आकाश के तारों के बीच हवाई जहाज़ की घर्घराहट सुनते और जलती–बुझती बत्तियाँ देखते। उन्हीं दिनों शायद सबसे पहले ब्लैक शब्द के तरह–तरह के प्रयोग होते देखा था। ब्लैक 'मार्किट' यह शब्द भी तभी प्रचलित हुआ था। हर चीज़ 'ब्लैक' में मिलती थी– अनाज, मिट्टी का तेल वग़ैरह। फलाना 'ब्लैक लिस्टेड' है, यह फ़िक़रा भी काफ़ी सुनते थे। अफ़वाहें ख़ूब फैलती थीं। जापानी बढ़ते आ रहे थे। सारा कलकत्ता ख़ाली हो गया। वहाँ ज़रूर बम गिरायेंगे। एक खलबली–सी मची थी। उस समय के बँगला साहित्य में इसकी बहुत झलक मिलती है। कितने ही नॉवेल–कहानियाँ लिखी गयीं। प्रबोध सान्याल ने कई कहानियाँ लिखीं, रोमाण्टिक प्रेम–कथाएँ। फिर 1943 में पड़ा बंगाल का अकाल। बँगला साहित्य भर गया इस अकाल की विभीषिका से–हिन्दी की लम्बी कविता–'बंगाल का काल' भी बहुत प्रचलित हुई। बंगाल से हज़ारों मील दूर हमारे शहर को भी इस अकाल की लहरें छू गयीं। बंगाली मोहल्लों में होड़ लग गयी चन्दा इकट्ठा कर भेजने की। नाटक, नृत्य–नाटिकाएँ वग़ैरह होने लगीं चन्दा उगाहने के लिए।

इन्हीं दिनों हमने पहली बार एक अकाल–पीड़ित परिवार देखा। सोम परिवार के तीसरे बेटे पूर्व बंगाल में थे। आठ बच्चे और पत्नी को लेकर देहरादून आ गये सब कुछ छोड़कर। भाइयों के संयुक्त परिवार में वे समा गये। हम सब भीड़ लगाकर देखने गये थे–आकालेर लोकेरा–(अकाल के लोग) सभी बच्चे और काकीमाँ, सींक सलाई–से दुबले–पतले, अपराधबोध से झुके हुए। सबसे छोटी बच्ची सपना। वह एक तख़्त पर बैठी थी, आधी सोयी और आधी जागी, तन पर बैठी मक्खियों को झेलती। छोटी काकीमाँ हम बच्चों से पूछतीं 'देखबी?' (देखोगे) और उस बच्ची को उँगली से

ठोना मारकर कहती 'ऐई' और तब बच्ची पूरी ताक़त से आँखे खोलने की कोशिश करती। उसके गले से एक बेहद कमज़ोर–सी आवाज़ निकलती 'ई' और वह फिर नींद में ढल जाती। इसके दो दिन बाद ही हमने सुना कि वह मर गयी। माँ कहती थी–"यह तो तुम लोगों ने एक दुर्भिक्ष पीड़ित को देखा–ऐसे लाखों लोग मरे हैं।"

कलकत्ते में तो जापानी बम नहीं गिरा पर रंगून में बम गिरा था। वहाँ रहने वाले भारतीयों में भगदड़ मच गयी थी। वहाँ पंजाबी व्यापारी बड़ी तादाद में बसे थे। बमबारी के बाद सब कुछ छोड़कर भागे। कितने लोग तो पैदल ही भारत की ओर चल पड़े। पता नहीं कितने दिन जंगलों–पहाड़ों को पैदल पार कर भारत की सीमा पर पहुँचे, फिर वहाँ से अलग–अलग शहरों में। ऐसा ही बर्मीज़ पंजाबियों का एक बड़ा जत्था देहरादून पहुँचा। ज़्यादातर अमीर व्यापारी थे और सोने की ईंटें लेकर आये थे। इन्हीं परिवारों में से एक परिवार के छोटे बेटे बाद में हमारे जीजा बने। बर्मा में लाला लाजपतराय जिस दिन गये थे 26 जनवरी 1925 या छब्बीस, उसी दिन जीजा जी का जन्म हुआ था। इसी से नाम पड़ा लाजपतराय–हमारे जीजा जी लाजभाई।

कहने को तो देहरादून छोटा शहर पर उन दिनों वहाँ बहुत कुछ घटित हो रहा था। आज़ाद हिन्द फ़ौज के कई अफ़सर वहाँ पर आकर बस गये थे। शहर में संघ की शाखाओं की तरह आई.एन.ए. के क़वायद केन्द्र चल पड़े थे। छात्र–छात्राओं को क़वायद, देशभक्ति के गायन सिखाये जाते थे। सहगल, शाहनवाज़, ढिल्लो और डॉक्टर लक्ष्मी की धूम मची थी चारों ओर। ये लोग बारी–बारी से देहरादून आते और इनके भाषण सुनने के लिए भीड़ उमड़ पड़ती। पर ऐसी भीड़ कभी न उमड़ी, जैसी गाँधी जी के आने पर उमड़ी। परेड ग्राउंड में भीड़ के कारण स्टैंपीड हो गया। सिर्फ़ इतना याद है कि मंच पर खड़े गाँधी जी माइक पर बोल रहे थे–बैठे जाइए, बैठ जाइए। पर कौन सुने किसकी बात। गाँधी जी की जय का नारा और मंच पर चढ़ने को आतुर लोगों का सैलाब। प्रबन्धक गाँधी जी को घेरघारकर पीछे से भाग निकले। किसी तरह जान बचाकर घर वापस आये। चलो गाँधी जी के दर्शन तो कर लिये।

सोशलिस्ट पार्टी की भी काफ़ी हलचल थी। हमारे होने वाले जीजा जी सोशलिस्ट पार्टी में थे। कन्धे पर झोला लटकाये साइकिल में बस्ती–मोहल्लों के चक्कर लगाया करते। स्टडी सर्कल में जाते और दीदी से दबा–ढका

प्रेम करते। एक बार देहरादून में सोशलिस्ट कॉन्फ्रेंस हुई, जिसमें जयप्रकाश जी आये थे। इतने हैंडसम कि क्या बताऊँ। लम्बे छरहरे, गोरा रंग, सफ़ेद कुर्ता–पाजामा और गाँधी टोपी। म्यूनिसिपल मैदान में हो रही थी कॉन्फ्रेंस। हमेशा की तरह मैंने और दीदी ने वन्देमातरम गाया। जयप्रकाश जी के भाषण के दौरान दीदी अभिभूत–सी ताकती रही, हाय कितने हैंडसम हैं। रात को सोते समय भी वही–हाय कितना अच्छा बोले, हाय यह, हाय वह। मैंने कहा–"अब बस भी कर दीदी, वे शादीशुदा हैं।" तो तुनककर बोली–"तो क्या हुआ। मन–ही --मन फ़िदा होने पर किसी का क्या बिगड़ता है।"

उन दिनों देहरादून उत्तर प्रदेश का एक सांस्कृतिक केन्द्र था। एक बंगाली संगीतज्ञ थे अनन्त राय। हम उन्हें 'काका जी' कहते थे। उनका घर संगीत का केन्द्र था। रविशंकर, अली अकबर, पन्नालाल घोष और भी कितने ही उनके निमन्त्रण पर देहरादून आते और प्रोग्राम करते। इसके अलावा डी.ए.वी. कॉलेज में भी शास्त्रीय संगीत की बड़ी बैठकें हुआ करती थीं। कवि–सम्मेलनों की तो भरमार ही थी। उन दिनों के मशहूर कवि नीरज, वीरेन्द्र मिश्र अकसर ही आते थे। तब 'पॉप कल्चर' का कोई नामो–निशान नहीं था। ज़्यादा–से–ज़्यादा फ़िल्मी गीत। स्कूल–कॉलेजों में देशभक्ति का माहौल था। एक नारा जो डी.ए.वी. के लड़कों ने बनाया था, बड़ा मज़ेदार था और ख़ूब पॉपुलर हुआ–

"नौजवानो! हाँ भई, हाँ
मिलके रहो तुम
क्यों भई, क्यों?
मिलने वाली
क्या भई, क्या?
आज़ादी
वाह भई, वाह!"

और "टोड़ी बच्चा हाय–हाय"। आज तक न मालूम हुआ यह 'टोड़ी बच्चा' क्या है?

एक और बात उन दिनों की स्पष्ट रूप से याद है। परेड ग्राउंड के किनारे कुछ बैरक बने थे। उनमें इटली के युद्धबन्दी रहते थे। काँटे–तार से घिरे वे बैरक हमारे आकर्षण का केन्द्र थे। बन्दी बैरकों के सामने फल, सब्ज़ी की क्यारियों में काम करते और जैसे ही हम लड़कियों का झुण्ड स्कूल जाता और झुण्ड बैरकों के पास से गुज़रता, वे ज़ोर–ज़ोर

से सीटी बजाते और कहते 'डार्लिंग'। हम जल्दी–जल्दी सिर नीचा कर रास्ता पार करते। शहर में 'टॉमी' आये हुए हैं। 'टॉमी' माने? माने अमरीकी सैनिक। अफ़वाहें ख़ूब फैल रही थीं। एक बंगाली ईसाई इंश्योरेंस ऐजेंट थे मिस्टर बैनर्जी, उनकी एक बहुत ही ख़ूबसूरत जवान बेटी थी। और वह थी 'वैकाई'। हमें समझ नहीं आता था कि 'वैकाई' का मतलब क्या है। पर आर्मी अस्पतालों में सैनिकों की तीमारदारी करने वाली नर्स को शायद वैकाई कहते थे। एक दिन सुना गया कि वह लड़की परेड ग्राउंड के पास बेहोशी की हालत में पायी गयी। उस पर टॉमीज़ ने बलात्कार किया था–ऐसा दबी ज़बान से लोग कह रहे थे। उसके बाद बाप–बेटी शहर छोड़कर चले गये। 'टॉमीज़' एक ख़ौफ़नाक शब्द बन गया था हम सबके लिए।

सन् 42 में बाबा के जेल जाने के बाद हम तीनों बहनें माँ के साथ मुस्लिम मोहल्ले के एक छोटे–से मकान में रह रहे थे। अंग्रेज़ों के ख़िलाफ़ राजनीति करने वालों के परिवार को आसानी से किराये के घर नहीं मिलते थे। उस छोटे–से दो कमरे वाले मकान के चारों तरफ़ मुस्लिम परिवार थे। इन परिवारों में मेरा अबाध आना–जाना था। स्कूल छुड़वा दिया था फ़ीस न दे पाने के कारण। सो सारा दिन घूमना–फिरना। हमारे घर से सटे घर में जो परिवार रहता था, उसमें तीन बहनें–अच्छी बेगम, ब्यूटी, पप्पू और एकमात्र भाई प्यारे मियाँ रहते थे। इनके अब्बाजान आर्मी में थे, सो ज़्यादातर बाहर ही रहते थे। अच्छी बेगम घर का सारा काम करती और जरा–सी ग़लती होने पर मम्मी उसकी ख़ूब पिटाई करतीं। वह चीख़–चीख़कर रोती। मुझे अपना पिटना याद आता और उससे बड़ी सहानुभूति होती। मैं अकसर अच्छी बेगम के साथ किचन में बैठकर उसका खाना बनाना देखती। ऐसे ही मैं मुस्लिम कुकिंग के कई गुर सीख गयी थी। बक़रीद के समय घर की दीवार पर चढ़कर बक़रा हलाल होते देखा था। झटका और हलाल का फ़र्क़ भी तभी मुझे उन्हीं लोगों ने बताया था।

उसी मोहल्ले में एक ताँगे वाला रहता था अपनी कोठरी में। नाम अबुल कलाम। एक–दो बार दीदी उसके ताँगे में स्कूल गयी थी–बस वह दीदी पर फ़िदा हो गया। रात को शराब पीकर हमारे घर के सामने से गाते हुए गुज़रता–"मेरा बुल–बुल सो रहा है, शोरगुल न मचा धीरे–धीरे आरे ओ बादल, धीरे–धीरे आ ऽऽऽ"। मैं कहती, "दीदी तेरा मजनूँ आ गया।" जाने कैसे माँ को पता लग गया। फिर पड़ोसियों से कहकर उसे

धमकाया गया। पड़ोसी हमारी बड़ी देखरेख करते थे। सभी को मालूम था इन लड़कियों के अब्बाजान आज़ादी की लड़ाई में जेल गये हुए हैं।

सन् 46 के अन्त तक हमारा मोहल्ला धीरे–धीरे ख़ाली होता गया और एक दिन ऐसा आया कि बिल्कुल ख़ाली हो गया। मन बड़ा उदास हो गया था। अच्छी बेगम के परिवार और सामने रहने वाले ग्वाले को बड़ा 'मिस' करती थी। ग्वाले के बेटों को कंचे खेलते देखती थी घण्टों। दोनों लड़कों का ख़तना हुआ तो उनकी हृदय-विदारक चीख़ें सुनी थीं।

हमारा मोहल्ला ख़ाली होने के हफ़्ते भर बाद धीरे–धीरे भरने लगा। पंजाब से आम शरणार्थियों के जत्थे आते जा रहे थे। क्लेम। 'क्लेम की प्रॉपर्टी है यह।' यह वाक्य बहुत सुनने में आता था यानी पाकिस्तान में छोड़े हुए घरों के बदले यहाँ घर क्लेम कर रहे हैं। देहरादून, पंजाब से आये लोगों से भर गया। रईस मुसलमानों की बड़ी–बड़ी कोठियों में ख़ूब पैसे वाले पंजाबी बिजनेसमैन रहने लगे। और मोहल्लों में मध्य और निम्न वर्गीय पंजाबी। दुकानों, बाज़ारों में भी पुराने चेहरों की जगह नये चेहरे दीखने लगे। हमारे स्कूल में उर्दू की क्लास बन्द हो गयी। पेड़ के नीचे लगती थी उर्दू की क्लास। उर्दू के मास्टर जी अकेले पुरुष टीचर थे। अतिया, कैसर जहाँ (मोटी), कैसर जहाँ (दुबली) और ज़किया थी क्लास में। पार्टीशन के बाद सारी लड़कियाँ चली गयीं। अचानक बहुत अटपटा और सूना लगने लगा, फिर धीरे–धीरे ख़ालिस हिन्दू माहौल में जीने की आदत बनते–बनते बन ही गयी। जो मुस्लिम नहीं गये अलग मोहल्ले में, जो पहले से ही मुस्लिम मोहल्ले थे वहाँ चले गये। देहरादून का सबसे पुराना मुस्लिम मोहल्ला इनामुल्ला बिल्डिंग। ख़ालिस मुस्लिम खाना आज भी वहीं से मँगवाया जाता है। रास्तों के नाम बदल गये। लिटन रोड, सुभाष रोड, और कर्ज़न रोड, नेहरू रोड कहलाने लगा। अब तो सिर्फ़ दो ही अंग्रेज़ी नाम बरक़रार हैं–ऐशले हॉल और नैशविल रोड।

बहुत–बहुत दूर चले गये जो दिन

बचपन वह समय होता है जिसके दुख भी बाद में सुख का जामा पहनकर याद आते हैं। सारे धुँधलाये रंग बुढ़ापे तक आते–आते गहराते जाते हैं और हमें लगता है पूरे जीवन में वही समय सबसे अनोखा और सबसे प्रिय है। क्योंकि बचपन में ही हम पूरे 'इनोसेंस' से भरे आश्चर्य के साथ अपनी आसपास की दुनिया को देखते–जानते हैं। उसे समय के काँटे भी अपनी चुभन खोकर कोमलता से मन को छूते हैं।

अपने माँ–बाप की छठी सन्तान, अक्टूबर के महीने में साँझ के समय तार सप्तक में चीख़कर रोती हुई पैदा हुई थी–नानी के घर। नानी ने कहा था सन्ध्या रानी आयी है। घुप्प काला रंग था, अपनी दादी जैसा और उनके जैसा ही तीखा मिज़ाज।

सबसे पहली स्मृति। दुर्गापूजा के पहले, महालय के दिन अलस्सुबह नानी की आवाज़ सुनायी दी–अरे सब उठो, उठो, देखो दुर्गा ठाकरुन आयी हैं। साथ ही शिशुकंठ का रोना। हम पाँचों भाई–बहन उछलकर बिस्तर से उतरे और पास के कमरे की चौखट पर भीड़ लगाकर खड़े हो गये। नानी की गोद में गोरी गोल–मटोल बच्ची कपड़े में लिपटी निश्चिन्त सो रही थी। नानी ने कहा–"गौरी आयी है। मेरी सबसे छोटी बहन गौरी।"

अंग्रेज़ों के ज़माने में पाँच साल की उम्र हो, तभी स्कूल में दाख़िला मिलता था। घर पर ही पढ़ाई करनी होती थी। माँ ने इस समय का उपयोग हम सब भाई–बहनों को बँगला पढ़ाकर किया। कलकत्ते से ईश्वरचन्द्र विद्यासागर की लिखी पहली से चौथी पोथी मँगवायी जाती थी। देहरादून के बंगालियों ने एक संस्था स्थापित की थी–बँगला साहित्य समिति, बंगाल के बाहर बंगाली संस्कृति भाषा को ज़िन्दा रखने के लिए। वह संस्था आज भी है।

मैंने माँ से बँगला सीखी थी। हम सभी भाई–बहनों ने। मुझे अभी

भी याद है रसोई की चौखट पर बैठकर मैं याद किया करती थी—आढ्य, घनाढ़य, जाड्य अम्ल, अम्लान, शाल्मली। मायने समेत माँ को सुनाना पड़ता था, तब जाकर खेलने की छुट्टी मिलती थी।

दोपहर को छोटी बहन को नहलाकर माँ उसे अपना दूध पिलाती थी, फिर एक छोटी कटोरी में अपना दूध निकाल मुझे कहती—जा मोगरा चमेली के पौधे में दूध डालकर आ, ख़ूब सफ़ेद फूल उगेंगे। फिर माँ नहाने जाती और मैं रूमाल हिला—हिलाकर सोती हुई बहन पर मक्खी न बैठने देती। फिर मैं और माँ खाने बैठते। खाने से पहले माँ मुझे एक गोल—सा पत्ता तोड़कर लाने को कहती, फिर पत्ते में चुटकी—चुटकी भर चावल, सब्ज़ी, दाल डालकर कहती—जा पंचभूत के लिए खाना रख के आ, दीवार पर। मैं पूछती कि पंचभूत क्या होता है? माँ बताती—अग्नि, जल, वायु, आकाश, पृथ्वी। खाना खाने के बाद मैं दौड़कर देखने जाती कि पंचभूत ने खाना खाया कि नहीं। तो देखती कि कोई छोटी—सी चिड़ियाँ या चीटियाँ खाना ले जा रही हैं। मैं माँ से कहती—पंचभूत कहाँ? खाना तो चिड़ियाँ या चीटियाँ ले जा रही हैं। माँ कहती—"तो क्या हुआ, कोई तो खाता है, अकेले—अकेले नहीं खाते किसी को देकर खाते हैं।" आज भी शायद इसी वाक्य के बन्धन से जकड़ी हुई हूँ।

उन्हीं दिनों माँ के एक बहुत ही क़रीबी रिश्तेदार, जो डॉक्टर थे, माँ को देखने आते थे। माँ और छोटी बहन का डॉक्टरी मुआयना कर थोड़ी देर बतियाते, फिर चले जाते। पर जाने से पहले मुझे इशारे से बुलते, इधर—उधर की बातें करते, फिर धीरे—धीरे बदन पर हाथ फेरते, फिर उनके हाथ मेरे अन्य अंगों को टोहते। उस समय मेरी उम्र थी चार साल।

इसके कुछ दिनों बाद ही मैं घर से भागने लगी। सड़क, मैदान, दीवार पर से सरपट भाग रही हूँ मैं। मेरे पीछे कभी मामा लोग, कभी भाई लोग भाग रहे हैं—पकड़ो...पकड़ी, लड़की भागी रे भागी। सब मुझे 'घौर पालानो मेये' यानी 'घर से भागने वाली लड़की' कहते थे। मेरी सहेली और दोस्त अकसर दलित थे। माली कुम्हारों के बेटे—बेटी, जाटवों के बच्चे, ख़ानसामा, जमादारों के बच्चे। इन लोगों से मेरी ख़ूब पटती थी। इनकी सोच, बरताव और भावनाओं में बड़ा खुलापन था। खुलकर गालियाँ देते, धड़ल्ले से अपने अनुभवों का बखान करते। शायद यही कारण रहा होगा कि इनके असर से मेरे मन में आज भी 'इन्हीबिशनस' बहुत कम हैं। मैं कभी घर में होती और मेरे ये दोस्त बाहर मुँह में उँगली डाल सीटी

बजाते और मैं चुपके से भाग लेती। कभी फलों के बगीचे से फल चुराना, सब्ज़ियों के खेत से मूली, गाजर उखाड़कर खाना, कभी और कुछ नहीं तो श्मशान में जाकर बैठे रहना और वहाँ का कार्यकलाप देखते रहना। फिर दोपहर को घर लौटना। माँ पहले पिटाई करती। जब देखा कि पिटाई को भी मैं रूटीन की तरह ले रही हूँ तो उन्होंने एक नया उपाय सोचा। मेरे लौटते ही कच्चे चावल, दाल, हल्दी नमक रख देती। एक अँगीठी और कोयला। कहती–ले अपने आप खाना बनाकर खा। अँगीठी सुलगाने में ही कितना समय लग जा़ता, फिर उस पर खिचड़ी चढ़ाना। तब तक पेट में चूहे कूद रहे होते। मैं पतीली उतारकर अधपकी खिचड़ी ही खाती। जो देखता उसे मुझ पर तरस आता पर माँ टस–से–मस न होती। मुझे भागने से रोकने के लिए कितने ही तरीक़े अपनाये जाते थे, जैसे–कमरे में बन्द कर देना, रस्सी से दोनों हाथ पीछे और दोनों पैर आगे कर बाँध देना वग़ैरह, पर सब बेकार।

मैं घर से ही नहीं, स्कूल से भी भाग जाती थी। माँ को मेरी ढिठाई पर बेहद ग़ुस्सा आता और वह मेरी ख़ूब पिटाई करतीं। चिमटा, बेलन, डण्डा, छतरी जो हाथ लगे उससे मुझे धुन देती। मैं गला फाड़कर चिल्लाती। आख़िरकार माँ थककर मारना छोड़ सिर पकड़कर बैठ जाती। पर मेरा ढर्रा न बदलता। भाई–बहनों से मेरा कोई ख़ास जुड़ाव न था। मेरे दोस्त ही मेरे अपने थे।

हमारे घर के चारों तरफ़ सब्ज़ी के बड़े–बड़े खेत थे। और दो खेतों के बीच एक छोटी–सी झोंपड़ी थी। उसमें हीरू रहता था अपनी बहन भगनिया के साथ। अकसर मैं दोपहर को खाने के वक़्त उसके यहाँ पहुँच जाती। हीरू पीतल की थाली के नीचे एक पत्थर रखकर उसे टेढ़ी कर लेता, फिर उसमें पतली मूँग की दाल डालता और उससे रोटी खाता। भगनिया भी उसी थाली में खाती। हीरू पूछता–खोकी, खाओगी? मैं थोड़ी देर ना–नुकुर कर खा लेती। पता नहीं कैसे यह बात माँ के कानों तक पहुँची। शायद मैंने ही कह दी थी। ख़ूब मार पड़ी कि "हे राम, यह लड़की क्या–क्या गुल खिलायेगी। हीरू के घर की रोटी खा आयी, छीः–छीः 'हैंगला' (नदीदी)।" यह सब इसलिए क्योंकि हीरू जाटव था।

अब कभी सोचती हूँ कि क्या कारण रहा होगा मेरे घर से भागने का और दलितों के बच्चों से दोस्ती करने का? तो यही समझ में आता है कि शायद चार वर्ष की उम्र में मेरी छोटी बहन का जन्म होना ही इसका

कारण हो। आजकल जिसे कहते हैं 'सिबलिंग राइवलरी' या 'जेलसी'। हालाँकि प्रत्यक्ष रूप से मैं अपनी मोम की गुड़िया जैसी छोटी बहन गौरी को बेहद प्यार करती थी। पर उसके जन्म के बाद ही से जो घर से बाहर जाने के आकर्षण ने मुझे मोहा तो आज तक पीछा न छोड़ा।

"आमि जाबो न, जाबो न जाबो न घौरे
बाहिर कोरे छे ओगो पागोल मोरे"

मेरे बाहर जाने की इस लत से आज भी सब परेशान हैं। पाँच बजे नहीं कि 'बाहर' टेर लगाता है।

पाँच साल की हो गयी तो नारी शिल्प मन्दिर में दाख़िला हुआ। टाट–पट्टियों वाला स्कूल। दीदी, मैं और छोटे भैया एक साथ स्कूल जाते थे। पाँचवीं तक लड़के–लड़कियाँ साथ ही पढ़ते थे। स्कूल में भी आधी छुट्टी के बाद दोस्त सैमी के साथ हवा हो जाती थी। और छुट्टी होने के थोड़ा पहले वापस। घर में शिकायत पहुँचती, फिर मार–कुटाई। पता नहीं कौन–सा सन् था। शायद 1939, बाबा पहली बार जेल गये और हम सब भाई–बहन बोरिया–बिस्तर बाँध नाना–नानी के घर पहुँच गये। नाना जी जो काफ़ी अंग्रेज़परस्त थे, आगबबूला हो गये। पर मामा, नानी, मौसियाँ सब एक तरफ़, कि ये यहीं रहेंगे। वहीं टिक गये। नाना जी का घर विशाल बँगला था। फलों के बगीचे और फूलों की क्यारियों से भरा। तीन विशाल बँगले एक क़तार में। शहर के किसी बंगाली के पास ऐसे मकान न थे। नाना जी नामी वकील थे और पैसे कमाना उनका नशा।

दो–ढाई साल बाद बाबा जेल से लौटे। फिर एक किराये का मकान लिया गया, कचहरी के पास, फिर से प्रैक्टिस शुरू की बाबा ने। सन् 42 में बड़ी राजनीतिक उथल–पुथल थी। एक शाम बाबा कचहरी से लौटे तो साथ में दो सिपाही। कहा मेरे कपड़े दे दो। टीन के बक्से में कपड़े भरे और हम सबको प्यार कर चले गये। माँ भौचक्की। पाँच बच्चे और छठी वे। कैसे चलेगा? नाना जी का दरवाज़ा बन्द हो गया था। फिर भैंसागाड़ी में सामान लदा, मेरा और छोटी बहन का स्कूल बन्द। ननिहाल के पास मुस्लिम मोहल्ले में एक छोटे–से घर में रहने लगे हम।

धुँधले पड़ गये सुख और दुखों की भीड़ में एक बहुत उदास अनुभव की याद हो आती है जो आज भी धुँधलायी नहीं। पाँच वर्ष की उम्र में मृत्यु का पहला अनुभव। मुझसे बड़ा भाई अनुपम डी.ए.वी. स्कूल में पाँचवीं में पढ़ता था। माँ–बाबा का बेहद लाड़ला। बहुत मेधावी। स्कूल के बाहर

खोमचे वाले से आलू–छोले खाकर बीमार पड़ा। पहले टाइफाइड, फिर मेनिनजाइटिस। उन दिनों टायफाइड की कोई दवा नहीं होती थी। डेढ़ महीने बिस्तर पर पड़े रहने के बाद चल बसा। आख़िरी दिन लगातार बोलता रहा–"केला खाऊँगा, खीर खाऊँगा" पर उसे नहीं खाने दिया गया–माँ–बाप को तो आख़िरी साँस तक उम्मीद रहती ही है। मैं खिड़की के सीखचों से मुँह सटाये देख रही थी। इतना सुन्दर चेहरा सींक–सा हो गया था। उसके प्राणहीन देह पर से कपड़े उतारते हुए बाबा का वह आर्तनाद "ऐखोनो गरम आछे"। (अभी तक देह गर्म है) मुझे आज भी भूला नहीं। बाबा ने आख़िरी दिन तक न केला खाया, न खीर खायी।

पचास के दशक में बदलता शहर और समय

ऐशले हॉल देहरादून का पॉश शॉपिंग सेंटर हुआ करता था, जहाँ ज़्यादातर अंग्रेज़ और उच्च वर्ग के धनी लोग ख़रीदारी करने आते थे। पर अब वहाँ इक्के–दुक्के अंग्रेज़ ही दिखायी देते थे, जो अभी तक जाना मुल्तवी कर रहे थे, जैसे–दून स्कूल के प्रिंसिपल जॉन मार्टिन और मिशनरी स्कूलों के कितने ही टीचर। चर्च से जुड़े पादरी और नन्स। ये लोग काफ़ी अच्छी हिन्दी बोलते व समझते थे।

उन दिनों दसवीं के बाद इण्टरमीडिएट यानी बारहवीं करनी पड़ती थी। शिक्षा का सिस्टम, विषय अंग्रेज़ों की तरह हुआ करते थे। अब उस क्षेत्र में भी बदलाव आने लगा। एक विषय हुआ करता था 'रिलीजन एंड मॉरल साइंस'। उसमें विश्व के सब धर्मों के बारे में निबन्ध होते और व्यवहार की सीखें। सबसे पहले वह विषय हटा दिया गया। क्यों? शायद भाईचारे की भावना बढ़ाने के लिए। परन्तु मुझे लगता है इससे बहुत बड़े गैप और मिसअंडरस्टेंडिंग की सृष्टि हुई है। उसकी जगह महान व्यक्तियों की जीवनियों की किताब रखी गयी। एक पेपर होता था जनरल नॉलेज का, वह भी हट गया। ड्रॉइंग, संगीत हाईस्कूल के विषय हुआ करते थे, वे भी हट गये। शिक्षा–व्यवस्था में आमूल परिवर्तन की कोशिश हो रही थी। सही भी था। पराधीन देश में कॉलोनियल शिक्षा–व्यवस्था क्यों रहे? पूरे माहौल में उत्साह और जोश दिखायी देता था। अब सब कुछ नया होगा, हमारा अपना। कितनी ही बड़ी–छोटी चीज़ों पर अब 'मेड इन इण्डिया' का ठप्पा दीखने लगा था, जो पहले विरल था।

शहर के वातावरण, चाल–चलन में फ़र्क़ आने लगा। अब तक आने–जाने के लिए साइकिल और ताँगे का ही प्रयोग होता था, और मीलों तक पैदल चलना बहुत आम बात थी। अब स्टेट बसें चलने लगीं, शहर से दूर बसी जगहों के लिए। अब तक सिर्फ़ बड़े रईसों के पास ही

इक्का–दुक्का कारें हुआ करतीं। अब उनकी संख्या में बढ़ोतरी होने लगी। इन्हीं दिनों हमारे शहर में इटली का बना स्कूटर आया। पहले चार–पाँच, फिर तो ढेरों। आबोहवा भी बदलने लगी। सबसे ख़राब बात जो हुई, वह इंडस्ट्री के नाम पर जंगलात कटने लगे और चूने की भट्टी के लिए पहाड़ कटने लगे। मसूरी के पहाड़ घावों से भर गये।

भाषा बहुत तेज़ी से बदलने लगी। गढ़वाली कामवाले और भाषा तो उड़न छू। पंजाबी भाषी काफ़ी थे, सो रेहड़ी वाले, दुकानदार खुलकर पंजाबी भाषा का प्रयोग करते। आओजी, बैट्ठो जी, पानी–शानी पियो, त्वाढी अपणी दुकान ऐ, दसो जी, वग़ैरह। थोड़े ही समय में शहर के लोग पंजाबी भाषा समझने लगे, सिवाय बंगालियों के। उनका वही पुराना राग–'की जे तुसी–मुसी बोले' (जाने क्या तुसी–मुसी बोलते रहते हैं)। भाषा में अब कुछ नये शब्द इस्तेमाल होने लगे थे। सबसे पहले याद आता है 'पगड़ी' शब्द। मकान मालिक 'पगड़ी' माँगता है। क्या? पगड़ी क्या? समझ में नहीं आता था। फिर इसी तरह कमीशन, कट कितने ही शब्द, जो समाज में आये बदलाव और बदलते मूल्यों के साथ जुड़े थे, आम भाषा के अंग बन गये। देश की ज़मीन पर भ्रष्टाचार की पहली बुवाई चल रही थी। भ्रष्टाचार तो पहले भी रहा होगा पर आम आदमी के जीवन में इसकी सहज घुसपैठ इस समय से ही शुरू हुई थी शायद।

गाँधी जी की मृत्यु के बाद साधारण गाँधीवादियों (सरकारी नहीं) के मन में एक ख़ालीपन आ गया था। वह जगह विनोबा जी ने ले ली थी। कम–से–कम हमारे शहर में जितने कांग्रेसी सरकार में शामिल नहीं हुए, सिर्फ़ बैकग्राउंड राजनीति से सम्बद्ध रहे, उनके लिए सर्वोदय आन्दोलन बहुत अहम हो गया। हमारे घर में बाबा इसी आन्दोलन में सक्रिय हो गये। विनोबा विचार, पदयात्रा, भूदान यज्ञ–इसी में लीन। माँ का रामकृष्ण की भक्ति साधना पर ज़ोर था। और इसके साथ–साथ हमारे शहर और घर में साम्यवाद का शुरुआती दौर चल पड़ा था। छोटे भैया का इनीशिएशन चल रहा था। उनकी एक छोटी–सी कोठरी थी। कोठरी में अकसर शहर के नामी कॉमरेडों का जमावड़ा होता। बहसे होतीं। मार्क्सवादी शब्दावली, जैसे–प्रॉलेटेरियट, बूर्जुआज़ी, क्लास स्ट्रगल, कैपिटलिस्ट इकोनॉमी वग़ैरह शब्द सुनायी पड़ते। कभी चाय पिलानी होती, तो कभी–कभार खाना भी खिलाना होता।

तो अब हमारे घर में चार वादों का को–एग्ज़िसटेंस यानी सह–अस्तित्व

चल पड़ा। बाबा का गाँधीवाद और भूदान यज्ञ, माँ का परमहंसवाद, छोटे भैया का मार्क्सवाद और बड़े भैया का रॉयिस्ट मानवतावाद। शहर में पनपते इन वादों की हवा ने कॉलिजों की राजनीति को भी छुआ। डी.ए.वी. कॉलिज, जो शहर का मुख्य शिक्षा संस्थान था, उसमें जाने कितने दल बन गये।

कांग्रेस, जनसंघ, आर.एस.एस., सोशलिस्ट पार्टी–जिसके नेता सुरेन्द्र मोहन थे, कम्यूनिस्ट पार्टी और रॉयिस्ट पार्टी। कॉलेज के चुनावों में घमासान होता। बम्बई, कलकत्ता में बेहद पॉपुलर इप्टा की हवा यहाँ भी चली। नाटक, समूहगान का ख़ूब चलन हुआ।

देहरादून, जिसे अकसर 'स्मॉल स्लीपी टाउन' कहा जाता था, जैसे अचानक जाग उठा। इसी दशक में हमारे शहर में अन्तर्जातीय और अन्तर्प्रान्तीय 'लव मैरिज' का चलन हुआ। हमारे परिवार में तो सभी की 'लव मैरिज' और 'कोर्ट मैरिज' हुई। और धार्मिक रीति से हुई शादियाँ भी आर्य समाजी शादी की सादगी से हुई। अंग्रेज़ों के जाने के बाद अंग्रेज़ियत की कई बातें अपनायी जाने लगीं। अंग्रेज़ी भाषा, संगीत, अंग्रेज़ी स्कूल, घरों में ड्रॉइंग रूम, फ़्लश की शुरुआत भी हो गयी। एक तबका अदृश्य हो गया। घर में आने वाले धोबी, नाई, जमादार वग़ैरह। कपड़े धोने में तो क्रान्ति ही आ गयी। पहले या तो देसी साबुन होता था या सनलाइट, अब तरह–तरह के साबुन के पाउडर बाज़ार में दीखने लगे।

आज़ादी पाने के साथ–साथ कुछ लोगों द्वारा भारतीयता के कुछ पहलुओं को 'पोंगापन्थी' समझा जाने लगा। चोर दरवाज़ों से अंग्रेज़ियत की रोज़मर्रा की ज़िन्दगी में घुसपैठ होने लगी। पश्चिमी 'वे ऑफ़ लाइफ़' की कितनी ही बातें अपनायी जाने लगीं। शराब पीना अब 'टैबू' न रहा। पहले केवल उच्चवर्ग या निम्नवर्ग को शौक़ हुआ करता था, अब मध्यवर्ग भी पीछे न रहा। घरों का नक़्शा बदलने लगा। बैठकें विलीन हो गयीं, ड्रॉइंग–डाइनिंग बेडरूम और स्टैंडिंग किचन का रिवाज चल पड़ा। लंच, डिनर, टी, हाई–टी जैसे शब्द इस्तेमाल होने लगे। पहले अंग्रेज़ी स्कूल सिर्फ़ मिशनरी हुआ करते थे। अब ग़ैर–मिशनरी इंग्लिश मीडियम स्कूल खुलने लगे। हिन्दी पढ़ना, बोलना 'बैकवर्डनेस' समझा जाने लगा। मैट्रिमोनियल विज्ञापन में 'कॉन्वेंट एजुकेटेड' लड़की का बाज़ार भाव बढ़ गया। हमारा शहर तो कहलाता ही था 'स्कूलों का शहर'। अब तो स्कूल खोलना सबसे पॉपुलर बिजनेस है वहाँ।

एक और उल्लेख योग्य बात हुई। धार्मिक और सामाजिक त्योहार

कैसे बाज़ार से जुड़ते गये। यह देखकर हैरानी होती है कि कैसे धार्मिक कार्य अब घरों की चौखट छोड़ बाहर आ गये। चलती सड़कों पर तम्बू लगा घेरकर ब्लॉक कर देना आम बात हो गयी। जगराता, माँ शेरों वाली, वैष्णो देवीं, सन्तोषी माँ वग़ैरह। करवाचौथ का तो रूप ही बदल गया। यू.पी. में स्कूलों में करवाचौथ की छुट्टी ज़रूर होती थी पर आज जैसा टीम–टॉम नहीं होता था। बाज़ार में खाने–पीने, चूड़ी–मेहँदी और भी कितनी ही चीज़ों की भरमार देख हैरानी होती है। सबसे हैरानी होती है छलनी की किस्मत देखकर। आटे के टीन में पड़ी अदना–सी छलनी से अब बाज़ार भरा रहता है। करवाचौथ के पहले दिन छलनी बेचने वाले लखपति हो गये होंगे।

औरतों में भी बहुत बदलाव आया शिक्षा की दृष्टि से, शायद ही कोई मध्यवर्गीय स्त्री हो जो एम.ए., बी.ए. न हो। शादी की मार्किट में भी कम–से–कम ग्रेजुएट तो हो ही। और टीचर, लेक्चरर लड़कियों का रेट बढ़ गया यानी ज़्यादा दहेज़ माँगा जाने लगा।

कॉलोनियाँ बनने लगी थीं। बड़े शहरों जैसी मल्टी स्टोरी नहीं, एल.आई.जी., एम.आई.जी., एच.आई.जी. एकमंज़िला कॉलोनियाँ। 'अपना मकान' अब सपना नहीं रहा था। शहर में या शहर से दूर ख़ाली पड़ी जगहें धड़ाधड़ भर रही थीं। धूम मच गयी थी रजिस्ट्रेशन की। ये सब आवासीय कॉलोनियाँ सरकारी ही थीं।

साठ के दशक में सबसे उल्लेखनीय बात चीन का आक्रमण, मैकमोहन लाइन पर मतभेद हुआ और हिन्दी–चीनी भाई–भाई का नारा झूठा पड़ गया।

कई राजनीतिक पार्टियों में बदलाव आये। कुछ दल शिथिल पड़ गये, कुछ नये बने, कुछ पुराने दल दो फाड़ हो गये। कांग्रेस (ओ) और कांग्रेस (आई)। कम्यूनिस्ट पार्टी के भी सन् 1964 में दो भाग हो गये। सी.पी.आई. और सी.पी.एम.। उन दिनों एक्सपोर्ट–इम्पोर्ट में सख़्ती होने के कारण एक और शब्द बहुत सुना जाता था–स्मग्लिंग, स्मगल्ड। एक तबका था जो स्मगल्ड चीज़ों के लिए लालायित रहता था। इम्पोर्ट पर रोक लगने से एक बात तो अच्छी हुई कि देश में कार से लेकर सभी कुछ बनने लगा–उस देश में, जहाँ सुई तक बाहर से आती थी।

वह बसन्ती मौसम और सपने बुनता मन

मौसम बदलने लगा था–देश का, परिवार का, मन का। चारों तरफ़ गहमा–गहमी। देश आज़ाद होने वाला है। बाबा अब जेल नहीं जायेंगे, छोटे भैया जो नाविक विद्रोह में भाग लेने के कारण जेल चले गये थे, बिना किसी को बताये, वह भी लौट आये। बड़े भाई भी पढ़ाई पूरी कर नौकरी की तलाश में थे। हम सब जज साहब के बँगले में रहने लगे थे क्योंकि जज साहब परिवार सहित पाकिस्तान चले गये थे। बँगले के मालिक नाना जी ही थे। पर अब वे तो रहे नहीं, सो हम किराया मामाओं को ही देते थे।

सन् 47, अगस्त का महीना। घर में, शहर में ख़ुशी का माहौल। देश आज़ाद हो जायेगा। मीटिंग, जलसों, प्रभात फेरियों की तैयारी। मुझे प्रभात फेरी में जाना बहुत अच्छा लगता था। हम तीनों बहनें गाना गाने में सबसे आगे रहती थीं। 15 अगस्त को आम की पत्तियों और गेंदे की मालाओं से घर सजाया। पर यह सब ख़ुशियाँ हम तीनों बहनों और बाबा तक ही सीमित थी। दोनों भाई और माँ एक वैराग्यभरी चुप्पी साधे थे। उनके राजनीतिक विचार अलग जो थे। बारह बजे छोटे–से रेडियो में नेहरू जी का 'ट्रिस्ट विद डेस्टिनी' सुनकर हमने ख़ूब नारे लगाये, तालियाँ बजायी और एक मसहरी के डण्डे पर झण्डा लगाकर बरामदे के सामने वाली ज़मीन पर लगा दिया।

हफ़्ता भी न बीता कि हमारे शहर में दंगे शुरू हो गये। अब तक हमें मालूम ही न था कि दंगे क्या होते हैं। बस पंजाब और बंगाल के दंगों के बारे में अख़बारों में ही पढ़ते थे।

अगले दो सालों में घर में दो शादियाँ हो गयीं। बड़े भैया की शादी हुई जस्टिस तारकुण्डे की बहन इन्दु से और दीदी की शादी हुई बर्मा से भागकर आये परिवार के तीसरे बेटे से। परिवार में काफ़ी बातें बनीं।

नामी–गिरामी परिवार की लड़की और 'पंजाबी रिफ़्यूजी' से शादी? वह भी कोर्ट मैरिज। पर हमारी पीढ़ी और हमारी बाद की पीढ़ी में अन्तर्जातीय, अन्तर्प्रान्तीय शादियाँ हुईं और वह भी ताम–झाम रहित कोर्ट मैरिज। हमारा परिवार ट्रेड सेटर था।

देहरादून स्कूलों का शहर है। लेकिन कॉलेज दो ही थे हमारे समय में। महादेवी कन्या पाठशाला पोस्ट ग्रेजुएट कॉलेज–और डी.ए.वी. पोस्ट ग्रेजुएट कॉलेज को–एड। इण्टर तक महादेवी कन्या पाठशाला में ही पढ़ी। पहले दोनों बहनें, फिर तीनों बहनें। घर और स्कूल से भागना बन्द हो गया था लेकिन फिर भी औरों से अलग थी। बहुत शरारती, ज़बानदराज़, लीडरी करने वाली, खेलकूद और पढ़ने में अच्छी और टीचरों की मुँहलगी। टीचरों की पर्सनल लाइफ़ में गहरी दिलचस्पी रखती। किसका प्रेम–सम्बन्ध टूट गया, कौन लेस्बियन है, किसकी शादी नहीं हुई क्योंकि प्रेमी डरपोक निकला, किसका प्रेम एक विवाहित पुरुष से है वग़ैरह। टीचरों की निजी ज़िन्दगी का 'पैंडोराज बॉक्स' खुलता जाता और मैं आम के बाग़ में लड़कियों के झुण्ड में बैठी उसका बखान करती रहती। उस समय यही सबसे अहम बात होती थी हमारे लिए।

पढ़ती थी। ख़ूब पढ़ती थी। बँगला, हिन्दी में ज़्यादा अंग्रेज़ी में कम। पार्टीशन के बाद शहर पंजाब के लोगों से भर गया था। उन्हीं दिनों राजपुर रोड पर एक दुकान खुली थी जिसका नाम था 'नॉवलिस्तान'। रोज़ शाम को दलबल समेत उस दुकान में धावा बोलते। हिन्दी और हिन्दी में अनूदित साहित्य घोलकर पी जाते। राहुल सांकृत्यायन, कृश्न चन्दर, ख़्वाजा अहमद अब्बास, शरतचन्द्र, चतुरसेन शास्त्री, वृन्दावनलाल वर्मा। पता नहीं प्रेमचन्द क्यों नहीं पढ़ा? शायद दिलचस्पी नहीं उपजी थी तब तक। दरअसल उस समय की मन की रोमाण्टिक अवस्था ही शायद ज़िम्मेदार थी। आठवीं में थी तो हिन्दी में होमवर्क मिला–मेरी प्रिय पुस्तक। हमारी हिन्दी की टीचर थीं माधुरी निगम। ज़िन्दगी में शरतचन्द्र की घुसपैठ बहुत गहरी हो गयी थी तब तक। तो मैंने लिखा मेरी प्रिय पुस्तक 'विप्रदास'। कहानी काफ़ी एडल्ट थी–आठवीं के लिए। मिस निगम करेक्ट की हुई कापियाँ क्लास में लायीं और कहा–सब सांत्वना की कापी पढ़ो। आत्मविश्वास बहुत बढ़ा और तभी से शायद हिन्दी में लिखने की इच्छा भी पनपी। किताबें पढ़कर रोना भी बहुत आम बात थी उन दिनों। मुझे अभी भी याद है, मैंने शाम के वक़्त एन्ना कैरेनिना पढ़कर ख़त्म की थी। खिड़की से डूबते सूरज

की किरणें झाँक रही थीं और मैं रो–रोकर बेदम हुई जा रही थी। और जो थोड़ी एडल्ट और निषिद्ध किताबें होतीं, वह मैं पेड़ की ऊँची डाल पर बैठकर पढ़ती थी ताकि पकड़ी न जाऊँ। घर में कोई भी पेड़ पर चढ़ नहीं पाता था, सो सबकी पकड़ से बाहर होती। 'लेडी चैटरलीज़ लवर' भी पेड़ के ऊपर बैठकर पढ़ी थी। सब किताबों की सप्लाई दीदी किया करती थी। एक और फितूर था कवि–सम्मेलनों और संगीत–सम्मेलनों में जाने का। वीरेन्द्र मिश्र, नीरज वग़ैरह के कोई भी सम्मेलन छोड़ती नहीं। एक नोटबुक और पेंसिल हमेशा साथ रखती।

इण्टर पास किया और कन्या पाठशाला की देहरी लाँघ डी.ए.वी. में दाख़िला लिया। कोई दिक़्क़त नहीं हुई। टॉम बॉय तो थी ही। को–एड कॉलेज में सबसे बड़ा बदलाव जो महसूस किया, वह था–राजनीतिक हलचल। यों तो घर में घोर राजनीतिक वातावरण था, सो ढर्रे में ढलते देर नहीं लगी। छोटे भाई साहब सी.पी.आई. के काफ़ी महत्त्वपूर्ण सदस्य थे, बड़े भाई रैडिकल, ह्यूमैनिस्ट और बाबा गाँधीवादी। मैं फटाफट स्टूडेंट फेडरेशन में शामिल हो गयी। कॉलेज में पहुँचकर खादी की साड़ियों के बन्धन से मुक्त हुई और प्रिंटेड वायल की साड़ियाँ पहनने लगी। पर पैसे कहाँ से आये? बाबा के पैसों से मिल के कपड़े ख़रीदने की मनाही थी। पर रास्ता अपने आप निकल आया था।

बी.ए. फर्स्ट ईयर में सुबह एक क्लास के बाद तीन पीरियड फ्री होते थे। हम तीन बंगाली लड़कियाँ मैं, इला और डॉली पक्की सहेलियाँ थीं। कॉलेज के पास ही बंगाली मोहल्ला था, जहाँ एक बँगला प्राइमरी स्कूल था। यह स्कूल बँगला महिला समिति ने चला रखा था। इस स्कूल की मैनेजर मिसेज़ मित्रा हमें रास्ते में मिल गयीं। पूछताछ के बाद कहा– "तीन पीरियड फ्री होते हैं? क्यों न तुम तीनों बँगला स्कूल में पढ़ाना शुरू कर दो –दो पीरियड 15 रुपये महीना मिलेगा।" हम उसी दम राज़ी हो गये। इला अंग्रेज़ी, डॉली मैथ्स और मैं हिन्दी–संस्कृत। घर में माँ को बताया। माँ बड़ी ख़ुश। मैंने चैन की साँस ली। जब भी एक–डेढ़ रुपया माँगो–जो उन दिनों काफ़ी होते थे–तो बाबा बड़ी लम्बी साँस लेते, फिर जेबें टटोलकर पैसे निकालते। अपराधबोध के बोझ से मन भर जाता। चलो, अब किताबें–कापियाँ भी ख़रीद लेंगे अपने पैसे से और सबसे अहम बात पिक्चरें देखेंगे जी भर के। बाबा को जब पिक्चरें देखने की बात का पता लगा तो जल–भुन गये। माँ को परोक्ष में सुनाकर बोले–"उँह

मास्टरनी बना दिया, पर निकल आये हैं नाटक सिनेमा", "उच्छोन्ने जाच्छे" (अधःपतन हो रहा है)। पर मैंने वह जो टीचरी का दामन थामा तो 65वें साल में आकर ही रुकी।

कॉलेज में उन दिनों यानी सन् 52 से 56 तक चार राजनीतिक दल सक्रिय थे–सी.पी.आई, कांग्रेस, सोशलिस्ट और ह्यूमैनिस्ट। चुनावी धमाचौकड़ी में खुलकर हिस्सा लेती थी। एक बार स्त्री प्रतिनिधि के रूप में बहुत बड़े मार्जिन से जीती भी। उन दिनों यूनियन की कार्यवाही अंग्रेज़ी में ही होती थी और मेरे मुँह से अंग्रेज़ी निकलती ही न थी। पर अंग्रेज़ी नहीं बोल पाती, तो क्या हुआ। रौब–दाब ऐसा कि अंग्रेज़ीदा लड़के भी लोहा मानते। नाम रख रखा था 'कोतवालनी'। कुछ लोग 'ब्लैक बक' यानी काली हिरनी भी कहते थे।

उन दिनों की सबसे यादगार घटना थी स्टूडेंट्स फेडरेशन का लखनऊ अधिवेशन, सन् 51 में। जाने कौन–सा महीना था। शायद गर्मियों की शुरुआत, क्योंकि तब लखनऊ में मोगरे के फूलों की भरमार थी, जिसकी ख़ुशबू आज भी यादों में बसी हुई है। पाँच दिन की कॉन्फ्रेंस के बीच–बीच में कलकत्ता के विद्यार्थियों का एक दल इप्टा के गीत कोरस में गाता था। मन को अभिभूत कर जोश से भर देने वाले थे वे गीत। दल में एक लम्बा, गोरा और हैंडसम लड़का था। हमने उसे घेरकर सारे गीत उतार लिये और सुर भी सीख लिये। वह लड़का था सौमित्र चटर्जी। देहरादून लौटकर हमारे इप्टा कोरस ग्रुप ने वे गाने ख़ूब गाये। कलकत्ता लौटने के बाद सौमित्र ने चिट्ठी लिखी, मैंने जवाब दिया। चिट्ठी में उसका सम्बोधन होता–कॉमरेड और मैं भी उसे कॉमरेड ही कहती थी। पाँच साल तक रेगुलर पत्राचार चलता रहा। माँ मेरी सब चिट्ठियाँ सेंसर करती थी। नहीं ये प्रेम–पत्र नहीं थे। दो गहरे मित्र के पत्र थे जिनमें उस समय की राजनीति, साहित्य और समाज की गतिविधियों का विस्तृत वर्णन था। सन् 55 में सौमित्र ने लिखा कि सत्यजित रे ने उसे 'अपुर संसार' के लीड रोल के लिए चुना है। बहुत ख़ुशी हुई। मैं चिट्ठियाँ सँभालकर रखती हूँ। सो चालीस साल बाद जब सौमित्र को संगीत नाटक अकादेमी का पुरस्कार मिला तो मैंने उसकी चिट्ठियों का वह मोटा पुलिन्दा कलकत्ते के नाट्य शोध संस्थान को दे दिया। तब सौमित्र जगत विख्यात अभिनेता बन चुका था।

बी.ए. के बाद बहुत इच्छा थी कि किसी बड़ी यूनिवर्सिटी से एम.ए. करूँ। बाबा से कहा तो बोले–इलाहाबाद का बड़ा नाम है। पर तू जैसी

लड़की, और ज़बानदराज़ है, इलाहाबाद में मेरे घरवालों के साथ तेरा गुज़ारा न होगा। हॉस्टल में रहना पड़ेगा। हॉस्टल का ख़र्चा 100 रुपये महीना। बाबा का लम्बी साँस लेकर कहना, "हो जायेगा, जब तेरी इतनी इच्छा है।" सौ रुपये! राजनीति का चस्का तो लग चुका था। वहाँ पर भी इसमें उलझ गयी और फेल हो गयी तो। बेचारे बाबा के पैसे बरबाद! छोड़ो जी। और मैंने बी.टी. करने का इरादा कर लिया। उसी डी.ए.वी. कॉलेज से।

बी.टी. के बाद पहली नौकरी। आठवीं तक का स्कूल–नाम राम प्यारी आर्य कन्या पाठशाला। नाम सुनकर रोने का दिल हो आया। पर क्या करे कोई। मालबाबू–हाँ उन्हें लोग यही कहते थे–कायस्थ सज्जन, बूढ़े घाघ, ने अपनी दिवंगता पत्नी के नाम खोला था यह स्कूल। अब उनकी पत्नी का नाम मॉड कहाँ से होगा। नौकरी कर ली। अस्सी रुपये महीना, साइन करना पड़ता था 120 रुपये में। स्कूल बारह बजे से साढ़े चार बजे तक लगता था। तो सुबह अंग्रेज़ी में एम.ए. करने की ठानी। कॉलेज घर के पास ही था, सो सुबह एम.ए. की क्लास अटेंड करती, उसके बाद साइकिल पर तीन–साढ़े तीन किलोमीटर दूर स्कूल में पढ़ाती। बहुत ही ख़ुशगवार थे वे दिन। बिन्दाल नदी, जो सिर्फ़ बरसात में पानी से भर जाती, बाक़ी समय सूखी। उसके किनारे था हमारा स्कूल। तीन टीचरें थीं और छात्राएँ कुल जमा पचास–पचपन।

टीचरी के साथ–साथ एम.ए. के इम्तिहानों का बोझ हर समय सिर पर लदा रहता। संस्कृत में एम.ए. करने की बड़ी इच्छा थी पर सबने समझाया था कि अंग्रेज़ी में एम.ए. करने से नौकरी शर्तिया मिलेगी। इस संस्कृत–विरोधी जंग में सबसे आगे रहते थे हमारे अंग्रेज़ी के प्रोफ़ेसर श्री आर.एल. निगम। मेरे छोटे मामा और बड़े भाई रैडिकल ह्यूमैनिस्ट थे और निगम साहब भी। वे कॉलेज से लौटते समय अकसर हमारे घर आते थे। थोड़ी देर बैठकर, पानी–वानी पीकर, तीन मील की दूरी पर स्थित अपने घर के लिए पैदल मार्च करते। बड़े पक्के अंग्रेज़ीदा थे। अंग्रेज़ी पढ़ना, पढ़ाना और अंग्रेज़ी में ही भारी–भरकम राजनीतिक लेख लिखना। व्यक्तित्व ऐसा कि क्लास के लड़के–लड़कियाँ सात हाथ की दूरी रखते थे।

एक बार कॉलेज में स्टूडेंट फेडरेशन का चन्दा वसूल रहे थे हम लोग। लड़कों ने कहा–"निगम साहब कम्यूनिस्टों के कट्टर दुश्मन हैं। उनसे चन्दा ले आ तो जानें।" "यह कौन–सी बड़ी बात है, ले आऊँगी।" और धड़धड़ाती पहुँच गयी चन्दा लेने। टीचर के अलावा 'फैमिली फ्रैंड' जो थे।

थोड़ी ना–नुकर के बाद निगम साहब ने दस रुपये चन्दा दे ही दिया। मैं उछलती–कूदती वापस आयी और साथियों को दिखाया। सबने कहा मान गये भई। फिर रसीद देखी और ज़ोर से ठहाका लगाया सबने। रसीद में लिखा था। 'टु तोवारिश तोनी।' तोवारिश? यह क्या बला है? लड़कों ने कहा, रूसी में 'तोवारिश' माने कॉमरेड। उसके बाद से मेरे साथी मुझे इसी नाम से छेड़ते थे।

एम.ए. के दो साल मिल्टन, चौसर, शेक्सपियर, ऐडिसन, स्टील पढ़ते–घोटते बीते। इसी दौरान बाबा के सिर पर मेरी शादी का भूत सवार हो गया। दीदी की शादी हो गयी थी। पर मैं? एक तो काली, ऊपर से स्वभाव ग़ैर–ज़नाना और ज़बान पर तेज़ धार। बाबा को बंगाली मोहल्ले में कोई भी कुँवारा दीखता तो बाबा उससे मेरी शादी कर देने के ख़याली पुलाव बनाते। मुझे जैसे ही इस बात का सुराग मिलता तो मैं बाबा से बहुत लड़ती। शादी का विचार मेरे मन में दूर–दूर तक नहीं था। जब मैं बी.ए. में पढ़ती थी तो मेरे साथ पढ़ता था एक गोरा चिट्टा पंजाबी भाई। बिल्कुल नॉन सीरियस पर साफ़ दिल। वह रोज़ ही साइकिल थामे हमारे घर आ धमकता। बाबा–माँ झाँककर देखते और हैरान होकर पूछते–"कौन है रे?" "मेरे साथ पढ़ता है, दोस्त है," "इतना गोरा?" "तो?'' मैं उससे बातें करती और उसे गेट तक धकेलकर ले जाती। एक दिन उसने प्रपोज कर ही दिया। मैं हँसकर लोट–पोट हो गयी, कहा "तू इतना गोरा चिट्टा!" ''उससे तुझे क्या प्रॉब्लम है?" ''अरे जा नाली में मुँह धोकर आ।'' "वह तो धोकर आया ही हूँ, खी...खी...खी," "जा, दफ़ा हो जा।" "जा ही रहा हूँ, कल फिर आऊँगा।" कितना नॉन सीरियस है। हर समय, हँसी–ठट्ठा। 12 साल की उम्र से शरतचन्द्र को घोलकर पी जाने वाले मेरे मन में जिस रोमाण्टिक हीरो ने जड़ जमा रखी थी, उससे इसका कहीं कोई मेल नहीं।

पर ऐसा भी नहीं था कि मेरा मन बिल्कुल ही मरुस्थल हो। उन्नीस साल की थी तभी दिलो–दिमाग़ पर रंग के छींटे पड़ चुके थे। मुजरिम वही रोमाण्टिक लेखक–शरतचन्द्र। छोटे भाई साहब के दोस्त सी.पी.आई. के होलटाइमर कॉमरेड दत्ता। मुझसे बारह साल बड़े।

कॉलेज में पढ़ना, स्कूल में पढ़ाना और इसके साथ ही हमारे स्टडी सर्कल हुआ करते थे पार्टी ऑफ़िस में। कभी–कभी वृजेन भाई साहब के घर भी, जो हमारी पार्टी के सेक्रेटरी थे। छोटा शहर था पर बड़े–बड़े पार्टी कॉमरेड आया करते थे कभी–कभी। ए.के. गोपालन के आने की बात याद

है। वे आते तो धुआँधार मीटिंगें और उनमें धुआँधार बहसें हुआ करतीं। तेलंगाना की समस्या उस समय सजीव थी। मैं थी तो डिस्ट्रिक्ट कमेटी की मेम्बर पर यह सब बड़ी–बड़ी सैद्धान्तिक बहस सिर के ऊपर से गुज़र जातीं। ग्रेटेस्ट गुड ऑफ़ ग्रेटेस्ट नम्बर या 'फ्रॉम ईच अकॉर्डिंग टु हिज़ कैपेसिटी, टु ईच अकॉर्डिंग टु हिज़ नीड' तक तो समझ आती थी। पर द्वन्द्वात्मक भौतिकवाद? तौबा–तौबा। न तब समझ में आया, न अब। लेकिन सिद्धान्तों में अनपढ़ थी तो क्या पार्टी के और कामों में, जैसे–चुनावों का काम, नारेबाज़ी–जलूस, गाने, साथ ही दूसरी पार्टियों को ध्वस्त करने के पैंतरे– इनमें सिद्धहस्त थी। कोरस दल बहुत ही ऐक्टिव था अपने शहर में और चुनाव सभाओं में ख़ूब कोरस गाते। अभी भी उन सब गीतों के सुर गले में सुरक्षित रखे हैं। नाटक भी करते थे–एक नाटक था 'एटम बम के बाद' जो बहुत सफल हुआ था। जुलूसों में नारे लगाते थे–टाटा–बिड़ला 'हाय–हाय' और अब? क्या कहें? टाटा–बिड़ला आयें–आयें? दुनिया बदल गयी तो नारे क्यों न बदलेंगे? उन दिनों जो भी पार्टी के नेता आते, पार्टी सेक्रेटरी के घर ठहरते। बहुत बड़ा हवेलीनुमा घर था। हम ताक–झाँक करने जाते। कॉमरेड बाला, जो सेक्रेटरी साहब की बीवी थी, गुसलख़ाने में कपड़ों का ढेर धोती और गर्व से कहती–"यह देखो, गोपालन जी की पैंट और बुशर्ट।'' हम भी हाथ लगाते और बैठकर गपाते। तब कभी भी मन में 'फेमिनिस्ट विद्रोह' नहीं जागा–तब बात ही और थी।

एक तरफ़ यह चल रहा था और दूसरी तरफ़ एम.ए. पास करने की ललक। माँ–बाबा की उम्मीदों पर ख़रा उतरना। सुना है बहुत छोटी थी तो बाबा की गोद में मुझे देखकर छोटी नानी यानी नानी की सहेली कहती–''आय हाय, इतनी काली? इसकी शादी कैसे होगी।'' बाबा कहते–"मैं इसे एम.ए. तक पढ़ाऊँगा।" पर नौकरी और राजनीति करते–करते पढ़ने का समय ही कहाँ मिलता था? मैंने घर में बात छेड़ी कि इस साल ड्रॉप करूँगी। निगम साहब ने यह बात सुनी तो बोले–"नहीं–नहीं, यह क्या बेवकूफ़ी है? इम्तिहान तो देना ही है। मैं नोट्स बना दूँगा, तुम्हें सिर्फ़ याद करना और लिखना है।" थोड़ा–ना–नुकुर कर मैं मान गयी। नोट्स देना, पढ़ाना, समझाना चलने लगा और उसी बीच श्रीमान शरतचन्द्र जी ने कब अपना जाल बिछाया कि पता ही न चला। एम.ए. प्रीवियस हो गया और फाइनल तक आते–आते लगा पॉइंट ऑफ़ नो रिटर्न। कारण? एम.ए. इंग्लिश की तैयारी के दौरान नोट्स लेते, समझते, पढ़ते, विद्यार्थी

और शिक्षक की दूरियाँ सिमटती चली गयीं। बाइसवाँ साल चल रहा था, शरीर और मन जैसे बरसाती नदी। और ऊपर से चोट खाया मन। वजह? कॉमरेड दत्ता। एक दिन छोटे भैया ने स्थिति भाँपते हुए कहा था–"अरे भूल जा कॉमरेड दत्ता–वत्ता को।" "क्यों भैया?" भैया बोले–"तेरे लच्छन देखकर एक दिन उससे बात की थी मैंने। सो उसने कहा–'न प्रेम है और न ही प्रयोजन।" कितना रोई थी उस दिन। शायद उस पहली चोट पर मरहम लगायी ज़िन्दगी ने और कुछ दिनों बाद यह अहसास हुआ कि उलझ गयी हूँ। आजकल ऐसा सोचना भी हास्यकर है। पर उन दिनों शरतचन्द्रीय भावुकता से ओत–प्रोत हमारी पीढ़ी ऐसा ही सोचती थी। देहशुचिता के मानदण्ड बहुत अलग थे। चुम्बन–आलिंगन बहुत बड़ी बात होती थी। सो बाईसवाँ साल पूरा हुआ, एम.ए. पास कर लिया और तय कर लिया कि निगम साहब से ही शादी करनी है।

घर में माँ तो हतप्रभ रह गयी। माँ को कॉमरेड दत्ता बहुत पसन्द थे। सभी ने दबी ज़बान से मना किया। बहुत ही सज्जन है। फैमिली फ्रेंड हैं पर 18 साल बड़े। मामा के दोस्त और कन्फर्म्ड बैचलर? और तुझ जैसी तूफ़ानी लड़की? स्वभाव बिल्कुल उल्टा। निगम साहब ने भी विरोध में बहुत सारे तर्क दिये। कहा–''मेरे हार्ट में डिफॉर्मिटी है, कभी भी मर सकता हूँ।'' पर मैं टस–से–मस न हुई। वह समय ही ऐसा था। सिर्फ़ शरतचन्द्र ही नहीं जितने भी हिन्दी या बँगला उपन्यास थे, सभी में रोमाण्टिक प्रेम का बोलबाला था। उसके सुर–में–सुर मिलाना बोल्डनेस माना जाता था। सो इम्तिहान के बाद ही जून के महीने में शादी हो गयी।

हमारे शहर में हमारा परिवार कई मायनों में पायोनियर रहा, जैसे शादी। घर में सभी ने अन्तर्जातीय और अन्तर्प्रान्तीय शादियाँ कीं, वह भी कोर्ट मैरिज। वकीलों का परिवार। क़ानून का अच्छा–बुरा सबका ज्ञान था, सोचें भी मॉडर्न। मुझसे पहले बड़ी बहन और दो बड़े भाइयों की शादी हो चुकी थी। सिर्फ़ छोटी भाभी बंगाली थी।

शादी में रोमाण्टिक टच न के बराबर। सारी तैयारियाँ ख़ुद ही कीं। पहले तो एक रैले की लेडीज़ साइकिल ख़रीदी, फिर कटपीस की दुकान से चार शनून की साड़ियाँ ले आयी। निगम साहब के लिए अपने पैसे से ग्रे सूट सिलवाया। बाबा की इच्छा थी रजिस्ट्रेशन के समय खादी सिल्क पहनाना। वह भी ख़रीदी गयी। पार्टी के लिए साड़ी पसन्द आयी हल्के हरे रंग की, सुनहरा पतला–सा बॉर्डर, दाम 65 रुपये। दूसरी बिस्किट

कलर की, दाम 45 रुपये। बाबा से पूछा कौन–सी लूँ। पैंसठ रुपये सुनकर फिर बाबा की लम्बी साँस। मैंने सोचा–'छोड़ो जी, परकटी परी तो लगूँगी नहीं चाहे हरी पहनू या बिस्किट कलर, सो 45 रुपये वाली ही ले ली।'

घर में ज़्यादातर शादियाँ जून में ही हुईं क्योंकि स्कूल–कॉलेजों की छुट्टी होती थी। गर्मियों में उन दिनों मजिस्ट्रेट मसूरी चले जाते थे, क्योंकि अंग्रेज़ों के ज़माने से ही यह रिवाज चला आ रहा था। आजकल शादियों में क्या–क्या नाज़–नख़रे होते हैं पर मेरी शादी में तो जैसे कॉमिक नाटक चल रहा था। मेरे साथ बाबा और मामा जी दोनों वकील और निगम साहब के साथ उनके दोस्त मुखर्जी साहब। मैरिज सर्टीफिकेट पर दस्तख़त कर दिये। मैरिज सर्टीफिकेट की एक झलक बस तभी देखी थी, फिर सारी ज़िन्दगी उसकी शक्ल मैंने कभी देखी ही नहीं।

दस्तख़त के बाद 'ओथ' लेना पड़ता है–'आई टेक दी–(नाम)–ऐज माई लीगली वेडेड हसबैंड।' निगम साहब ने ओथ ले लिया पर जब मेरी बारी आयी तो मैं चुप। क्योंकि निगम साहब का नाम ऐसा धोती चुटियाधारी था कि मुझे लगा धरती फट जाये और मैं उसमें समा जाऊँ। बचपन से कैसे–कैसे नामों की कल्पना की थी पर ऐसा पुराणपन्थी नाम मेरे पल्ले? राधेलाल निगम। हालाँकि सारे दोस्तों ने नाम का आधुनिकीकरण कर लिया था और उनको आरैल यानी आर.एल. कहते थे। ओथ लेने में मैंने काफ़ी देर तक आनाकानी की। बाबा मुझे जलती नज़रों से देख दाँत पीसने लगे, क्योंकि उन्हें वजह मालूम थी। फिर मैंने गला खँखारकर मजिस्ट्रेट से पूछा–"पूरे नाम के बदले इनीशियल लिया जा सकता है?" वे बोले–"पूरा नाम क्यों नहीं?" मैं फिर चुप। फिर उन्होंने कहा, "ओ.के., यूज इनीशियल्स", हुक्म का पालन किया और मैं सांत्वना दास से श्रीमती सांत्वना निगम बन गयी।

12 जून को एक सूटकेस और एक साइकिल समेत मैं विदा हो गयी। विदा के समय इतना रोयी कि पूछिये मत। कोई नहीं रो रहा था, सिवाय मेरी एक पागल मामी के। रोये भी क्यों? तीन मील दूर ही तो जा रही थी। पर घर तो छूट रहा था।

ससुराल के नाम पर निगम साहब का किराये का फ़्लैट। कानपुर से उनकी बड़ी बहन आयी हुई थीं। निःसन्तान थीं और उनके पतिदेव मिनमिन टाइप के, और वे ख़ुद हर समय फनफनाती, कायस्थी रीति–रिवाजों से सराबोर। मुझे कहती थीं 'दुल्हिन'। हँसी के मारे पेट फटता था। घर में सब

हँसते थे–कहते थे–यह जल्लाद लड़की और दुल्हिन। इसके ऊपर बिछुए, काँच की चूड़ियाँ पहनो काले–काले हाथ–पैर में। मुँह–दिखायी के पैसे लो और पैर–पड़ाई में लौटा दो। तमाशा अच्छा–ख़ासा। खाना खाने बैठो तो मर्दों के सामने अपनी–अपनी थाली और मुझे बैठा दिया चार मोहल्ले की लड़कियों के साथ, सामने बड़ा–सा थाल और कटोरियाँ भी साझा। एक रोटी थाल पर पड़े तो उसके पाँच टुकड़े हो जायें। सामने निगम साहब निःशब्द खाना खा रहे थे और मुझ पर जो ज़्यादती हो रही थी, उसे टुकुर–टुकुर देख रहे थे। यह हाल था एम.एन. राय के चेले–'रेशनलिस्ट' साहब का। ख़ैर चुप तो मैं रही क्योंकि घरवालों से हिदायत मिली थी कि "ख़बरदार जो बड़ी ननद के सामने तूने ज़बान हिलायी भी।"

घर से घरौंदे में

शादी के बाद जिस फ़्लैट में रहने आयी, उसमें पहले कई बार आ चुकी थी। इसलिए इमोशनल बहुत सहारा था। चार कमरे और दो जने। नौकर चौबीस घण्टे का। दिनचर्या–सुबह एक जना चला जाता कॉलेज, दूसरी स्कूल। लौटकर घरौंदे में। शाम होते–होते पुरानी आदत सिर उठाती। बचपन में शाम हुई नहीं कि माँ हमें तैयार कर देती और पहाड़ी नौकर के साथ "जाओ परेड ग्राउंड, खेलो जब अँधेरा घिरने लगे तो घर लौटना।" पुरानी आदत की मारी मैं कहती–"बाहर चलें?" "कहाँ?" "कहीं भी" "मुझे कल का लेक्चर प्रिपेयर करना है।" सूरज डूबते ही निगम साहब पढ़ने की टेबल पर विराजमान हो जाते। एक बड़ा–सा टेबल जिसके चारों ओर रैक्स में सैकड़ों किताबें रखी हैं, कोने में एक टेबल लैम्प डोल रहा है। शॉल ओढ़े मोटे फ्रेम का चश्मा पहने, मोटी–सी किताब खोले निगम साहब बैठे हैं समाधिस्थ। अब खाने के समय ही एक–दो शब्द निकलेंगे मुँह से। मैं साइकिल उठाती और अपनी पुरानी सहेलियों या मोहल्ले की महिलाओं के घर चली जाती और शाम बीतने पर ही घर लौटती। मैं जितनी बहिर्मुखी, वे उतने ही घर–घुसरे। अब लगता है यह घर–घुसरापन, चुप्पी हथियार होते हैं मर्दों के। नहीं तो कहीं भी चले जाइए–कॉफी हाउस, प्रेस क्लब सभाओं में अकसर मर्द अकेले ही दीखते हैं। यह भी सुविधा का रास्ता है या सज़ा देने का एक तरीक़ा? होगा। पहले महीने में ही मुझे यह अहसास हो गया था कि कम्यूनिकेशन का सुख विरले ही मिलेगा। मुझे तो 'ऐकला चलो रे' से ही समझौता करना है।

वैसे एक बौद्धिक व्यक्ति होने के बावजूद निगम साहब पक्के 'हाउसहोल्डर' थे। शॉपिंग के बहुत शौक़ीन, खाना बनाने में माहिर, टिप–टॉप। घर के प्रति इतना लगाव–इसका भी कारण था। बहुत छोटी उम्र में ही घर छूट गया था। इनके जन्म के कुछ ही दिनों बाद माँ की

मृत्यु हो गयी थी। पिता किसी एस्टेट के दीवान थे। दो बड़ी बहनें थीं विवाहित। माँ की मृत्यु के बाद इनके पिता ने किसी मुस्लिम महिला को 'रक्षिता' के रूप में रखा, उसके एक बेटा भी हुआ। पर जब निगम साहब आठ साल के थे तो पिता गुज़र गये और वह मुस्लिम महिला अपने बेटे को लेकर इस दुनिया की भीड़ में जाने कहाँ बिला गयी। निगम साहब अनाथ हो गये। धुर कायस्थ परिवार था और उसके वैसे ही मूल्य। विवाहित बहनों के घर भाई कैसे रह सकता है? सो चाचा–चाची के पास रख दिया गया। वहाँ पर भी अनचाहे बने रहे और फिर उन्हें अनाथ आश्रम भेज दिया गया, जहाँ वे हाईस्कूल तक रहे। बहुत अच्छा रिज़ल्ट होने के बाद इनकी बहन, जिनको ये 'छोटी जिया' कहते थे, बिरादरी की रीतियों के ख़िलाफ़ जाकर इन्हें अपने पास ले आयीं। शुरू से बहुत मेधावी छात्र रहे। लखनऊ से एम.ए. किया और वहीं शायद श्री एम.एन. राय के सम्पर्क में आये। फिर डी.ए.वी. कॉलेज में नौकरी मिली और देहरादून आ गये।

जब दो व्यक्ति साथ रहने के लिए बँध जाते हैं तो दोनों की पारिवारिक, प्रादेशिक और बौद्धिक पृष्ठभूमि धीरे–धीरे रोज़मर्रा की ज़िन्दगी में दख़लअन्दाज़ी करती है। सब सुविधाओं के होते हुए भी कहीं से बेसुरापन आ धमकता है।

पहला 'कल्चर क्लेश'। जिस कमरे में खाना खाते थे, उसमें डाइनिंग टेबल के एक किनारे एक बड़ी ख़ूबसूरत लकड़ी की अलमारी थी। उसके पल्ले बड़ी ख़ूबसूरती से आगे–पीछे खुलते थे। एक दिन निगम साहब ने अलमारी खोली तो मैं धक रह गयी। अलमारी में विभिन्न साइज़ों की बोतलें सजी हुईं। "यह क्या है?" निगम साहब मुस्कराये और कहा–'लिकर कैबिनैट' या ऐसा ही कोई शब्द। यह शैरी है, यह लिक्योर, यह विस्की, रम या वाइन, यह कोन्याक, वोदका। गाँधीवादी संस्कारों में पला मेरा मन धधकने लगा। उन दिनों कॉमरेड लोग भी शराब से काफ़ी परहेज़ करते थे। लेकिन रॉयिस्ट लोगों के लिए तो यह गंगाजल के समान था। उसके कुछ दिनों बाद निगम साहब ने मेरे जीजा जी, जो लोहियावादी सोशलिस्ट थे, उनको 'मद्यपान' कराया। उस दिन हम दोनों बहनों ने जो बवाल खड़ा किया कि पूछो नहीं। निगम साहब मेरी इस 'पुराणपन्थी हिमाक़त' से इतना गुस्सा गये कि बेडरूम में पर्दा खींचकर गुर्राने लगे–"हिमाक़त की हद है।'' मैंने भी ज़बान चलायी तो पैरों की चप्पल या खड़ाऊँ लेके अपने ही सिर पर तड़ातड़ मारने लगे। मैं ज़ोर से रोने लगी। छोटा नौकर कमरे

के बाहर खड़ा था। वह ज़ोर से रोता हुआ बड़ी बहन के घर भागा–यह कहते हुए कि दीदी जी, बाबू जी बीबी जी को चप्लों से मार रहे हैं। यह सुनकर तो निगम साहब पानी–पानी। खड़ाऊँ फेंक दीं और बाहर चले गये। दीदी के घर भी महाभारत मचा था पर और तरह से। तो यह था मेरी ज़िन्दगी में शराब का पहला क़दम।

पहली लड़ाई। निगम साहब को साइकिल नहीं आती थी। कहीं जाना हो तो पदयात्रा। ज़्यादा दूर हो तो ताँगा। छोटे भैया की ऐनिवर्सरी का डिनर था। मायका तीन मील की दूरी पर था। खाना खाकर हम इकट्ठे बैठकर हँसी–मज़ाक़ कर रहे थे, ताज़ी–ताज़ी शादी हुई थी तो भाभी के साथ कुछ सेक्स मज़ाक़ भी चल रहे थे। दीदी, जीजा जी भी थे। बाबा रह–रहकर हमारे पास चक्कर लगा रहे थे। वे जब भी आते तो हम चुप हो जाते, क्योंकि बातें निरामिष क़िस्म की नहीं थीं। थोड़ी देर बाद मुझसे रहा नहीं गया। मैं बोली–''बाबा क्या हो रहा है, अपने कमरे में जाकर सो जाओ न। दालभात में मूसलचन्द काहे को बन रहे हो।'' बाबा ने कहा–"अच्छा भाई, लो जाता हूँ।" मैंने देखा निगम साहब का चेहरा गुस्से से तमतमा रहा था। वह अचानक उठकर चल दिये। बारह बज रहे थे, सड़कें सुनसान। मैं भी चल दी। ढाई–तीन मील पैदल मार्च करना था। मगर निगम साहब दनदनाते हुए मुझसे दो तीन फर्लांग आगे चले जा रहे थे। मुझे समझ ही नहीं आ रहा था कि हुआ क्या? मैं आवाज़ लगाती जा रही थी कि "रुक जाइए, धीरे चलिए", पर कौन सुने किसकी बात। मैंने रोना शुरू कर दिया। घण्टे भर में घर पहुँचे। मैंने पूछा इस तरह के सलूक के माने? पहले तो भड़्डू–सा मुँह फुलाये चुप रहे, फिर फट पड़े "हमने ऐसा कभी न देखा, न सुना। पिता जी से इतनी गुस्ताख़ी? कैसे बात कर रही थी उनसे? हमारे घर बड़ी जिया ने बाबू जी के सामने अपने बच्चे को चूमा था, तो बाबू जी ने थाली उठाकर मारी थी, जिया का सिर कट गया था।" मैं तो भौचक्क, कहा–"तो आप भी जानकर रखिए, बाबा हमारे दोस्त जैसे हैं, मैं और दीदी उनसे ऐसे ही बात करते हैं बड़े आये चलके। अपने पास ही रखिए अपना 'कायस्थी कल्चर'।" आगे तो भरमार थी ऐसी घटनाओं की।

ये तो घरेलू 'क्लेश' थे। जब शादी करने की बात सोची थी तो पार्टी में बात करनी पड़ी। मैं तब डिस्ट्रिक्ट कमिटी की मेम्बर थी और स्टूडेंट फ्रंट सँभालती थी, हालाँकि उम्र बाईस वर्ष ही थी। मेरे छोटे मामा, जो रॉयिस्ट

थे और कट्टर कम्यूनिस्ट–विरोधी, कहने लगे–"देखना मना कर देगी पार्टी।" मैंने कहा–"अजी हाँ, आप लोगों ने तो हौवा बना रखा है पार्टी का कि 'व्यक्तिगत स्वतन्त्रता' नहीं है, अलाना–फलाना। सब झूठ है।" फिर पार्टी मीटिंग हुई, उसमें मैंने शादी की बात की। सब शॉक्ड थे। अरे? कॉमरेड दत्ता का क्या हुआ? ख़ैर बड़ी बहस हुई। कॉमरेड घोष, जो छोटे भैया के दोस्त थे, उन्होंने कहा–''तो फिर आप पार्टी का काम नहीं कर पायेंगी।'' मैंने कहा–"क्यों?" "क्योंकि निगम के राजनीतिक विचार बिल्कुल उल्टे हैं।" घोष भी निगम साहब के स्टूडेंट रह चुके थे। उन्होंने कहा–"योर पर्सनैलिटी विल बी इमपर्सिपटिबली इफेस्ड यानी आपका व्यक्तित्व अनदेखे–अनजाने मिटा दिया जायेगा।" मैंने कहा–''ऐसा कभी नहीं होगा, मैं लड़ूँगी। शादी के बाद भी पार्टी का काम करूँगी।'' यह बात मैंने निगम साहब से भी कही। 'इनडिविजुअल फ्रीडम' के हिमायती वे चुप रहे।

शादी के बाद पार्टी ने मुझे हल्के–फुल्के काम दिये, जैसे–इलेक्शन में वोटर लिस्ट लेकर बैठना, ऐसे कई काम जो कोई और भी कर सकता था। धीरे–धीरे वे काम भी छूट गये और फिर पता नहीं मैं 'कार्ड होल्डर' भी रही या नहीं।

पर घर के फ्रंट में मैंने निगम साहब से कह दिया था कि राजनीतिक बात या बहस मेरे साथ नहीं होगी। घर में अशान्ति को दूर रखने का यही उपाय था। हमारे घर में यह एक आम बात थी। बाबा, बड़े भैया, छोटे भैया सभी के राजनीतिक विचार बिल्कुल अलग थे, पर बहसबाज़ी का बॉर्डर हमेशा सील्ड रहता था।

रैडिकल ह्यूमैनिस्ट आन्दोलन की नींव रखने वाले श्री एम.एन. राय अपनी पत्नी एलेन राय के साथ देहरादून में 13 नम्बर मोहिनी रोड पर रहते थे। मेरी शादी से पहले ही कॉमरेड राय को लकवा हो गया था। वे तीन–चार साल इसी हाल में रहे। पूरे हिन्दुस्तान से उनके अनुयायी उनसे मिलने आते रहते थे। अज्ञेय जी, कपिला जी, के.सी. मालिक, कलकत्ते के, कई नामी इण्टेलेक्चुअल भी। उन दिनों उनको बंगाली खानाखाने की बड़ी इच्छा होती थी और हमारे घर से मैं बँगला डिशेज बनाकर भेजती थी। मरने से पहले पुराना जीवन कैसे दस्तक देता है। शायद 26 जनवरी का दिन था। मैं कहीं 'जन–गण–मन' गा रही थी साथियों के साथ, तभी किसी ने ख़बर दी कि कॉमरेड राय चल बसे। साइकिल पर भागी, वहाँ पहुँची। लोग उन्हें ले जा रहे थे। चारों तरफ़ उनके स्तब्ध अनुयायी।

एलेन राय का वह वाक्य अभी भी याद है—गोइंग अवे एंड नॉट सेइंग गुड बाय? मैं ख़ूब रोयी थी।

उनके जाने के बाद एलन राय उस विराट बँगले में अकेली रहती थी। मेरी शादी कॉमरेड राय के जाने के कुछ ही दिनों बाद हो गयी थी। बल्कि अब लगता है मुझसे शादी करने का एक कारण अपने गुरु की मृत्यु के बाद निगम साहब का एकदम अकेले हो जाना भी रहा होगा। अपनी पार्टी छूट गयी और रैडिकल ह्यूमैनिस्ट पार्टी के लिए मैं हमेशा 'आउटसाइडर' ही रही— 'बाई चॉइस'। अकसर मोहिनी रोड पर पार्टियाँ होतीं, पीना चलता रहता, बड़ी—बड़ी दाँत—तोड़ बहसें, सिगरेट का धुआँ, अंग्रेज़ी और सिर्फ़ अंग्रेज़ी में ही बहसें और वार्तालाप, हमेशा मद्धिम स्वर में, गर्म बहसें तो वर्जित ही थी। मैं थोड़ी देर बैठती, फिर बाहर उठकर चल देती क्योंकि ज़्यादातर बहसों में कम्यूनिस्ट पार्टी की चीर—फाड़ और निन्दा—पुराण। उन दिनों चीन की छीः—छीः, थू—थू चल रही थी। इन बहसों के बीच मेरा उठकर बाहर चले जाने की कोई परवाह नहीं करता था।

वैसे रैडिकल ह्यूमैनिस्ट पार्टी के राजनीतिक मतवाद के बारे में मुझे कोई ख़ास जानकारी नहीं थी। यह मालूम था कि कॉमरेड राय एक क्रान्तिकारी थे, जो विश्व कम्यूनिस्ट आन्दोलन से जुड़े हुए। रूस, यूरोप, मेक्सिको, जाने कहाँ—कहाँ घूमे थे। आन्दोलन में ट्रॉट्स्की का रास्ता जब अलग हो गया तो भी इनका जुड़ाव स्टॉलिनपन्थियों के साथ था। पर हिन्दुस्तानी कम्यूनिस्ट पार्टी के इतने ख़िलाफ़ क्यों थे, पता नहीं। कम—से—कम मुझे ऐसा ही लगता था। और बाईस साल की उम्र में मुझे इन गूढ़ सैद्धान्तिक बातों में न दिलचस्पी थी और न कुछ समझने की इच्छा।

पर व्यावहारिक तौर पर कुछ बातें समझ में आती थीं। वह यह कि इन लोगों की कथनी और करनी उस समय के समाज से बिल्कुल हटकर है, जैसे—प्रेम और चुनाव के आधार पर जीवनसाथी के रूप में साथ रहना, बिना शादी के। हालाँकि सभी ने बाद में शादी कर ली थी। शादी का मतलब—साहचर्य, सहकर्म, शरीर और मन की ज़रूरत पूरी करना। बच्चा नहीं अर्थात् आज जो 'लिव इन' रिश्ता चल पड़ा है, उसकी नींव उस समय डालने की कोशिश की गयी थी। पर स्त्रियाँ पति का नाम अवश्य ग्रहण करती थीं। मूल्यों से टकराव हुआ और बाद में सभी ने कोर्ट मैरिज की। हमारे घर में मेरे बड़े भाई और छोटे मामा ने यह रास्ता अपनाया था और ननिहाल तथा अपने घर में निरन्तर चलती बहसबाज़ी से यह ज्ञान हासिल

हुआ था। ज़्यादातर ह्यूमैनिस्ट उच्चवर्ग के थे और शायद धन–सम्पत्ति के मामले में अड़चनों से किनारा करने का यही उपाय था। पर सभी महिलाएँ सन्तान चाहती थीं। और सिर्फ़ एक सन्तान पर ही बस करना पड़ा। एक या दो ही होंगे जिन्होंने 'हम दो बस' इस पर अमल किया। मेरी अगली लड़ाई इसी मुद्दे को लेकर हुई।

छुटपन से ही मुझे बच्चों से बड़ा लगाव था। हालाँकि गुड़िया से कभी नहीं खेली। 'घर–घर' भी खेला तो पेड़ पर चढ़कर। एक डाल पर मैं, दूसरी पर छोटी बहन गौरी। यह डाल मेरा घर, वह डाल तेरा। मँझोली डालें हमारे 'हसबैंड' और छोटी डालियाँ हमारे 'बच्चे'। है न अजीब बात? छोटी उम्र से ही परिवार के बच्चों को गोद में लिये घूमती और आज भी वही हाल है। शुरू से ही मातृत्व की भावना प्रबल थी। पर शादी के बाद निगम साहब के तेवर देखकर सन्न रह गयी। बच्चे नहीं होंगे? क्यों? तो फिर शादी क्यों की मैंने? शिवलिंग पर पानी चढ़ाने के लिए? रोना–धोना, 'बहसबाज़ी', लम्बा अबोला। निगम साहब ने कहा, "पालेगा कौन"? अगर हमें कुछ हो गया तो? हमें पता है हम कैसे पले हैं। तब मुझे अहसास हुआ कि निगम साहब ने अपने जीवन में जो भयंकर असुरक्षा झेली है, उसी के बोझ तले दबे हैं। हम भी आर्थिक असुरक्षा में पले हैं, पर माँ तो थी–'आयरन विल्ड' माँ, जिसने ग़रीबी को फ़क़ीरी में बदल दिया था। सो मैंने कहा–"मैं पालूँगी।" फिर निगम साहब बोले–"सौ रुपये महीना जमा करोगी हर महीने बच्चे के नाम?" "करूँगी।" सिर्फ़ 120 रुपये तनख़्वाह थी। पर मैंने अगले महीने से ही डाकखाने में खाता खुलवा लिया और सौ रुपया महीना जमा कराने लगी।

फैमिली प्लेनिंग चालू हो गयी। जुलाई में बेटा हुआ। दो साल बीत गये। अब दूसरे बच्चे की बारी। निगम साहब ने घोर विरोध किया। पर मैं अड़ी रही–बेटी चाहिए।

स्कूल में हम तीन टीचरें ऐसी थीं जिनका पहला बच्चा बेटा था। तो सभी को बेटी चाहिए थी। यह चालीस–पैंतालीस साल पहले की बात है। और अब? छोड़िए। हाँ तो हम तीनों टीचरों ने सोचा क्या करें? एक दिन कमला ने, जिसके दो बेटे थे, कहा–"मैंने एक किताब में पढ़ा है कि बेटी कैसे होती है, 'सच'?" "बता–बता, किस किताब में?" "स्त्री सुबोधिनी।" मैंने तो इस किताब का नाम ही उस दिन सुना।

मैंने कहा–"चल हट, गपबाज़ी होगी" "नहीं लिखा है शर्तिया होगी",

'करें ट्राई'? तीनों ने कहा। कमला से किताब लाने को कहा गया। वह किताब तो वह न लायी पर किताब से उतारकर नुस्खा ले आयी। क्या लिखा था? "माहवारी से बेजोड़ दिनों में सहवास करें तथा सहवास में स्त्री सक्रिय भाग ले।" ऐसा ही कुछ। पहले तो हम हँस–हँसकर लोट–लोट गये। वाह रे नुस्खा! लेकिन ट्राई तो करना ही था।

मैंने घर पर बात की तो बड़ी झाड़ पड़ी–"रखो यह सब पुराणपन्थी बातें। हूँ! स्त्री सुबोधिनी।" मैंने कहा–"ट्राई करने में क्या हर्ज है?" और मैंने कैलेंडर में 'बेजोड़' तारीख़ों में गोले के निशान डाल दिये। निगम साहब आगबबूला। "यह क्या तमाशा है? टाइम टेबल बना दिया।" पर मैं टस–से–मस न हुई। जो लिखा था, उसका अक्षरशः पालन किया। और हैरानी हुई जब हम तीनों टीचरों की बेटियाँ ही हुईं। 'ट्रायल एण्ड एरर' से भी कई नियम बनते हों शायद।

टेमिंग ऑफ़ द श्रियू। श्रियू। बचपन में कभी–कभी माँ कहा करती थी, हू विल टेम माई श्रियू? माँ ने शेक्सपीयर का यह नाटक पढ़ रखा था। पर पालतू बनाने के लिए नाटक में वर्णित किसी हीरो की ज़रूरत नहीं थी। पति, घर, बच्चे, नौकरी और एक बड़े परिवार के आये दिन होने वाले उत्सव ज़िन्दगी को पालतू बना रहे थे।

अब स्कूल की टीचरी छोड़कर महादेवी कॉलेज में अंग्रेज़ी की लेक्चरर बन गयी थी। हमारी नयी प्रिंसिपल थीं सुशीला राकेश। मोहन राकेश की पत्नि। बड़ा शोर था उन दिनों हिन्दी साहित्य जगत के तीन महारथियों का। पढ़ाने के अलावा भी गर्ल्स कॉलेज में जो घटनाएँ–दुर्घटनाएँ वग़ैरह होती रहती थीं, उनके बारें में गॉसिप की चटनी ज़िन्दगी को कितना दिलचस्प बनाये रखती है, यह वही समझ सकता है जिसने कभी गर्ल्स कॉलेज में पढ़ाया हो। एक दिन की घटना मुझे आज भी याद है। मैं प्रिंसिपल के ऑफ़िस में किसी काम से गयी थी। देखा मिसेज़ राकेश ने फ़ोन पकड़ रखा है, उनकी आँखों से आँसू बह रहे हैं और वे कह रही हैं –'उनकी तो किसी से दुश्मनी नहीं है।' फिर सुना कि राकेश जी पर किसी ने चाकू से वार किया था। शायद उनकी कहानी 'एक ठहरा हुआ चाकू' इसी घटना से जुड़ी थी। इसके कुछ समय बाद ही सुशीला जी ने स्थानीय वकील मिस्टर डोभाल से शादी कर ली थी और सुशीला डोभाल बन गयी थीं।

हाँ, तो बात हो रही थी 'पालतू' जीवन की। क्यों न हो? देहरादून शहर ही ऐसा है। 'आइलैंड ऑफ़ लोटस ईटर्स' मेरा एक लेक्चरर दोस्त

कहा करता था। देहरादून में ज़िन्दगी विलम्बित लय में चलती है जिस पर हमारा परिवार 'कैंटोनमेंट कल्चर' से सराबोर। घर के कई बच्चे आर्मी एयर फोर्स में हैं सो आये दिन बर्थडे, ऐनिवर्सरी की पार्टियों की भरमार। तीज–त्योहार अलग।

इस दिमाग़ी ऊसर में एक छोटा–सा ओएसिस उग आया, एक खिड़की खुली–साहित्य गोष्ठी। मेरे दीदी के जेठ ब्रह्मदेव जी लिखते थे। लेख, कहानियाँ, साथ ही फोटोग्राफ़ी में भी माहिर थे। उन्हीं की पहल पर यह साहित्य गोष्ठी बनी थी। पॉश मार्किट एरिया ऐशले हॉल की एक दुकान में रविवार के 4 से 7 बजे तक यह गोष्ठी होती थी। कॉलेज टीचर्स व कई स्वतन्त्र लेखक आते थे। अपनी कविताएँ–कहानियाँ पढ़ते, फिर उन पर बहसें होतीं। लोग आलोचना के बाद अपने लेखन को सुधारते। फिर किस पत्रिका में भेजी जाये, यह भी सुझाया जाता।

इन्हीं दिनों मैंने क्रिएटिव लेखन के अलावा भी और तरह की किताबें पढ़नी शुरू कीं। बर्ट्रेंड रसेल की आत्मकथा, मैरिज एंड मॉरल्स, कोंक्वेस्ट ऑफ़ हैपीनेस, वग़ैरह। नयी कहानी आन्दोलन का झोंका हमारे छोटे शहर में भी पहुँचा था। फ्रेंच साहित्य और अस्तित्ववादी लेखन का बोलबाला था। सार्त्र की वर्ड्स, कामू का आउटसाइडर, सिमोन की आत्मकथा के दोनों भाग पढ़ लिये। इन्हीं दिनों अमृता प्रीतम की एक थी अनीता पढ़ी। कथ्य की दृष्टि से शायद यह एक 'पाथब्रेकर' किताब थी।

साठ के दशक के शुरू में ही हमारे परिवार में जैसे एक वज्रपात हुआ। बड़े भाई की शादी का टूटना। वे फ़ॉरेन सर्विस में थे। पोस्टिंग में लन्दन चले गये और भाभी जी यहाँ। दिल्ली में विलिंगडन अस्पताल में फिर से नौकरी ले ली। हमारे परिवार में और शहर में भी शायद यह पहला केस था शादी टूटने का। हम सब सन्न रह गये थे। माँ ने भाभी से कहा–"डिवोर्स मत देना कभी।"

मेरे मन पर इस झटके का बड़ा गहरा असर पड़ा। मैं इतना हिल गयी थी कि अपनी पहली कहानी लिख डाली–'खिड़की खुली रहेगी'। यह साहित्य गोष्ठी में पढ़ी, सभी ने कहा छपने के लिए भेज दो। और शायद 'कल्पना' में मेरी पहली कहानी छपी। लिखना चालू हो गया।

कुछ दिनों बाद एक और रोशनदान खुला। कॉमरेड दत्ता कुछ लोगों के साथ हमारे घर आ धमके। नाटक करना है। छोटे भैया को भी नाटकों में दिलचस्पी थी। वह भी आ मिले। रिहर्सल होगी बंगाली मोहल्ले में जो

हमारे घर से तीन मील दूर था। कैसे जाऊँगी? क्यों साइकिल पर? और बच्चे? निगम साहब ने चुप्पी साध ली। सो दो साल के बेटे को कैरियर पर बैठाकर ले जाने की ठान ली। हालाँकि नाटक का सिलसिला साल में कुछ महीने ही चलता था, पर मेरे लिए यह एक ताज़ी हवा का झोंका था।

सन् 60 का दिसम्बर। तेरह तारीख़ कड़ाके की सर्दी। रात के क़रीब बारह बजे होंगे, कोई दरवाज़ा खटखटा रहा था। निगम साहब उठकर बाहर गये। तुरन्त अन्दर आकर कपड़े पहने और कहा–"मैं अभी आया।" मैं बैठे–बैठे सोचने लगी, ज़रूर कोई गड़बड़ है। कई घण्टे भर बाद निगम साहब लौटकर आये। बहुत अपसेट थे। पूछने पर बस इतना ही कहा– "एलेन इज़ नो मोर–मर्डर।" एलेन यानी मिसेज़ राय। मैं भौचक्की रह गयी। कॉमरेड रॉय के गुज़रने के बाद से वे उस विशाल बँगले में अकेली ही रहती थीं–माली, ख़ानसामा, नौकर, ड्राइवर समेत। दूसरे दिन सुबह मैं वहाँ पहुँची! बैठने के कमरे में भयंकर दृश्य। दीवारें ख़ून से रंगी, पर्दे जले–अधजले, फटे हुए लटक रहे हैं। शायद आग लगाने की कोशिश की गयी थी। बिल्लियाँ कमरे में इधर–उधर भटक रही हैं। कमरे के फायरप्लेस में आग धुआँ रही है। और कमरे के बीच में ब्लाउज़ और लम्बे अंडर वियर में एलेन का क्षत–विक्षत शरीर पड़ा है।

पार्टी के सभी लोग दोपहर तक पहुँच गये और उनका भी दाह संस्कार ही किया गया। मुक़दमा चला। सालों तक। मालूम चला कि उसी दिन उन्होंने चार सौ रुपये की रद्दी बेची थी, वही पैसे ग़ायब थे और कुछ आर्टिफिशल ज्वैलरी। उनके ड्राइवर के 16 साल के पोते ने यह काम किया था। टेलीग्राम देने के बहाने उन्हें बाहर बुलाकर इमामदस्ते के मूसल से अनगिनत वार किये थे।

उनकी मृत्यु के बाद उनका घर, 'इण्डियन रेनेसाँ इंस्टीट्यूट', ख़ाली रहने लगा था। सभी रॉयिस्ट सोच रहे थे कि अगर यहाँ कोई रहे, तभी यह 'उजड़ा दयार' आबाद हो सकता है। निगम साहब ने मुझसे कई बार घुमा–फिराकर यह बात कही। पर मैं वहाँ रहने को बिल्कुल तैयार न थी। शहर से इतनी दूर और उस पर वहाँ मर्डर हो चुका था। दीदी का साथ भी छूट जायेगा। बच्चों को लेकर वहाँ रहना और फिर मेरा घूमना–फिरना? चार साल के रेजिस्टेंस के बाद आख़िर मुझे हाथियार डालने पड़े। और सन् 64 के मार्च में हम 13 मोहिनी रोड़ में रहने चले गये।

विशाल बँगला, पाँच बीघे पर बना। अनगिनत पेड़, पौधे, फूल–

देशी–विदेशी। बँगले के सामने तीन बहुत ऊँचे शीशम के पेड़ थे जिन पर तीन अलग–अलग रंगों की बुगनविलिया की बेल चढ़ी थीं जो अकसर फूलों से लदी रहती थीं। सामने बहुत बड़ा हरा लॉन जिसके एक कोने में कॉमरेड राय और एलन की समाधि थी।

इतनी सुन्दर जगह, पर फिर भी मेरा मन उदास ही रहा। पहले छोटे घर में आपस की चुप्पी झेलने में दिक़्क़त तो होती थी पर यहाँ आकर दूरियाँ भी बढ़ गयीं। रूटीन की बोरियत ने खोखला कर दिया। बात–बात पर पार्टियों की भरमार होने लगी। पार्टी अरेंज करने में मेरा काम होता था, घर सजाना और बाज़ार से साइकिल पर सामान लादकर लाना। निगम साहब खाना बनाते थे–मुगलई, यू.पी. का, अंग्रेज़ी। उन्हीं से मैंने खाना बनाना सीखा। वे शत–प्रतिशत हाउस होल्डर थे। बच्चों से बेहद लगाव था पर दूरी भी थी। बच्चों को पढ़ाना, उनसे संवाद, सब मेरे जिम्मे। हाँ, अब एक और फ़र्क़ था। मेरी बहिर्मुखी गतिविधियों को सहज बनाने के लिए निगम साहब ने लन्दन में रहने वाले मेरे बड़े भाई से एक स्कूटी मँगवाकर दी थी। सो साइकिल छोड़ लाल स्कूटी पर बैठ मैं पूरे शहर में उड़ती फिरती। कभी–कभी एक या दोनों बच्चे भी पीछे लदे होते।

सन् 63। विवाहित जीवन का सातवाँ साल। कहते हैं कुछ होता है–सेवन ईयर ईच। नहीं, वैसा कुछ नहीं पर ऐसा कुछ घटा कि आगे की ज़िन्दगी ही बदल गयी।

माई री, मेरा घर अजगर मुझे लील गया

हाँ, ऐसी ही कुछ अनुभूति होती थी उन दिनों। मेरा मन खुले मैदान–सा रहा है हमेशा से। जो मन में है धड़ल्ले से बोल दिया। बचपन में मार भी पड़ती थी इसीलिए। इतनी बेलगाम ज़बान औरत के लिए ठीक नहीं, पता नहीं क्या हश्र होगा इसका? पर भाग्य की विडम्बना देखिए कि आदमी ऐसे मिले, जैसे मैदान के किनारे बना अन्धा कुआँ। मैदान और कुएँ में संवाद का रिश्ता बनता है कभी? मैं ज़्यादातर समय घर से बाहर ही बिताती थी।

कहानियाँ लिखना जारी था। जीवन की घुटन, अबोला सब कहानियों में उतारती जाती थी। तनाव के शिकार अकसर बच्चे ही होते। तीस साल की उम्र। हर समय लगता क्या किया? कुछ नहीं–'ज़िन्दगी निष्क्रिय बन गयी तलघर, अब तक क्या किया? जीवन क्या जिया?" मन छटपटाता कुछ करूँ! पर लगता सब रास्ते बन्द हैं। इस शहर की भूल–भुलैयों में भटकते रहना बस। पर साहित्यिक धुरन्धर का आना–जाना रहता था हमारे शहर में। राजेन्द्र यादव आये, राकेश जी अपने बेटे से मिलने आते। निगम साहब से उनकी काफ़ी जान–पहचान हो गयी थी।

आपसी दूरियों को बाँटने से बचने के लिए निगम साहब को एक बहुत सार्थक अवलम्ब मिल गया था। इण्डियन रेनेसाँ इंस्टीट्यूट की देखरेख। स्कॉलर्स आते रहते थे। उनसे बहसों में लीन रहना। बतियाना। और बीवी बच्चे? वह तो हैं ही–हमेशा उपस्थित हवा की तरह। देने, छूने, बतियाने के लिए नहीं, सिर्फ़ तुम्हारी साँसों को जीवित रखने के लिए। और अगर हवा जगह छोड़ दे तो?

चाहे बाहर से जीवन का ढर्रा वैसा ही रहा पर अन्दर कुछ बदल रहा था। उन दिनों बहुत पढ़ रही थी। किताबें सोच को बदल रही थीं। सन्तुष्ट पालतू प्रेडिक्टेबल जीवन की चौहद्दी को लाँघने का मन हो रहा था। बच्चे

पढ़ रहे थे अंग्रेज़ी स्कूलों में। मेरी मर्ज़ी के ख़िलाफ़। बहुत बहसबाज़ी हुई पर निगम साहब के अड़ियलपन के आगे हथियार डालने पड़े।

बचपन में दोनों बच्चे पढ़ने में तेज़ थे पर पाँचवीं के बाद बेटा बिल्कुल नीचे जाने लगा। घर में पलते तनाव को शायद बच्चे सूँघ लेते हैं, ख़ासकर जो बहुत सेंसिटिव होते हैं। बेटा शायद ऐसा ही था। इन्हीं दिनों की एक घटना अभी भी याद है। छठी में सेंट थॉमस में पढ़ता था तो ड्रॉइंग में फेल हो गया। यह भी कोई फेल होने का विषय है? मैंने ड्रॉइंग सुधारने के लिए कमर कस ली। पन्द्रह दिनों तक घिस दिया। वह ख़ूब अच्छी ड्रॉइंग करने लगा। ड्रॉइंग के टेस्ट वाले दिन मैंने उसे ख़ूब उत्साहित कर भेजा–तू तो कितनी अच्छी ड्रॉइंग करने लगा है, जा आज अपनी टीचर को दिखा देना।

जब कॉलेज से लौटी तो देखा साइकिल पर सिर झुकाये चला आ रहा है। मुँह सूखा हुआ, कनखियों से मुझे देख रहा है। "क्या हुआ?" सब चुप। "अरे बोल भई।'' फिर बेटी ने कहा–"यह ड्रॉइंग का सारा सामान ले जाना ही भूल गया–रबड़, पेंसिल, रंगों का पैकेट सब कुछ।'' कुछ किया ही नहीं ब्लैंक छोड़ आया पेपर, मेरे तो दिमाग़ में आग लग गयी जैसे। नारियल वाली झाड़ू निकाली और पिटाई करने लगी। रणचण्डी का रूप धारण कर लिया था मैंने। निगम साहब फुँफकार रहे थे, बेटी चीख़–चीख़कर रो रही थी, नौकर–चाकर 'छोड़ दो बीबी जी' कहकर मुझे रोक रहे थे, पर मैं मारती रही और वह सिर झुकाये पिटता रहा, रोता रहा। गुस्से और हताशा से उबल रहा था मन। फिर मैंने झाड़ू फेंक दी और ख़ुद रोने लगी? देखा उसके बदन पर झाड़ू की सींक जगह–जगह पर खुब गयी है। कमरे में ले जाकर बदन से सारी सींकें निकाली और बोरोलीन लगायी कहा– "तूने मुझे फेल कर दिया।"

उस दिन मैं रात भर सोचती रही–यह साधारण ग़ुस्सा नहीं है। मेरे अन्दर जो तनाव और एक निष्फल आक्रोश पनप रहा है, उसी वजह से हुआ है यह विस्फोट। उसी दिन मैंने तय कर लिया–नहीं, अब और नहीं। इस स्थिति से मुझे उबरना है–चाहे कैसे भी हो।

मैं और निगम साहब दोनों ही एम.ए. इंग्लिश की क्लास पढ़ा रहे थे अपने कॉलेजों में। शाम होते ही निगम साहब धूनी रमाकर क्लास की तैयारी में जुट जाते और मैं स्कूटी पर बाहर निकल जाती। कभी रिहर्सल, कभी साहित्य गोष्ठी, कभी यूँ ही दोस्तों से गप्पबाज़ी करने। मेरे निकलने

से पहले निगम साहब हमेशा पूछते—"कल क्या पढ़ाना है?" मैं बता देती पर मन—ही—मन कुढ़ती—'ऊँह फ़िज़ूल में टेंशन बढ़ाते हैं।' रात को सोने से पहले किताब उलटती—पुलटती तो देखती—नोट्स तैयार करके मेरी टेबल पर रख छोड़े हैं। वह भी पढ़ लेती सरसरी तौर पर। जब एम.ए. का रिज़ल्ट निकला तो मेरी छात्राओं का सेंट—परसेंट रिज़ल्ट और नम्बर भी अच्छे। तुलना में निगम साहब के छात्र कम पास हुए। मैं ख़ुशी से उछलने लगी। कहा, "गुरु गुड़ ही रह गये, चेला चीनी बन गये।" दरअसल लड़कियाँ ज़्यादा मेहनती होती हैं। फिर हमारे कॉलेज की मैनेजिंग कमेटी में एम.ए. इंग्लिश के अच्छे रिज़ल्ट की बात उठी तो सुना मैनेजर ने कहा—"अजी मिसेज़ निगम का क्या क्रेडिट है इसमें? निगम साहब के लिखे नोट्स क्लास में डिक्टेट करवा देती होंगी।" मुझे जितना ग़ुस्सा आया उतना ही दुख हुआ। मैंने निगम साहब से कहा—"मैं इंग्लिश पढ़ाना छोड़ दूँगी, देख लेना।" और अगले ही साल यू.पी. सरकार ने बी.ए. लेवल में अंग्रेज़ी ऑप्शनल कर दी। लड़कियाँ धड़ाधड़ अंग्रेज़ी छोड़ने लगीं। क्लासें छोटी होने लगीं। रिट्रेंचमेंट शुरू हो गया। हालाँकि अंग्रेज़ी विभाग में मैं दूसरे नम्बर पर थी, फिर भी नौकरी जाने का डर मन में समा गया। इसी समय निगम साहब के एक छात्र ने, जो अब दिल्ली के किसी कॉलेज में हेड थे, ख़बर दी कि दिल्ली में इंग्लिश टीचर्स समर स्कूल हो रहा है, मुझे वह अटेंड करना चाहिए। अपनी विभागीय उथल—पुथल से राहत पाने का यह एक अच्छा उपाय था। निगम साहब मेरे मानसिक कष्ट के मूक दर्शक तो थे ही। उन्होंने मुझे समर स्कूल भेज दिया। बच्चे उन्हीं के साथ रहे, फिर ननिहाल तो था ही।

सन् 66 में गर्मी की छुट्टियाँ शुरू होते ही मैं समर स्कूल में शामिल होने दिल्ली चली गयी। विभिन्न प्रदेशों से कोई बीस—पच्चीस टीचर। महिलाएँ केवल छह—सात। हम महिला टीचर्स मिरांडा के हॉस्टल में रहती थीं। देहरादून जैसे छोटे शहर से आकर मिरांडा की इम्प्रेसिव बिल्डिंग देखकर हक्की—बक्की रह गयी। इस समर स्कूल में बिताये दो महीनों ने मेरी छोटे शहर की मानसिकता को मिटाने में बड़ी सहायता की। आत्मविश्वास भी पनपा। यहीं मैं पहली बार राजेन्द्र से मिली थी। वह राजधानी कॉलेज से आया था। समर स्कूल में पहली बार भाषा—विज्ञान जैसे विषय से परिचय हुआ था। इसमें बेहद दिलचस्पी बढ़ी। कुल मिलाकर यह छह हफ़्ते का प्रवास बहुत ही 'एनरिचिंग' अनुभव रहा।

वापस आकर उसी रूटीन में डूब गयी। पर अन्दर–ही–अन्दर मन ने सपना देखना शुरू कर दिया था। किसी–न–किसी दिन यहाँ से निकलूँगी ही। मेरी कहानियाँ कई पत्रिकाओं में निकल रही थीं। प्रायः सभी कहानियाँ अपने निजी अनुभवों या अनुभव के दायरे में आये पात्रों पर ही होती थीं।

मेरा मन उन दिनों विवाहित जीवन की विषमताओं (कंट्राडिक्शन) पर ज़्यादा उलझा रहता था। यह कैसा सम्बन्ध है, जो शरीर और मन की इतनी निकटता से शुरू होता है, फिर धीरे–धीरे दूर होते–होते पास–पास रहने वाले टापू बन जाते हैं। उन दिनों हिन्दी कथा साहित्य में भी इस विषय पर बहुत ज़्यादा लिखा जा रहा था। यादव, राकेश, कमलेश्वर, मन्नू भण्डारी और भी कितने ही लेखक विवाहित जीवन के इस दोहरेपन या कहिए पास और दूर की पहेली में उलझे जीवन को समझने की प्रक्रिया से गुज़र रहे थे। उधर विदेशी साहित्य रिश्तों की नयी परिभाषा को सार्थक बनाने में लगा हुआ था–फैमिली विदआउट मैरिज, लिव–इन रिलेशनशिप। मन भ्रमित था। पुरानी पीढ़ी की ओर मुड़कर देखती तो पाती कि उसके अपने ही रास्ते थे।

इसी समय मैंने अपने माँ–बाबा पर एक कहानी लिखी 'साथ' और वह धर्मयुग में छपी। इतनी ख़ुशी हुई कि क्या बताऊँ। माँ की ख़ुशी का ठिकाना नहीं और बाबा बेहद नाराज़। कहने लगे–कचहरी में सब लोग मुझसे पूछ रहे थे–"क्यों दास बाबू! आपकी बेटी ने आप पर कहानी लिखी है।" बाबा को अपने बेपर्दा होने की खिसियाहट थी। पर मेरा मनोबल बहुत बढ़ गया था।

उसके बाद तो धड़ाधड़ कहानियाँ लिखीं और धर्मयुग, सारिका, नयी कहानियाँ, कहानी, और भी कई पत्रिकाओं में छपीं। कहा जाता था कि कहानियाँ काफ़ी बोल्ड थीं। यह सही था क्योंकि मैंने अब दायरों को तोड़ना शुरू कर दिया था–लिखने में भी और जीने में भी बोल्ड अनुभवों से उलझने की हिम्मत जुटा रही थी। पर मेरे मन में इसके लिए कोई अपराध की भावना या दुविधा न थी। उस समय पढ़ी हुई किताबों की इसमें बड़ी अहम भूमिका थी। जो औरों ने किया, वह मैं क्यों नहीं कर सकती?

मेरे लिखने और छपने को देख निगम साहब अचम्भित थे। 'साथ' कहानी पढ़कर उन्हें विश्वास ही नहीं हो रहा था कि यह मैंने लिखी और इतनी प्रतिष्ठित पत्रिका में छपी। पहले तो लगे मीन–मेख निकालने–"हिन्दी इज़ नो लैंग्वेज।" उनकी फर्स्ट लैंग्वेज उर्दू थी, पर हिन्दी और

बांग्ला सीखी थी। पर थे पक्के अंग्रेज़ीदा। कब–से–कब में उन्होंने मुझे बिना बताये इसका अंग्रेज़ी में अनुवाद किया और रख दिया। उनके चले जाने के सालों बाद यह अनुवाद मेरे हाथ लगा और 2006 में साहित्य अकादेमी की अंग्रेज़ी पत्रिका में छपा। निगम साहब मेरे लिखने से बहुत ख़ुश थे। उन्होंने सार्त्र की आत्मकथा वर्ड्स मुझे उपहारस्वरूप दी और एक सोने की चेन। एक रेमिंग्टन टाइपराइटर भी।

लिख रही थी, पढ़ा रही थी, बच्चों को पाल–पोस रही थी, साल में एक–दो नाटक भी कर रही थी, फिर भी मन को कुछ कचोटता रहता था। एक दिन माँ से रुआँसी होकर कहा–"मैं हाँफ गयी हूँ, दम घुटता है मेरा। निगम साहब बात नहीं करते।" वजह थी। अबोले की बहुत बड़ी वजह थी उनके पास। पर मेरा मन प्रश्न करता–क्यों? क्यों थ्योरी में कुछ और, प्रैक्टिस में कुछ और। आज मुझे पता है कि मैं 'नाईव' थी तब। कुछ 'ऐरियाज' ऐसे होते है जहाँ हर पुरुष एक ही तरह से रिएक्ट करता है, चाहे वह औसत आम आदमी हो या विशिष्ट बौद्धिक।

"माँ! मैं एक और एम.ए. करूँगी। किसी अच्छी यूनिवर्सिटी से एम.ए. करने की शुरू से ही बड़ी इच्छा थी। अब वह इच्छा पूरी करूँगी। एम.ए. करूँगी भाषा–विज्ञान में।" माँ ने कहा–"सच ही तो। बारह साल का तो एक युग होता है।" ऐतो कौथा न बौला–"इतना अबोला? जा, जाकर दुनिया देख, कुछ नया कर।"

कभी–कभी सोचती हूँ, कहेगी कोई माँ ऐसा? उल्टे कहेगी–दिमाग़ फिर गया है? गृहस्थी, बच्चे, इनका क्या होगा? घर सँभालो। हाँ, कहा था, बाबा ने–"तेरा दिमाग़ पगला गया है। क्या तक़लीफ़ है तुझे? घर, बच्चे, पक्की नौकरी, इतने अच्छे व्यक्ति निगम साहब।" मैंने कहा–"बाबा तुम नहीं समझोगे।" बाबा शायद समझते थे, पर 'ऐक्सेप्ट' करना नहीं चाहते थे। ख़ुद जो किया बेटी भी वही करे, यह मान लेना बाबा के बस की बात नहीं थी।

"सम पीपल रन, सम पीपल क्रॉल, सम पीपल डोंट ईवन मूव ऐट ऑल"–उन दिनों यह गाना बड़ा पॉपुलर था–नैन्सी सिनाट्रा का। निगम साहब तीसरे प्रकार के व्यक्ति थे और मैं पहले प्रकार की–शादी के बारह वर्षों में हम सिर्फ़ तीन बार शहर से बाहर गये। कानपुर–बच्चे को लेकर कथित ससुराल, फिर गर्मी की छुट्टियों में मित्रों के निमन्त्रण पर रानीखेत और फिर आगरा। जहाँ कोई टीचर्स कॉन्फ्रेंस हो रही थी! एक और अवसर

मिला था। केरल में लेखकों का सम्मेलन था। हमें दो फर्स्ट क्लास के टिकट मिले थे। पर निगम साहब बच्चों को छोड़कर जाने के लिए राज़ी ही नहीं हुए। आगरा जाने के लिए भी उन्हें बड़ी मुश्किल से राज़ी किया।

अनरिजर्व्ड थर्ड क्लास का सफ़र। भीड़, धक्का–मुक्की इतनी कि पूछो नहीं। ऊपर से चश्मा उतारकर झोले में रख दिया सोते वक़्त। तो कोई झोला ही उठाकर चलता बना। चश्मे के बिना निगम साहब तो बिल्कुल सूरदास। तीन दिन मैं अन्धे की लाठी बनी घूमती रही, कुढ़ती और झगड़ती रही। तभी कुछ दिन पहले राजेन्द्र यादव की 'छोटे–छोटे ताजमहल' पढ़ी थी। मन में बड़ी रोमाण्टिक–सी छवि थी। वह सब हवा हो गयी। पर जैसे–तैसे ताजमहल देख ही लिया। निगम साहब पूरे समय कहते रहे, "हमे कुछ ठीक से दिखायी नहीं दे रहा, सब धुधँला दीख रहा है।" मैंने कहा "तो मैं क्या करूँ जिसकी जैसी किस्मत।" अपनी किस्मत को भी कोसती रही कि बारह साल में तीन यात्राएँ, उसका भी यह नमूना।

सन् 68 की गर्मी की छुट्टियाँ। मेरी बचपन की सहेली की शादी फॉरेस्ट ऑफ़िसर से हुई थी। दार्जिलिंग में पोस्टेड थे। उसका परिवार दार्जिलिंग जा रहा था। परिवार मतलब माँ–बाप और दो बहनें। मैंने उनसे कहा 'मैं भी चलूँगी'। रेल से ढाई दिन सिलीगुड़ी तक, फिर जीप में। मैंने बिना रिजर्वेशन के ही टिकट ले लिया। चार स्लीपर तो थे ही। बीच में दो ट्रंक लगाकर अपना सोने का इन्तज़ाम कर लिया। निगम साहब को बताया तो उन्हें विश्वास ही नहीं हो रहा था कि मैं अकेली बच्चों को छोड़कर महीने भर के लिए जा सकती हूँ कहीं घूमने–फिरने। पर यह मेरा पहला विद्रोह था। अरे, बिल्कुल खूँटा गाड़कर बैठ गये। घर में ख़ानसामा, नौकर, माली सब थे। फ़िक्र किस बात की? वह यात्रा इतनी मज़ेदार और यादगार थी कि बस पूछो नहीं। ख़ूब घूमी, कालिम्पोंग, डाओ हिल, कर्सियाँग, रंगित वैली, तीस्ता नदी। और नॉर्थ बंगाल के हरे–भरे जंगलों से भरे इलाक़ों में। रोज़ सुबह खिड़की से कंचनजंगा की पर्वत श्रृंखला दीखती धूप से नहायी। सारा घर सोता रहता और मैं खिड़की पर बैठ सिमोन की 'प्राइम ऑफ़ लाइफ' पढ़ती रहती।

परिवेश मन और 'मस्तिष्क' को कितना प्रभावित करता है, यह दार्जिलिंग जाकर पता लगा। मैं, मैं हूँ। दीदी, माँ, गृहस्थी सब पीछे छूट गये हैं। बादलों और कोहरे की लुकाछिपी, प्रकृति का मुक्त खुलापन मन में कितना आत्मविश्वास भर देता है। कभी अकेली घर से न निकलने

वाली मैंने तीन दिन की रेलयात्रा अकेले की। साथ के बर्थ पर एक बड़े ही भद्र बिहारी बाबू से दोस्ती हो गयी। हर स्टेशन पर उतरकर कभी चाय लाना, कभी पानी। साथ खाना, खाते बाँटकर अख़बार पढ़ते। एक स्टेशन पहले उतर गये, फिर मिलेंगे कहकर। तब लगा था मैं परिस्थितियों से अकेले निपट सकती हूँ।

दार्जिलिंग से लौटते ही मैंने दिल्ली यूनिवर्सिटी में भाषा–विज्ञान के एम.ए. में दाख़िले के लिए अप्लाई कर दिया। घोर दुविधा में होने के बावजूद निगम साहब बाहर से उत्साहित थे। और मैं? मैं एक नया क़दम उठाने के कारण अनजाने डर और दुविधा के झूले में झूल रही थी। बच्चों के चेहरे उतरे हुए थे। उन्हें देख–देख मेरा भी दिल डूबने लगता पर मन पक्का कर उनसे कहती–"अरे फ़िक्र क्यों करते हो? हर दूसरे हफ़्ते आ जाया करूँगी और महीने में एक बार तुम आ जाना।" ऊपर से जो भी कहूँ मन बेहद बोझिल था, रात को छुप–छुपकर रोया करती। इसी मानसिक स्थिति में मैंने एक कहानी लिखी 'नहीं है'। जो नयी कहानियाँ में छपी और ख़ूब सराही गयी। दो बच्चों की कहानी उन्हीं की ज़ुबानी।

कॉलेज से दो साल की छुट्‌टी ले ली। मेरे दोस्त–सहेलियाँ सब बड़े दुखी थे! तभी इण्टरव्यू की चिट्‌ठी आयी। विभाग के हेड डॉ. पण्डित थे। अगर सिलेक्ट न हुई तो? बड़ा डर लग रहा था। सलाह–मशविरा के बाद राजेन्द्र से कहा गया कि वह मेरी जगह डॉ. पण्डित से मिल ले। सो इण्टरव्यू भी प्रॉक्सी से हुआ और मैं सिलेक्टेड हो गयी।

अब? क्या करूँ? जाऊँ या न जाऊँ? पैंतीस साल की जड़ों को उखाड़कर जाना आसान नहीं लग रहा था। कहाँ जाऊँगी, कहा रहूँगी कुछ पता नहीं। इस समय निगम साहब ने ही रास्ता सुझाया। डॉ. पाल, जो निगम साहब के छात्र और रॉयिस्ट ग्रुप के थे, दिल्ली के एक कॉलेज में हेड ऑफ़ द डिपार्टमेंट थे। इन्हीं के घर ठहरने का बन्दोबस्त हुआ। यह तय हुआ कि पहले महीना भर वहाँ रहूँगी, फिर पास ही कोई कमरा ढूँढ़ लूँगी। निगम साहब आते–जाते रहेंगे।

बड़े शहर के बीहड़ में

देहरादून के गर्ल्स कॉलेज में दो साल से पढ़ा रही थी। तब मुझे तनख़्वाह मिलती थी 275 रुपये। उसी साल ग्रेड्स रिवाइज़ हुए। और गर्मी की छुट्टियों से पहले नये ग्रेड के एरियर मिले—चार हज़ार रुपये। मेरे लिए यह बहुत बड़ी रक़म थी। सच तो यह था कि दिल्ली जाकर अपनी कमाई से पढ़ने का हौसला भी इन्हीं पैसों के कारण जुटा पायी थी और पैंतीस साल पुराने घर—परिवार, शहर को छोड़कर, मन में हज़ारों संशयों का गट्ठर बाँधे आगे चल पड़ी थी। मन में बार—बार यही बात उठती—अगर कुछ भी न कर पायी तो? तो क्या हुआ? दो साल ही तो हैं। कोशिश करने में क्या हर्ज है?

मसूरी एक्सप्रेस सुबह पाँच बजे पुरानी दिल्ली स्टेशन पहुँचती है। राजेन्द्र, डॉ. पॉल के कॉलेज में लेक्चरर था। तय हुआ था कि वह मुझे स्टेशन पर रिसीव कर डॉ. पाल के घर पहुँचायेगा। सो स्टेशन से बाहर निकलकर राजेन्द्र के दुपहिए की पिछली सीट पर बैठकर इस बड़े नगर के बीहड़ में मैंने प्रवेश किया।

कीर्ति नगर से यूनिवर्सिटी काफ़ी दूर थी। डॉ. पाल और उनकी मिसेज़ दोनों पढ़ाते थे और दोनों बच्चे स्कूल जाते। सुबह बड़ी हबड़—तबड़ रहती। बस स्टॉप पर खड़े रहो। सब बसें इतनी भरी हुई आतीं कि तिल धरने को जगह नहीं। कभी चढ़ते हुए गिरूँ तो कभी उतरते हुए। फिर राजेन्द्र की पुरानी छात्रा शान्ता, जो यूनिवर्सिटी जाती थी, उसके साथ जाना शुरू किया। बस पर चढ़ना, उतरना, दोनों टाँगे फ़ासले पर रख खड़े होना, स्टॉप आने से पहले गेट पर पहुँचना, यह सब उसी ने सिखाया। महीने भर में मैं बिल्कुल परफेक्ट हो गयी।

उन दिनों तिमारपुर के किसी बँगले की पहली मंज़िल में भाषा—विज्ञान का डिपार्टमेंट था। कुछ दिन पहले ही शुरू हुआ था। हेड ऑफ़ द डिपार्टमेंट डॉ. पण्डित और चार अध्यापक थे। उन दिनों मैं सिन्दूर लगाती

थी और माथे पर बड़ी सी बिन्दी, बिल्कुल खाँटी बंगाली महिला। क्लास में पाँच–छह ही विद्यार्थी थे। उनमें से सबसे क़रीबी थे अलीगढ़ के मिस्टर खान और दिल्ली की अन्विता अग्रवाल। हम तीनों का ग्रुप था। पढ़ाई, चाय पीना, इधर–उधर घूमना, सब साथ करते थे। पहले–पहले मैं अपनी उम्र को लेकर बड़ी सेल्फ–कांशस रहती थी पर देखा कि कई बड़ी उम्र के लेक्चरर भी यह कोर्स कर रहे हैं। बचपन से ही किसी बड़ी यूनिवर्सिटी में पढ़ने की इच्छा अब पूरी हुई थी। पर नयी उम्र की बेफ़िक्री, अल्हड़पन वह तो नहीं था न। फिर भी वे दिन आज भी नहीं भूलते। अन्विता कवि भारतभूषण अग्रवाल जी की बड़ी बेटी थी। उसके साथ कई बार उसके घर जंगपुरा चली जाती। साहित्य जगत के क़िस्से–कहानी, गुटबाज़ी की बेहद दिलचस्प बातें सुनती। टी हाउस, कॉफी हाउस में बड़े लेखकों को देख पाने का भी अजीब थ्रिल होता था।

एक महीना डॉ. पाल के घर रहने के बाद मैंने तय किया कि स्वतन्त्र रूप से कोई कमरा लेकर रहूँगी। कहानियाँ भी लिख रही थी जो अच्छी मैगज़ींस में छप रही थीं। फिर एक छोटी–सी बरसाती की तलाश शुरू हुई। राजेन्द्र और डॉक्टर पॉल इस काम में जुट गये। बड़ी ढुँढ़ाई के बाद कीर्ति नगर बस स्टैंड के पास ही एक ख़ाली पड़े तिमंज़िले मकान में एक बरसाती का पता लगा। दस बाई बारह का छोटा–सा कमरा, साथ छोटा–सा बरामदा और नीचे उतरकर खुली छत पर खुली लैट्रीन। बरामदे के एक कोने पर गुसलख़ाना और दूसरे कोने पर किचन बनाया। पर ऐसे ही नहीं मिला मकान। बाक़ायदा मकान मालिक को सशरीर इण्टरव्यू देना पड़ा। इण्टरव्यू के दौरान मुझसे बड़ा अजीब–सा प्रश्न पूछा गया। "आपके घर मर्द कौन–कौन आयेंगे, उनके नाम मुझे दे दीजिए।" पहले तो मैं भौचक रह गयी पर बाद में उन वृद्ध सज्जन की मनःस्थिति का अन्दाज़ा लगाने में मुझे देर नहीं लगी। बहरहाल डॉ. पाल ने कहा–"हम दो जने ही आयेंगे, मैं और राजेन्द्र।" सो उन दोनों के नाम लिख लिये गये। और क्योंकि ये दोनों ही कीर्ति नगर में स्थित राजधानी कॉलेज में पढ़ाते थे तो वे निश्चिन्त हो गये।

कुछ ही दिनों में ज़िन्दगी एक रूटीन में बँध गयी। सुबह से दोपहर तक यूनिवर्सिटी जाना–आना और पढ़ने में गुज़र जाता। शाम को डॉ. पाल के घर चली जाती। वहाँ लेक्चरर्स का जमावड़ा होता तो शामें ठीक–ठाक गुज़र जातीं।

एक दिन लौटते हुए नोट किया कि बरसाती के एक मंज़िले में कोई आया है। बत्ती जल रही थी। कोई फैमिली नहीं थी, सिर्फ़ एक आदमी रहता था। दोपहर को नहीं रहता था। नौ बजे क़रीब जब मैं लौटती तो कमरे की बत्ती जल रही होती। मैं सुबह का बचाया खाना खाकर हल्के से ट्रांजिस्टर लगा देती। एक दिन दस बजे के क़रीब दरवाज़े पर दस्तक हुई। थोड़ी देर तो इगनोर किया, पर रुके ही नहीं। लाचार हो दरवाज़ा आधा खोलकर देखा तो नीचे वाला आदमी खड़ा था। लगा मुँह से शराब की बू भी आ रही थी। मैंने थोड़ी देर चुप रहकर पूछा–''जी?'' उसने कहा–"आप कहीं सर्विस करती हैं?" "जी नहीं यूनिवर्सिटी में पढ़ती हूँ।" "आपका नाम क्या है?" बड़ा गुस्सा आया कि नाम से इसे क्या मतलब? क्यों पूछ रहा है? डर गयी, झूठ बोली–"सांत्वना दास।" पता नहीं क्यों कहा मैंने। फिर "अच्छा मुझे पढ़ना है'' कहकर दरवाज़ा बन्द कर दिया। चिन्ता में पड़ गयी। कहीं रोज़ ही आ धमके तो? वही हुआ। रोज़ रात को दरवाज़े पर दस्तक पड़ने लगी। रपटी हुई जीभ की बोली सुनायी पड़ती–'मिस दास'। मैं साँस रोके बैठी रहती। थोड़ी देर बाद सीढ़ियों से उतरते क़दमों की आवाज़ सुनायी देती। काफ़ी रात गये नीचे एक टैक्सी आती। उस पर कुछ सामान चढ़ाया जाता, फिर टैक्सी चली जाती। कहीं यह कोई स्मगलर तो नहीं है? मैंने तंग आकर यह बात मकान मालिक को बतायी। सुनकर वह तो आग बबूला। कहने लगे–"आप तो हमारी बेटी जैसी हो। फ़िक्र न करो जी, कल ही कोई बन्दोबस्त करता हूँ।" दो–तीन दिन दरवाज़े पर दस्तक नहीं पड़ी। पता लगा वह घर छोड़ गया है।

स्कूल की छुट्टी होने पर बच्चे दिल्ली आ जाते। मेरे पास ही रहते। बच्चे वापस जाते तो मैं उन्हें अजमेरी गेट बस अड्डे पर छोड़ने जाती। राजेन्द्र भी साथ होता। लौटते समय इतना रोती कि पूछो मत। बच्चे भी रोते। थोड़ी देर कॉफ़ी हाउस में बैठकर मद्रास होटल से बस लेकर कीर्ति नगर लौटती।

एम.ए. प्रीवियस के बाद एक दिन विभाग में किसी ने पूछा कि पार्ट–टाइम हिन्दी पढ़ानी है? अमरीकी विद्यार्थियों को? डायरेक्टर का पति निगम साहब का पुराना स्टूडेंट था। मैं बड़ी ऊहापोह में पड़ गयी। पढ़ाई का नुक़सान होगा। पर पता लगा मार्च के पहले हफ़्ते में ही फ्री हो जाऊँगी। रुपये–पैसे की हालत काफ़ी टाइट थी।

हुआ यह कि क्लास शुरू होने के महीना भर बाद एक दिन राजेन्द्र

ने मुझसे कहा—"हम लोग पंजाबी बाग़ में ज़मीन ख़रीद रहे हैं। कुछ पैसे हैं, कुछ और चाहिए। तुम अपने रुपये मुझे दे दो। मैं महीने के महीने तुम्हें देता रहूँगा।" मैंने हिसाब लगाया—75 रुपये मकान का किराया, शायद 25 रुपये फ़ीस, तीस पैसे एक तरफ़ का बस का किराया तो समझो साठ पैसे, किताबें सब लाइब्रेरी की, बस एक ख़रीदी थी भोलानाथ तिवारी की, बाक़ी खाने का ख़र्चा और थोड़ा—बहुत ऊपर का। तो 200 रुपये महीने में हो ही जायेगा। मैंने राजेन्द्र को चार हज़ार रुपये दे दिये। राजेन्द्र का पूरा परिवार विभाजन के समय दिल्ली आया था और चार भाई, दो बहनें, माँ—बाप बल्लीमारान के एक मकान में रहते थे। ग़ालिब के घर के सामने। घर किसी मुस्लिम परिवार का था जो चले गये थे। एक बड़ा कमरा, एक कोठरी, छोटा—सा आँगन और बड़ी—सी छत। राजेन्द्र मुझे दो सौ रुपये महीना देता रहा, और मेरा काम चलता रहा।

इस हालत में पार्ट टाइम टीचिंग से काफ़ी सहायता हो जायेगी। फिर अमरीकियों को पढ़ाने का एक्साइटमेंट तो था ही। मैंने हाँ कर दी। पर मशक़्क़त बहुत थी। यूनिवर्सिटी से ग्रेटर कैलाश, जहाँ एक बड़े मकान में क्लासें लगती थीं, फिर वहाँ से कीर्ति नगर।

फाइनल ईयर था तो पढ़ाई ज़ोर—शोर से शुरू की। पास तो होना ही है। इतना बड़ा क़दम उठाया, अब अगर फेल हो गयी तो बड़ी नाक कटाई होगी। टर्म पेपर भी लिखे। एक डोगरी और पंजाबी का तुलनात्मक अध्ययन, दूसरा बँगला भाषी को अंग्रेज़ी पढ़ाना। दोनों ही बड़े दिलचस्प थे। जब निग़म साहब ने देखा तो हैरान रह गये। कितनी बार पूछा—यह तुमने ख़ुद लिखा? बहुत ही अंडरएस्टिमेट करते थे मुझे। ख़ैर पेपर टाइप उन्होंने ही किये। प्रिपरेशन लीव शुरू हो गयी थी।

रात को देर तक जागकर नोट्स बनाती, फिर छत पर घूम—घूमकर उन्हें रटती रहती।

और एक दिन इम्तिहान भी ख़त्म हो गये। बोरिया—बिस्तर बाँधकर देहरादून की ओर कूच किया। अब रिज़ल्ट का इन्तज़ार करना है। आगे क्या करना है? पुरानी नौकरी? पता नहीं। पास तो हो लें, फिर देखी जायेगी।

गर्मी की छुट्टियाँ। दो साल कैसे बीत गये! घर में सबने चैन की साँस ली। बच्चे बड़े ख़ुश, बच्चों के पिता भी। माँ—बाबा भी। माँ तो इतनी ख़ुश कि मेरी बेटी ने दो—दो एम.ए. किये। चुपके से एक साड़ी दी कहा, बहनों को न बताना, उन्हें बुरा लगेगा।

रिज़ल्ट आया। डेढ़ नम्बर से फर्स्ट क्लास रह गया। इण्टर में भी दो नम्बर से रह गया था। कितना रोयी थी तब। अब भी रोयी। विभाग के एक टीचर ने रीकाउंटिंग के लिए अप्लाई करने को कहा। आधे–आधे नम्बर तो बढ़ाये ही जा सकते हैं। रातभर सोचती रही, फिर अचानक एक झटके में तय किया–नहीं। यह रास्ता मेरा नहीं। फर्स्ट डिवीज़न लेकर कौन–सा ख़ज़ाना मिल जायेगा। ऐसा लगा बाबा, माँ और घर के सब लोग कोरस में कह रहे हैं–क्या मिल जायेगा? ग़लत काम करने के अपराधबोध के सिवा?

अब? एम.ए. तो कर लिया। छुट्टी भी ख़त्म दो साल की। अब पुरानी नौकरी जॉइन करो। रोल अदा करो माँ, बीवी, बेटी का। पर मेरा मन तो जैसे उखड़ गया था। पैंतीस साल जहाँ गुज़ारे, वह शहर बेगाना लगने लगा था। यह विराट बाग़–बगीचे, नौकरों–चाकरों वाला बँगला–घर विदेश लग रहा था। यहाँ लौटने से पहले सबसे बात करके आयी थी पीएच.डी. करूँगी। टीचर्स ने ख़ूब उत्साहित किया था। साथ के सभी आगे पढ़ाई जारी रखने का प्लान बना रहे थे। मैंने काफ़ी ऊहापोह के बाद कह ही दिया–"पीएच.डी. करूँगी।" घर में तो जैसे बम फटा। कैसी आयरनी थी। पहले मुझे बार–बार पीएच.डी. करने के लिए उत्साहित करने वाले निगम साहब के सिर पर तो जैसे वज्रपात ही हो गया।

ख़ैर मैंने राजेन्द्र को चिट्ठी लिखी कि वहाँ आने पर मुझे दोस्तों की मदद चाहिए। उस रूखी, अनासक्त महानगरी में बिना दोस्तों के सहारे के जो करना चाहती हूँ, वह करना मेरे लिए मुश्किल होगा। मेरे लिए यह एक बहुत अहम फ़ैसला था क्योंकि इसका असर पति, घर, बच्चों पर तो पड़ेगा ही। पैरों पर पड़ी बेड़ी को तोड़ना आसान नहीं था। राजेन्द्र का जवाब आया–'बस तुम आ जाओ।' अगर उस दिन राजेन्द्र ऐसा लिखकर मुझे भरोसा न दिलाता तो शायद मैं कभी आ नहीं पाती। आज भी कभी–कभी जब मैं उसे याद दिलाती हूँ कि "तुम्हीं ने बुलाया था" तो वह चुप हो जाता है। पर मैं यह भी जानती हूँ कि वह तो सिर्फ़ निमित्त ही था।

यू.पी. रोडवेज़ की बस पर एक छोटा–सा सूटकेस लिये बैठी हूँ। बस भाग रही है। पहाड़, जंगल, मीलों फैले खेत पीछे छूटते जा रहे हैं। मैं रो रही हूँ। लौट जाऊँ? बच्चों का रुआँसा चेहरा, निगम साहब का चुप कठोर चेहरा, रह–रहकर आँखों के आगे आ जाता है। फिर सोचती हूँ–कोशिश तो करती हूँ। नहीं कर पायी तो लौट ही आना है। नौकरी तो गयी।

अजमेरी गेट पर बस पहुँची तो राजेन्द्र वहाँ था। उन दिनों आई.एस.बी.टी. नहीं बनी थी। उसके दुपहिए के पीछे बैठकर अपनी बरसाती पर पहुँची। वह मुझे पहुँचाकर चला गया। ताला खोलकर अन्दर आयी तो सब कुछ अजीब, बेगाना–सा लगा। "यहाँ कुछ भी मेरा नहीं है"–ऐसा वहाँ भी लगता था, यहाँ भी लगा। क्या इसी को कहते हैं बेघर हो जाना? ख़ैर इस ख़याल को ज़बरदस्ती मन से धकेलकर निकाला। अभी कितना कुछ करना है। कल डिपार्टमेंट जाना, रजिस्ट्रेशन कराना, फ़ीस जमा करना और भी कितने काम हैं। अमरीकन इंस्टीट्यूट भी जाना है। गुज़ारे लायक़ पैसे तो चाहिए ही।

यह सन् 70 का जुलाई का महीना था। सुबह भागती–भागती बस पकड़कर यूनिवर्सिटी, वहाँ से दो–तीन बसें बदलकर हौज ख़ास। तब अमरीकन इंस्टीट्यूट हौज ख़ास के टेलीफ़ोन एक्सचेंज के पीछे एक बड़ी सी कोठी पर चल रहा था। पहले मुझे घण्टे के हिसाब से पैसे मिलते थे। अब फुल टाइम रख लिया गया। क्योंकि टीचिंग की रिपोर्ट अच्छी थी। तनख़्वाह साढ़े चार सौ रुपया महीना, शनिवार की छुट्टी। सुबह पढ़ना, पढ़ाना, शाम को रिहर्सल में हाज़िरी देना। इतनी व्यस्त हो गयी कि कुछ सोचने का समय ही न मिलता। महानगर का अजगर धीरे–धीरे मुझे चारों ओर से जकड़ रहा था।

अगस्त का महीना। रक्षाबन्धन की छुट्टी थी। हर छुट्टी का दिन मेरे लिए पहाड़–सा होता। क्या करूँ? कहाँ जाऊँ? इसी उधेड़–बुन में थी कि दरवाज़े पर ठक....ठक....ठक। दरवाज़ा खोला। सामने दोनों बच्चे। पीठ पर स्कूल का बस्ता, हाथों में कपड़ों का बैग, चेहरे पर अटपटापन और ख़ुशी का मिलाजुला भाव। "तुम? क्या हुआ?" "अब हम यहीं रहेंगे।" बेटी बोली। "अकेले आये हो?" "नहीं, बाबा हम लोगों को छोड़कर अपने फ्रेंड के घर चले गये हैं।" मैं सन्न रह गयी। "अन्दर आओ।" और दोनों बड़े सिटपिटाये से अन्दर आ गये।

मेरे सिर पर एक साथ इतने सारे प्रश्न और समस्याओं का गट्ठर गिरा और बिखर गया। तनख़्वाह अभी मिली नहीं थी। मकान का किराया, आना–जाना, स्कूल की किताबें, कपड़े, कैसे चलेगा। बेहद गुस्से और निराशा से मन कड़वा हो गया। मुझे बताया तक नहीं। बेघर, बेरोज़गार हालत में इनको कैसे सँभालूँगी, एक बार पूछा तक नहीं। "मेरे साथ रहोगे तो भूखों मरोगे।" मैंने इतना ही कहा। "हम भूखे रह लेंगे पर रहेंगे तुम्हारे

ही साथ।'' बेचारे। बेटी दस की और बेटा तेरह का। अगस्त का महीना। सब जगह दाख़िले बन्द हो गये थे। पर उनके पास ट्रान्सफ़र सर्टीफिकेट वग़ैरह सब थे। पक्का काम किया था निगम साहब ने। तीसरी मंज़िल पर उस बरसाती में अगस्त की वह उमस भरी रात कैसे बीती, क्या बताऊँ? निराशा आक्रोश, ग़ुस्सा पर पछतावा नहीं था। ठीक है यह भी झेल लूँगी। सोचती रही, इतना उदारवादी व्यक्ति, स्नेहिल पिता, 'केयरिंग' पति ऐसा कैसे कर सकता है? सज़ा देना चाहता है? शायद हाँ। एक ऐसा अपराध हो गया था जो शायद एक विवाहित के लिए, एक माँ के लिए क्षम्य नहीं था। ख़ैर, वह सब बाद में। व्यक्तिगत स्वतन्त्रता, माता–पिता की बराबर की ज़िम्मेदारी पर विश्वास करने वाले आधुनिक बौद्धिक व्यक्ति भी पारम्परिक सोच के ग्रहण से ग्रसित हो जाते हैं। औरत हो तो जो कुछ करना है पति, घर, बच्चे के दायरे में रहकर करो। उस लक्ष्मण रेखा को लाँघने की जुर्रत करोगी तो ज़िम्मेदारी तुम्हारी अकेली की। मैंने सोचा ठीक है। बँगला में कहावत है "पीठे बेंधेछी कुलो, काने गूँजेछी तूलो' यानी पीठ पर सूप बाँध लिया है, कानों में रुई ठूँस ली है" जो करना है करो।

एक चिन्ता और। हर समय सोचती रहती कि अंग्रेज़ी स्कूल में पढ़ने वाले, विशाल बँगले में नौकर, माली, ख़ानसामा वाली आरामदेह ज़िन्दगी बिताने वाले ये बच्चे यहाँ कैसे ऐडजस्ट कर पायेंगे। मैं तो उन्हें वैसा जीवन नहीं दे सकती। पर बच्चों ने ऐडजस्ट करने की पूरी कोशिश की। मेरी तरह जल्लाद माँ के पल्ले पड़कर और करते भी क्या?

जीवन–युद्ध

सबसे पहले बच्चों को स्कूल में दाख़िल करने की भागदौड़ शुरू हुई। मेरी मौसी रामजस के रायकेदारनाथ गर्ल्स स्कूल की प्रिंसिपल थीं। उनकी शरण में गयी। दिल्ली में अप्रैल में ही दाख़िले हो जाते थे। पर ट्रान्सफ़र केस (कॉन्वेंट और सेंट जोसफ़ के) होने के कारण बेटे का रामजस और बेटी का विद्या मन्दिर में ऐडमिशन हो गया। सरकारी स्कूल की ड्रेस देखकर इनका दिल बैठ गया। मैंने तब इनसे एक ही वाक्य कहा था–"अब तक पब्लिक स्कूल में पढ़े हो, अब रिपब्लिक स्कूल में पढ़ो। हम भी टाट–पट्टी पर बैठने वाले स्कूल में पढ़कर बड़े हुए हैं।" बस सब शिकवे–शिकायत पर पूर्ण विराम। बेटा बड़ा कुढ़ता था। पटरी बाज़ार से ख़रीदी हुई ख़ाकी पैंट और सफ़ेद क़मीज़। सबसे बड़ी समस्या थी स्कूल आने–जाने की। डी.टी.सी. बस का ही सहारा था। कभी–कभी बस स्टॉप पर घण्टों इन्तज़ार करना पड़ता था। उसके बाद सोचा क्यों न राजेन्द्र नगर में ही कोई बरसाती ले ली जाये। और घर ढूँढ़ने–नहीं, बसेरा ढूँढने की मुहिम चालू हो गयी।

शाम को अख़बार देखने डॉ. पाल के यहाँ जाती। बरसातियों का पता नोट करती और राजेन्द्र को देती। वह रोज़ कॉलेज के बाद कनॉट प्लेस कॉफ़ी हाउस जाता था। राजेन्द्र नगर रास्ते में ही पड़ता था। क्योंकि बेटी का स्कूल राजेन्द्र नगर में था तो वही मोहल्ला फर्स्ट च्वॉइस था।

मकान ढूँढ़ने में जो अजीब अनुभव हुए, उससे पता लगता है कि समाज में अकेली स्त्री की क्या स्थिति है। आज भी कोई ख़ास बदलाव नहीं आया। आज से तीस साल पहले की तो बात ही क्या। एक तो औरत, वह भी माइनस पति, ग़नीमत कि दो बच्चे थे। मकान की खोज में दो बड़े दिलचस्प अनुभव हुए। राजेन्द्र नगर। मैं राजेन्द्र के साथ घर देखने गयी। आर ब्लॉक में छोटा–सा घर। पसन्द आ गया, किराये वग़ैरह की बात हो गयी। फिर मकान मालिक ने राजेन्द्र के कॉलेज का पता लिया। दूसरे

दिन जब हम फाइनल बात के लिए गये तो मकान मालिक बोला–"अच्छा तो भाई साहब! ये आपकी बहन है!" अजीब–सी मुस्कराहट चेहरे पर। "पर आपकी तो शादी ही नहीं हुई कॉलेज से पता लगा।" राजेन्द्र खिसिया गया और मेरा चेहरा तमतमा रहा था, मैंने राजेन्द्र से सख़्त आवाज़ में कहा–"चलो, कोई ज़रूरत नहीं इस घर की।"

घर नम्बर दो। अबकी बार राजेन्द्र अकेले ही मकान मालिक से मिला। उन्हें बताया–मिडिल एजेड महिला हैं, टीचर हैं, दो स्कूल में पढ़ने वाले बच्चे हैं। नवीं और छठी में पढ़ते हैं वग़ैरह। सब तय हो गया। मकान मालिक ने एक बार मिलने के लिए कहा। शाम को गयी। मुझे देखकर हक्का–बक्का। उसके 'मिडिल एजेड टीचर' की छवि में मैं फिट नहीं बैठी। कहा–फ़ोन पर बात करूँगा, फिर जाने क्या–क्या एक्सक्यूजेस देकर मकान देने को मना कर दिया। मैं उस दिन बहुत रोयी। यह शायद चौथी या पाँचवीं मनाही थी। सड़ते रहो कीर्ति नगर के उस छोटी–सी बरसाती में।

पर नहीं। दुनिया में अच्छे लोग भी होते हैं। एच. तीन सौ दो, न्यू राजेन्द्र नगर। तिमंज़िला मकान, ऊपर एक कमरे की बरसाती। अबकी बार भी राजेन्द्र ही पहले गया पर इस बार थोड़ा–सा मजमून बदला। कहा कि मेरे बहुत अच्छे मित्र हैं, उनकी बीवी यहाँ जॉब करती हैं अमरीकन इंस्टीट्यूट में, दो स्कूल–गोइंग बच्चे हैं वग़ैरह। शर्मा जी विशाल देह, शान्त स्वभाव, धीमे बोलने वाले, बोले–"तुसी मकान देख लो, पसन्द आये तो अगले हफ़्ते आ जाओ।" राजेन्द्र को अपने कानों पर विश्वास नहीं हो रहा था। इससे पहले कि कोई और अड़ंगा लगे, उसने चाबी ले ली। फिर आकर मुझे सारी बात बतायी। हम दोनों ही हैरान थे। मेरा अन्दाज़ा था कि ज़रूर अमरीकन इंस्टीट्यूट का नाम सुनकर इम्प्रैस्ड हो गया होगा। राजेन्द्र ने कहा नहीं, मैंने निगम साहब का रेफरेंस दिया था, इसीलिए...। जो भी हो अगले हफ़्ते ही एक बान की चारपाई, एक सूटकेस, बाल्टी में बरतन और पीतल का पम्प स्टोव लेकर हमने राजेन्द्र नगर की बरसाती में क़दम रखा।

बच्चे तो इतने ख़ुश, कहने लगे माँ बाथरूम है, नल भी है। कीर्ति नगर में बच्चे रात को छुपकर म्यूनिसिपैलिटी के नल में नहाते थे। और दो–दो छतें, एक कितनी बड़ी। सच कीर्ति नगर की उस नन्हीं–मुन्नी–सी बरसाती के बाद यह तो जैसे स्वर्ग। एक बड़ा–सा कमरा, साथ लगा किचन

जिसमें बारिश के समय छतरी लेकर खड़ा होना पड़ता था क्योंकि चारों तरफ़ जाली थी। छोटा–सा बाथरूम, बड़ी–सी लैट्रीन, एक तरफ़ विशाल छत, दूसरी तरफ़ छोटी–सी। चारों तरफ़ लम्बे ऊँचे पेड़ और हरियाली, बेटी का स्कूल, दस मिनट का रास्ता। शिफ़्ट करने के चार–पाँच दिन बाद ही जाने क्या सोचकर निगम साहब भी आ गये। एक और मज़ाक़ हुआ। लीज के काग़ज़ों पर मैं साइन करने को तैयार बैठी थी पर निगम साहब को देखते ही मकान मालिक बोले–"हुण तो भाईसाहब आ ही गये, तो ये ही साइन कर देवेगें।" तो मकान के एग्रीमेंट पेपर पर श्रीमती सांत्वना निगम की जगह निगम साहब के साइन हो गये। किरायेदार निगम साहब के साइन हो गये। किरायेदार निगम साहब और हम उनकी फैमिली। किराया 200 रुपये महीना, बिजली–पानी अलग। सबसे अच्छी बात यह थी कि वे बहुत अच्छे लोग थे, शान्त, चुप, धार्मिक प्रवृत्ति के।

रोज़मर्रा की लड़ाई का नमूना। झाड़ू–पोंछा, बर्तन रात को। सुबह छह बजे बेटे को डी.एम.एस. के बूथ पर भेजना। नाश्ता, दूध, स्कूल का टिफ़िन तैयार करना। फिर तैयार होकर धड़–धड़ाते हुए नीचे उतरकर बस स्टॉप की तरफ़ भागना। रेडियो सीलोन में ठीक आठ बजे आता था 'वॉशिंग पाउडर निरमा।' यह मेरा सिग्नल होता था। अगर इसके बाद निकलती तो पक्का था कि बस नहीं मिलेगी। राजेन्द्र नगर से दफ़्तर यानी सेंट्रल सेक्रेटरिएट, फिर वहाँ से हौज ख़ास। चार बजे छुट्टी होती थी। दो बसें बदलकर घर लौटते सात बज जाते थे।

इस रूटीन में पीएच.डी. करना दुःस्वप्न जैसा लगता था। पर कहानियाँ लिख रही थी और छप भी रही थीं। 'धर्मयुग' में 'दूसरे किनारे से' (एक बहुत नामी थियेटर हस्ती के बारे में) और 'फ़ासले' राजेन्द्र के बारे में छपीं। हम क्लास टाइमिंग बदलने की कोशिश कर रहे थे। और काफ़ी कोशिशों के बाद टाइम बदलने में सफल हो गये। अब हमारी छुट्टी डेढ़ बजे ही हो जाया करती थी। पर जल्दी छुट्टी होने पर एक काम और बढ़ गया। वह राशन का ज़माना था। मिट्टी का तेल, अनाज सब राशन की दुकान से मिलता था। पहले यह काम बेटा करता था। अब छुट्टी के बाद लाइन पर खड़े होना मेरा काम हो गया था।

राजेन्द्र नगर आने के बाद मेरी तनख़्वाह बढ़ाकर 600 रुपये कर दी गयी थी। फिर भी बढ़े हुए ख़र्चों को पूरा करने के लिए लगाम कसकर रखनी पड़ती। निगम साहब ये सब देखकर गये थे। कोई दो–तीन महीने

बाद मेरे नाम मनी ऑर्डर आया 400 रुपये का। निगम साहब ने बच्चों के ख़र्चे के लिए भेजे थे। मैंने बचत करने का निश्चय कर लिया था। एक दिन बेटे ने आकर कहा मेरे दोस्तों को 100 रुपये पॉकेट मनी मिलती है और दो सौ का ट्यूशन लगा रखा है। मैंने कहा, होंगे उसके बाप के पास ब्लैक के पैसे। चलो पॉकेट मनी दे दूँगी 10 रुपये महीना! उन्होंने सोचा चलो यही सही। च्युइंगम टॉफी तो आ ही जायेगी। पर देखा कि जिस दिन मुझे तनख़्वाह मिलती मेरे सिर पर काबुलीवाले की तरह खड़े हो जाते–"लाओ हमारे पैसे।" एक बार मुझे इतना गुस्सा आया कि क्या बताऊँ। मैंने कहा–"बस, नहीं मिलेगी कोई पॉकेट मनी।"

बड़ी कड़की के दिन थे। महीने का अन्त आते–आते सब्ज़ी के नाम पर मूली, कद्दू, चौलाई का साग। याद आता है, जब–जब बाबा जेल चले जाते थे, माँ हम दोनों बहनों से सड़क के किनारे लगे जंगली चौलाई तोड़कर लाने को कहती। प्याज के साथ बनी वही चौलाई अमृत के समान लगती। पर इतनी कड़की में भी बच्चों के लिए दूध, अंडा, मक्खन लेती ही थी।

जीवन–युद्ध के सबसे चुनौती भरे मार्मिक वे दिन, जब बड़ी शिद्दत से यह महसूस किया कि इस रास्ते पर मुझे अकेले ही चलना है।

सन् 72 की गर्मियाँ। 11 जून को मेरी शादी का दिन है। छुट्टियों में देहरादून गयी हुई थी। सुबह खाना वग़ैरह बनाकर बहनों से मिलने चली गयी। निगम साहब सुबह से टैंस थे। उनकी अपनी वजह होगी। मुँह तो हमेशा बन्द ही रहता था। मेरे आते ही उन्होंने खाना बनाने वाली से कहा –"रमेश की माँ! मेरे लिए तुम खाना बनाकर लाओ।" खाना मैं बनाकर ही गयी थी, विशेष रूप से मैरिज ऐनीवर्सरी के लिए। मैं कुछ पल स्तब्ध खड़ी रही। फिर कमरे में गयी, एक छोटा सूटकेस उठाया और उसमें दो–तीन साड़ी– ब्लाउज़ रखे, पर्स उठाया और घर से बाहर निकल गयी–कभी न लौटने के लिए। मन में यही घुमड़ रहा था–मेरे हाथ का बना खाना खाने में जिसे इतनी वितृष्णा होती है, उसका मुझसे सम्बन्ध कैसा? मैं सीधे दीदी के घर गयी और वहाँ जाकर मेरी रुलाई फूट पड़ी। ख़त्म ही न हो। दीदी घबराकर पूछती रही–"क्या हुआ?" "बस घर छोड़कर आयी हूँ। अब वहाँ कभी नहीं जाना।" और सच ही, फिर मैंने तेरह नम्बर मोहिनी रोड के उस 'घर' में कभी क़दम नहीं रखा। एक बार मुड़कर देखा ज़रूर था कि बच्चे क्या कर रहे हैं। देखा बालकनी में दोनों खड़े है। चेहरों पर जो भाव था, उसे याद कर आज भी दिल डूबने लगता है। छुट्टियाँ ख़त्म होते

ही उन्हें तो मेरे पास आना ही था, पर माँ–बाप के सम्बन्ध टूटने का दर्द उन्हें झेलना था सारी ज़िन्दगी।

दिल्ली लौट आयी। फिर शुरू हुई तना–तनी। कुछ दिनों बाद निगम साहब की एक चिट्ठी मिली जिसमें उन्होंने लिखा था कि यह सब कैसे हो गया। वे बहुत शॉक्ड हैं। उनका तो केवल एक मोमेंटरी उबाल था... वग़ैरह। पर मेरे मन ने यह पक्का कर लिया था कि अब वह सम्बन्ध ख़त्म। हम बच्चों के माँ–बाप तो रहेंगे ज़िन्दगी भर पर इससे आगे कुछ नहीं। मेरे बाबा बहुत दुखी थे। उन्होंने मुझे लिखकर आगाह किया कि निगम साहब बच्चों की कस्टडी ले लेंगे। कारण राजेन्द्र। वकील होने के नाते उन्हें यह मालूम था। मैं चुप रही कि देखें क्या होता है। राजेन्द्र ने अपनी राखी–बहन सुप्रीम कोर्ट की वकील कपिला हिंगोरानी से पूछताछ की। उन्होंने भी कहा कि क़ानूनन निगम साहब ही बच्चों की कस्टडी के हक़दार हैं। फिर कुछ दिन बाद निगम साहब की तरफ़ से सुझाव आया कि बेटी को मैं रख लूँ और बेटे को वे। इस पर मैंने सख़्ती से कहा, ऐसा कभी नहीं होने दूँगी, जहाँ रहेंगे दोनों साथ रहेंगे। भाई–बहन को अलग नहीं करूँगी। उन बेहद तनावपूर्ण दिनों की बात सोचकर भी लगता है कि कैसे झेला होगा मैंने ये सब? पर इसकी दवा तो थी मेरे पास! दृढ़ निश्चय, अतिव्यस्तता और आँसू।

देहरादून में सब लोग मेरे इस निश्चय से ख़फ़ा थे, बेहद क्रिटिकल थे, सिवाय माँ के। पर जब दोनों की ही फर्स्ट डिविज़न आयी तो सबके मुँह बन्द हो गये और मेरे आत्मविश्वास को भी बहुत बढ़ावा मिला।

अब बेटे को यूनिवर्सिटी में दाख़िला लेना था। उससे पूछा गया कि कौन–सा विषय लोगे? उसने कहा, अभी सोचा नहीं, पर अंग्रेज़ी नहीं। निगम साहब हर्ट हुए पर डॉ. पाल के घर जान–पहचान के यूनिवर्सिटी लेक्चरर्स की मीटिंग बैठायी कि कौन–सा विषय 'यूजफुल' रहेगा। हद ही हो गयी। मैंने कहा–पहले उससे तो पूछो। पर नहीं। मीटिंग में तय हुआ कि इकोनॉमिक्स बहुत अच्छा विषय है। नौकरी तो पक्की–बहुत स्कोप है उसका। बेटे को बिल्कुल पसन्द नहीं था यह विषय पर इस स्टेज पुर कुछ तय नहीं कर पा रहा था। मुझे सालों पहले की बात याद आ रही थी। इसी तरह मुझ पर अंग्रेज़ी लादी गयी थी। ख़ैर, उसका किरोड़ीमल में दाख़िला हो गया। पढ़ाई में कोई ख़ास दिलचस्पी नहीं थी उसकी। हमारे घर की पुश्तैनी बीमारी राजनीति में उलझता जा रहा था। वह सेकण्ड

ईयर में फेल हो गया। सारा दोष मेरे मत्थे। टाइम कहाँ है माँ के पास? बड़ी बहसबाज़ी के बाद तय हुआ कि देहरादून के डी.ए.वी. में पढ़ेगा। और बेटा देहरादून चला गया।

मेरा हौसला, विश्वास सब जैसे टूट गया अन्दर से धधकती रहती और बाहर से रोती। पढ़ाकर बस से लौटती तो ख़ाकी पैंट, सफ़ेद शर्ट वाले सरकारी स्कूल के लड़कों को बस पर चढ़ते देख रोना आ जाता। पर मैंने मन पक्का कर लिया था कि अब मैं दख़लअन्दाज़ी नहीं करूँगी। विशेष रूप से इसलिए कि मुझे पता लग रहा था कि माँ–बाप के इस द्वन्द्व युद्ध का बेटे के मन पर क्या असर पड़ रहा है। बेटी भी अकेली और चुप हो गयी थी।

उसके चले जाने के बाद मैंने उसे एक भी चिट्ठी नहीं लिखी। एक लिखी थी, पर मुझे लगा काफ़ी सख़्त है सो भेजी ही नहीं। वह चिट्ठी आज भी मेरे पास रखी है।

सच माँ–बाप के तनाव, झगड़े, अलगाव में बच्चे दुख पाते हैं। पर साथ रहने के तनाव और झगड़े भी तो उन्हें सालते ही हैं। इनसे तो जूझना ही पड़ता है।

बेटा देहरादून चला तो गया पर एक दिन के लिए भी कॉलेज नहीं गया। मेरी बहन वहाँ से लिखती–"तू उसे चिट्ठी क्यों नहीं लिखती? वह रोज़ मुझे कहता है, मासी, देखो माँ मुझे चिट्ठी नहीं लिखती।"

तीन महीने ऐसे ही चले गये। फिर एक दिन वह लौट आया। शक्ल देखकर धक रह गयी, जैसे महीनों से बीमार हो। हाँ, बीमार था वह। अकसर बुखार आता था। और पढ़ाई? मेरठ यूनिवर्सिटी कॉरेसपॉण्डेस कोर्स से बी.ए.। अब यहीं रहेगा।

फिर युद्ध के लिए कमर कसनी पड़ी। मैं ऑफ़िस चली जाती थी। वह सारा दिन ख़ाली। पुराने दोस्त आने–जाने लगे। घर लौटूँ तो ऐशट्रे सिगरेट के टोटों से भरा। मार्क्सवाद, साम्यवाद माओ, चे, लाल सलाम वग़ैरह किताबें इधर–उधर बिखरीं। अपनी पढ़ाई जीरो। पूछो तो जवाब मिलता 'कर लूँगा'।

एक दिन मकान मालिक का लड़का बबली, जो इसका दोस्त था, मुझे बुलाकर अलग ले गया और कहा–आंटी बॉबी बहुत बीमार है। उसे कैंसर हो गया। क्या कह रहा है यह? बड़ी जिरह के बाद पता चला कि जाँघों के अन्दर वहीं कुछ है। बुखार और दर्द रहता है। फिर शुरू हुए

डॉक्टरों के चक्कर। होली फैमिली के मशहूर सर्जन डॉ. गुप्ता का इलाज चला तीन महीने, दवा, फिर ऑपरेशन। टी.बी. का इन्फेक्शन है। सिर पर पहाड़ टूट पड़ा। पर इलाज शुरू हुआ। खींचतान कर पैसों का इन्तजाम भी हो गया। नहीं, न किसी ने दिये, न किसी से माँगे–सब अपने बूते पर। पिता, भाई, पति किसी की तरफ़ से कोई सहायता नहीं आयी। हाँ, बॉस ने प्रॉविडेंट फंड से उधार दे दिये और फिर जैसे मुसीबतें कोई कम थीं–एक दिन बम धमाके की तरह इमरजेंसी लग गयी।

इमरजेंसी

देहरादून से आये अपने भांजे–भांजियों को कनौट प्लेस ले जा रही थी। विलिंगडन हॉस्पिटल के पास पहुँचे ही थे कि देखा जाने कहाँ से ट्रक–लॉरियाँ भर–भरकर आदमी चले जा रहे हैं। रास्ता जाम। नारे लग रहे हैं–"इन्दिरा गाँधी हार गयी, हार गयी।" बड़ी मुश्किल से एक स्कूटर मिला, जिस पर ठूँसकर उल्टे पाँव घर वापस आये। रेडियो लगाया तो पता चला कि राजनारायण और इन्दिरा गाँधी के मुक़दमें में इन्दिरा गाँधी हार गयी और इन ट्रकों में राजनारायण के लोग हैं। सारे शहर में तनाव फैला था। अफ़वाहों का बाज़ार गर्म। जे.पी. के सम्पूर्ण क्रान्ति वाले छात्रों में उत्तेजना। प्रेस क्लब और कॉफी हाउस में यही सब बातें और इन्दिरा गाँधी की कटु आलोचना। अब तक मैं इन्दिरा गाँधी की फैन थी। पर यह भी देख रही थी कि बढ़ते भ्रष्टाचार और भाई–भतीजावाद से माहौल बिल्कुल ही बिगड़ गया था। ज़बान बन्द करनी ही पड़ती थी।

25 जून की रात को जे.पी., मोरारजी देसाई समेत और भी कई नेता गिरफ़्तार हो गये। जो भी कांग्रेस (आई) के ख़िलाफ़, उसकी शामत। जाने कितने तो अंडरग्राउंड चले गये। कौन किस जेल में बन्द है, किसी को पता न था। अख़बारों में सेंसरशिप लग गयी। इण्डियन एक्सप्रेस में सेंसर किये हुए हिस्सों को काले रंग में पोत दिया जाता था। रामनाथ गोयनका अपना विद्रोह इस रूप से प्रकट करते थे। बाक़ी सब अख़बार सेंसर ख़बरें ही छापते थे। सब दुकानों के बोर्ड एक ही रंग के होने चाहिए और सब चीज़ों पर प्राइस टैग लगा होना ज़रूरी हो गया। चारों ओर डर और सन्त्रास के साथ–साथ हर समय चौकस रहना कि कहीं कुछ हो न जाये। हमारी बरसाती बिल्कुल राजेन्द्र नगर पुलिस स्टेशन से सटी हुई थी। सो और भी डरे रहते। सबसे पहले तो मैंने बेटे की सब राजनीतिक किताबें, पैम्फलेट–माओ वग़ैरह और भी न जाने क्या–क्या समेटकर बाँध

ली। घर में नहीं रखनी यह किताबें। ख़ूब कहा–सुनी हुई। मैंने कहा–"मैं ऑफ़िस में रहती हूँ उस समय पुलिस आ जाये, तलाशी ले तो? कहाँ छिपाऊँ?" अचानक दिमाग़ में आया कि राजेन्द्र का राजनीति से कुछ लेना–देना नहीं। बिल्कुल ही अराजनीतिक आदमी है। सो उसकी गाड़ी की डिक्की में वह गट्ठर रख दिया। पड़ा रहा उसी में पूरे इमरजेंसी के दौरान। 77 के चुनावों के बाद निकाली वे किताबें।

एक आम आदमी की रोज़मर्रा की ज़िन्दगी पर इमरजेंसी का जो प्रभाव पड़ा, वैसा ही हमारी ज़िन्दगी पर भी पड़ा। पर व्यक्तिगत रूप से बहुत ही तनावपूर्ण रहा यह समय। कारण उन दिनों विश्वविद्यालय के छात्रों का 'ऐंटी इमरजेंसी' कार्यकलाप जिसमें मेरा बेटा भी सक्रिय था। छात्र अनसेंसर्ड ख़बरों को इकट्ठा कर साइक्लो–स्टाइल करते और रात के अँधेरे में घरों के दरवाज़ों के नीचे से खिसका देते। क़रीब हर मोहल्ले में ऐसा चल रहा था। अब यह काम होता कैसे था? यूनिवर्सिटी की लाइब्रेरी की किताबों के रैक्स में इन ख़बरों के काग़ज़ छुपाये जाते थे। छात्र किताबें लेने के बहाने उन्हें इकट्ठा करते, फिर साइक्लो–स्टाइल प्रतियाँ बनाकर बाँटते। चण्डीगढ़ के पी.जी. हॉस्पिटल में रह रहे जयप्रकाश जी की किडनी प्रॉबल्म के बारे में हमें ऐसे ही मालूम चला था। लड़कों के ग्रुप के साथ मेरा बेटा भी इसी काम में लगा हुआ था। एक रात वह घर नहीं लौटा। वह महीने भर से बीमार चल रहा था, लँगड़ाकर चलता था। तनाव और चिन्ता से मेरा तो बुरा हाल, नींद ग़ायब। काफ़ी रात को उसका फ़ोन आया कि किसी दोस्त के यहाँ हूँ। कल सुबह आऊँगा। सुबह–सुबह आ गया। क्या हुआ था। तो उसने बताया कि एक कांग्रेस (आई) के दादा ने मेरा झोला छीन लिया। उसमें ख़बरों के काग़ज़ थे। मुझे एक झाँपड़ मारा और बहुत बुरा–भला कहा। बड़ी मुश्किल से छोड़ा। मेरे तो होश ही उड़ गये। मना करूँगी तो मानेगा नहीं। राजेन्द्र से बात की। उस लड़के का नाम मालूम था और वह भी किरोड़ीमल में ही पढ़ता था। सोच–सोचकर फ्रैंक ठाकुरदास को कॉण्टैक्ट करने की सोची। क्योंकि राजेन्द्र से उनकी थियेटर के नाते काफ़ी जान–पहचान थी। यह भी सुना था कि वे उस कांग्रेसी दादा को जानते हैं। फिर मैं राजेन्द्र के दुपहिए पर बैठकर उनके यूनिवर्सिटी के क्वार्टर में गयी। उन्हें सारी बात बतायी, बहुत नर्वस थी। थोड़ी देर चुप रहे, फिर बोले–"तुम्हारे बेटे को प्रॉमिस करना पड़ेगा कि अब वह राजनीति से दूर रहेगा। इन सब कामों में हिस्सा नहीं लेगा।"

मैंने मन–ही–मन सोचा यह तो मुश्किल है। पर उसका ऑपरेशन होना है। उसी में एक महीना लग जायेगा और फिर लम्बा इलाज। और मैंने उनसे वादा किया कि मैं उसे राजनीति से दूर ही रखूँगी।

लौटकर बेटे को सब बातें बतायी और कहा इमरजेंसी हमेशा थोड़े ही रहेगी, पहले अपनी सेहत सुधारो, फिर देखी जायेगी। बीमारी ठीक होने में छह महीने लग गये। पर ठीक होने के बाद भी दूसरी मुसीबतों ने सिर उठाना शुरू कर दिया। बेटा कुछ दिनों से बेहद नर्वस–सा लग रहा था। एक दिन घबराकर रोने लगा। पूछताछ करने पर पता लगा, कुछ लक्षण ऐसे दिखायी दे रहे हैं जो बड़े डिस्टर्बिंग हैं। फिर डॉक्टर के पास दौड़ना। इस बार एम्स में। वहाँ डॉक्टर ने कहा कि हफ़्ते भर का पेशाब इकट्ठा करके लाओ। एक पाँच किलो के डालडे के टीन में हफ़्ते भर का पेशाब इकट्ठा किया। वह टीन बस में लेकर मेडिकल पहुँची। जमा किया। हफ़्ते भर बाद आने के लिए कहा। गयी हफ़्ते भर बाद तो कहा–वह तो डुल गया, फिर से ले आइए। दोबारा वही किया। हफ़्ते भर बाद रिज़ल्ट लेने पहुँची। इतनी लम्बी लाइन कि सुबह के खड़े–खड़े दो बजे बारी आयी। डॉक्टर ने कहा, ऑपरेशन का ऑफ़्टर एफेक्ट है यह, साल भर दवा खानी पड़ेगी। ये सब मैंने अकेले ही किया। लक्ष्मण रेखा लाँघी थी न।

और मेरी पीएच.डी.? वह तो जैसे एक भूली हुई दास्तान थी। फाइल पड़ी है तो पड़ी है अलमारी में। कभी–कभार खोलकर देख लिया, पर कुछ पढ़ने–लिखने का न तो समय ही मिलता था और न मूड ही होता था। डिपार्टमेंट से कई रिमाइंडर आ चुके थे। और एक दिन–

इतवार का दिन था। बच्चे घर पर ही थे। रेडियो सीलोन फुल वॉल्यूम पर चल रहा था। कमरे की बड़ी–सी खिड़की से सटे हुए दीवान पर बैठकर मैं अपनी पीएच.डी. फाइल उलट–पुलट रही थी। दिन डूब रहा था। नहीं होगा मुझसे। अन्विता कहती थी–"सांत्वना दी, दस–दस साल लग जाते हैं कइयों को तो। आप हिम्मत क्यों हारती हैं?" पर मेरा मन उखड़ चुका था। जो सोचा था, वह तो नहीं हुआ। बच्चों की ज़िम्मेदारी तो सिर पर आ ही पड़ी। तभी मैंने देखा, एक जंगली मैना खिड़की के बाहर वाली दीवार पर उड़कर आ बैठी, पता नहीं कोई कीड़ा या दाना चोंच में दबाया और फुर्र से उड़कर सामने वाले गुलमोहर के पेड़ पर जा बैठी। चौं–चौं की आवाज़ आयी। शायद उसी पेड़ पर उसका घोंसला था, जिसमें उसके बच्चे थे। मैना ने बच्चों को दाना खिलाया फिर उड़कर

मुँड़ेर पर आ बैठी। मुझे लगा मेरी हालत भी तो इसी मैना की ही तरह है। उड़ने के लिए सिर्फ़ पंख ही नहीं आसमान भी चाहिए। पंखों का क्या करना। कतर दो। मैंने तभी बैठकर एक कहानी लिखी–'पंख'। फाइल खोलकर पीएच.डी. का थोड़ा–बहुत जो काम किया था, उन कागज़ों को फाड़कर जला दिये। स्वाहा, इंदन्नमम। 'पंख' कहानी सारिका में छपी। किसी नामी पत्रिका में उस समय वह शायद मेरी आख़िरी कहानी थी।

बेटे की तुलना में बेटी ने शायद ही कोई समस्या खड़ी की हो। सिवाय इसके कि वह अपने पिता को बहुत 'मिस' करती थी। हालाँकि उसने जीवन को जीने के लिए माँ का ही साथ चुना पर आज यह लगता है कि उसके आधे मन ने माँ को चुना ज़रूर पर दूसरे आधे मन ने हमेशा माँ को ही दोषी ठहराया, यह सोचकर कि उसकी माँ औरों की माँ की तरह क्यों नहीं है। मैं अकसर बच्चों से कहती थी–"आई एम नॉट योर मदर ऑल द ट्वेंटी फोर आवर्स।" शायद मेरे इस वाक्य ने उसके मुँह पर पट्टी बाँध दी थी। ख़ैर अपने माँ–बाप कौन चुन सकता है?

जीवन–युद्ध के दौरान दो अनुभव ऐसे हुए थे जिनकी कड़वाहट और लाचारी भरी स्वीकृति आज भी नहीं भूल पायी।

दो–तीन साल काम करने के बाद इंस्टीट्यूट में कुछ फेरबदल हुए। उस समय हमारे प्रेसिडेंट कोलम्बिया यूनिवर्सिटी के डॉ. एम्बरी थे। उन्होंने प्रस्ताव रखा कि लैंग्वेज प्रोग्राम का एक सुपरवाइज़र होना चाहिए। दूसरी टीचर विजय गम्भीर थी। वह बहुत चाह रही थी कि उसी को यह पद मिले। पर डायरेक्टर मुझे ही यह पद देना चाहते थे। ओहदे को हथियाना मेरे जींस में नहीं था, सो मैंने थोड़ी आनाकानी की और कहा–"यह पद रोटेशन से भी हो सकता है–एक साल मैं, दूसरे साल विजय। डायरेक्टर का चेहरा तमतमा गया। उन्होंने शायद ऐसी बेवकूफ़ाना बात कभी सुनी न थी। कुछ 'ईगो' भी 'हर्ट' हुआ होगा। उन्होंने अपॉइंटमेंट लेटर के टुकड़े–टुकड़े करके फेंक दिये और विजय को सुपरवाइज़र अपॉइंट कर दिया। मैं तो हक्की–बक्की रह गयी। मुझे समझ ही नहीं आ रहा था कि मैंने क्या बुरा कहा। पर उसके बाद मैंने जो किया, उसके लिए आज भी मेरे मन में ग्लानि और अफ़सोस है। मैंने विजय से कहा–"तू मना कर दे।" उसने कहा–"क्यों? मैं तो नहीं करूँगी मना।" मेरा मन आत्मग्लानि से भर गया। क्यों? क्यों? क्यों कहा मैंने। कैसे मैं इतनी तुच्छ और टुच्ची हो गयी। उस रात मैं सो ही नहीं पायी। हर पल लगता रेजिग्नेशन दे

दूँ। बॉस के डिक्टेटर जैसे रुख़ पर बेहद ग़ुस्सा आ रहा था। दोबारा पूछा या कहा ही नहीं। उनका ग़ुस्सा यह कि मेरा कहा टाला कैसे? नौकरी छोड़ दूँ? फिर इन बच्चों का क्या होगा? कौन देगा मुझे नौकरी? घर कैसे चलेगा? अपमान का घूँट पीकर बने रहना ही मेरी किस्मत में है। रात भर ग्लानि और दुख को आँसुओं से धोती रही और सुबह पढ़ाने चली गयी।

दो–तीन साल ही गुज़रे होंगे। मेरी टीचिंग रिपोर्ट बहुत अच्छी थी। अमरीकी बॉस मुझे अमरीका ले जाना चाहते थे। प्रस्ताव था कि मैं पेनसिलवेनिया यूनिवर्सिटी में पढ़ाऊँ और साथ–साथ पीएच.डी करूँ। बच्चों की पढ़ाई फ्री। क़रीब हफ़्ते भर तक मीटिंग्स चलती रहीं। कभी ऑबेरॉय तो कभी अकबर होटल में। पीएच.डी. फिर एक बार मेरे दरवाज़े पर दस्तक दे रही थी। सोचा पीएच.डी. करके ही लौट आऊँगी। तीन–चार साल की ही तो बात है। मैंने बच्चों से बातें की। वे चुप हो गये। उसके बाद आपस में ही खुसर–पुसर करते रहे। एक दिन दफ़्तर से लौटी तो देखा दोनों एक साथ चौखट पर खड़े हैं। "माँ तुमसे बात करनी है।" बेटा बोला। मैंने पूछा–"क्या बात है।" थोड़ी हिचकिचाहट के बाद कहा–''गन्दा, ग़रीब जैसा भी देश है, हमें यहीं रहना है। हमें यहाँ से 'अपरूट' मत करो माँ।'' उनके चेहरे पर जो बेचारगी झलक रही थी, उसे देखकर मैंने एक पल में ही डिसीज़न ले लिया। नहीं जाना है मुझे अमरीका। पीएच.डी. मेरे भाग्य में ही नहीं है। सच ही तो, इनकी जड़ें क्यों उखाड़ूँ। पीएच.डी. न कर पाने का अफ़सोस शायद आज भी है पर अमरीका न जाने का कोई अफ़सोस नहीं।

बड़े बेआबरू होकर

राजेन्द्र नगर में रहते हुए पाँच साल हो चले थे। उन दिनों डी.डी.ए. की हायर परचेज़ स्कीम चली थी। दफ़्तर में सभी अप्लाई कर रहे थे। बॉस ने कहा–"आप भी कर दीजिए। पैसे? प्रॉविडेंट फंड से उधार ले लीजिए।" वही किया। पैसे जमा करने के बाद दो–तीन महीने बीत गये, फिर पता लगा कि आई.टी.ओ बिल्डिंग में रजिस्ट्रेशन कार्ड मिल रहे हैं। ऑफ़िस की गाड़ी में वहाँ गयी। पर वहाँ मेरे लिए ऐसी ज़िल्लत इन्तज़ार कर रही थी, मालूम न था। बारह वर्ष के सुरक्षा चक्र के बाहर अकेले अपनी अस्मिता स्थापित करने की जुर्रत में कितना लहूलुहान होना पड़ता है, यह सिर्फ़ कहने–सुनने की ही बात नहीं, अनुभव करने की बात है।

लाइन में खड़ी थी। मेरे आगे और पीछे सब पुरुष, एम.आई.जी फ़्लैट के रजिस्ट्रेशन कार्ड के लिए। लम्बी लाइन थी। एक की बारी आती तो भगदड़ मचती, फिर लाइन टूटती। कुछ देर मैं देखती रही, फिर मेरे मन की टीचर जाग उठी। मैं लाइन तोड़ने वालों को मना करती–लाइन मत तोड़िए, क्या कर रहे हैं वग़ैरह। कोई कहता–आपको क्या? आप चुप से खड़ी रहिए अपनी जगह। ज़्यादा मास्टरनी बनने की ज़रूरत नहीं। इतने उजड्ड क़िस्म के लोग कि पूछो नहीं। मेरी बारी आयी। खिड़की पर बैठा क्लर्क मेरा सर्टिफिकेट हाथ में लिये हक्का–बक्का मेरा मुँह ताक रहा था, कहा– "आप? यह आपका है?" मैंने कहा–"हाँ।" "तो आपने श्रीमती क्यों नहीं लिखा? पति का नाम क्यों नहीं लिखा?" उसने मुझे आदमी समझ लिया था। मैंने कहा–"क्यों लिखूँ? अलग रहती हूँ।" मुझे अजीब नज़रों से देखकर उसने मेरा सर्टिफिकेट पीछे फेंक दिया। "अभी नहीं मिलेगा।" "क्यों नहीं मिलेगा?" "आप किसी मर्द से पूछते हैं यह सब बातें?" वह तो जैसे बहरा हो गया था। पीछे लाइन में खड़े मर्दों में उल्लास की लहर दौड़ गयी थी। "हिप–हिप हुर्रे। बड़ी आयी थी लाइन लगवाने, मास्टरनी बनी थी।" "बड़े बेआबरू होकर तेरे कूचे से हम निकले!"

मेरा चेहरा तमतमा रहा था, आँसू निकलने को थे। बड़ी मुश्किल से रोका और भीड़ धकेलती हुई बाहर आयी। वहाँ से सीधे प्रेस क्लब। राजेन्द्र वहाँ वेट कर रहा था। अपमान और गुस्से से दिमाग़ फट रहा था, आँसू निकलने लगे। थोड़ी देर बुरी तरह रोने के बाद आँसू पोंछे और कहा–"मैं लड़ूँगी।"

दूसरे दिन ऑफ़िस जाकर बॉस से सब गाथा कह सुनायी। उस समय वहाँ उनके बहुत क़रीबी दोस्त मि. मल्होत्रा बैठे हुए थे। उन्होंने पूछा–"आपका बैंक अकांउट आपके अपने नाम है? गैस कनेक्शन? राशन कार्ड?" मेरे पास ये सभी थे। मेरे अलग रहने के प्रूफ़। डी.डी.ए. के चेयरमैन जगमोहन जी मिस्टर मलहोत्रा के सगे भाई थे। तय हुआ कि सब काग़ज़ात लेकर मैं जगमोहन जी से मिलूँगी।

अमरीकन इंस्टीट्यूट के दफ़्तर में जगमोहन जी बैठे हैं, साथ में हमारे बॉस और मलहोत्रा जी। मैं धारा प्रवाह बोले जा रही हूँ–"क्या इस देश में एक अकेली स्त्री को मकान ख़रीदने का हक़ नहीं है? अकेले कोर्ट–कचहरी करने के पैसे व समय जिन औरतों के पास नहीं, वे मकान नहीं ख़रीद सकतीं? आदमियों पर भी ऐसा नियम लागू क्यों नहीं होता?" वग़ैरह। जगमोहन जी चुपचाप सब कुछ सुनते रहे। पैंतालीस मिनट चलती

रही यह मीटिंग। अपना राशन कार्ड, बैंक पासबुक, किराया, बिजली, पानी की रसीद दिखायी और मीटिंग बर्ख़ास्त हो गयी।

उसके बाद मैं समर कोर्स पढ़ाने अमरीका चली गयी। वहाँ से लौटी तो बच्चों ने कहा–डी.डी.ए. से कोई चिट्ठी आयी है। क्या होगा? रिजेक्शन लेटर और क्या? बड़े बेमन से लिफ़ाफ़ा खोला तो देखा रजिस्ट्रेशन कार्ड था!

जिस दिन रजिस्ट्रेशन कार्ड लेने की लाइन से 'बेआबरू' होकर प्रेस क्लब गयी और वहाँ बहुत रोयी, उस दिन राजेन्द्र ने कहा–"मैं बनाऊँगा फ़्लैट तेरे लिए।" मेरे अपमानित अहं पर इससे कोई मरहम न लगा। पर अमरीका जाने से पहले एक दिन प्रेस क्लब गये। वहाँ बड़ी हलचल भीड़–भाड़। सब नक़्शा लिये घूम रहे हैं। सभी जान–पहचान के। क्या है भाई? प्रेस क्लब वालों को ग्रुप सोसाइटी के लिए जगह मिली है। सब फ़्लैट बुक करा रहे हैं। अभी तीन–चार ख़ाली हैं। राजेन्द्र ने फटाफट फार्म भरा, अपने भाई से रुपये उधार लेकर फ़्लैट बुक करा दिया। सी 5 प्रेस एनक्लेव।

अमरीकन इंस्टीट्यूट पी.एल. 480 की ग्रांट से चलता था। ग्रांट आयी तो भाषा प्रोग्राम होंगे। नहीं तो नहीं। तनख़्वाह नौ महीने ही मिलती थी। बचत करके बारह महीने चलाना पड़ता था। सन् 72 में ग्रांट नहीं आयी। प्रोग्राम बन्द। क्या करें दफ़्तर से प्रॉविडेंट फंड के पैसे भी दे दिये गये। ढाई हज़ार। जल्दी से जाकर एक गोदरेज का फ्रिज ख़रीद लायी जो आज भी है। मैंने अमरीकियों से 'सेव' करने की आदत सीख ली थी। वहाँ अंग्रेज़ी तरीक़ा नहीं चलता, जैसे टेम्परेरी, परमानेंट, प्रोबेशन वग़ैरह। वहाँ का सिस्टम तो है 'हायर एंड फायर'। सो वहाँ के लोगों के लिए बचत करना लाज़मी है। मैंने भी सीख लिया था। पर इसी बीच हमारे दफ़्तर वालों ने केन्द्रीय हिन्दी संस्थान से बातचीत करके हम दो टीचरों को वहाँ टेम्परेरी नौकरी दे दी थी। क्लास हौज ख़ास के एक मकान में शाम को होती थी। इन्हीं दिनों सोनिया गाँधी वहाँ हिन्दी पढ़ने आती थीं। राजीव गाँधी गाड़ी में उन्हें लाते और डेढ़ घण्टे गाड़ी में ही इन्तज़ार करते। हम दोनों बातचीत की क्लास लेते थे और सोनिया बहुत 'मोटिवेटेड' छात्रा थीं। सीखने को व्यग्र। तीन महीने बाद फिर ग्रांट चालू हुई और हमारा प्रोग्राम भी चालू हो गया।

जब समर कोर्स पढ़ाने के लिए अमरीका जा रही थी तो राजेन्द्र ने भी साथ जाने का प्लान बनाया। अकेले पहली बार विदेश–यात्रा

के कारण बेहद डरी हुई थी। साथ राजेन्द्र जायेगा, इससे थोड़ी राहत तो महसूस हुई पर बच्चे? उनका क्या होगा। बेटी ने ग्यारहवीं का इम्तिहान दिया था। उसका कॉलेज के ऐडमिशन का क्या होगा? मैंने राजेन्द्र से मिनमिनाकर कहा–"तुम रह ही जाओ", पर उसके प्लान बन चुके थे। हारकर मैंने निगम साहब को गर्मी की छुट्टियों में बच्चों के साथ दिल्ली आकर रहने के लिए लिखा। जवाब आया–"आइ ऐम नॉट अ बेबी सिटर" हालाँकि गर्मी की छुट्टियाँ बच्चे देहरादून में ही बिताते थे। ख़ैर, बच्चों ने कहा, तुम जाओ माँ! हम मैनेज कर लेंगे। अब प्रश्न था राजेन्द्र के टिकट का। उन दिनों दस हज़ार रुपये का टिकट था। मैं तो पैसे जोड़ती ही थी, सो मैंने उसके टिकट के पैसे दे दिये। वहाँ से लौटने के बाद निगम साहब जो 400 रुपये महीना भेजते थे, बन्द हो गये। पहले तो समझ में ही नहीं आया क्यों? क्या रिटायर हो गये? नहीं। तो? बड़ा सिर खपाया। अचानक दिमाग़ में बिजली कौंधी। ओफ़्फ़ो, तो यह बात है। सोचते होंगे कि इतने पैसे कहाँ से आये कि मैं अमरीका जाने के लिए टिकट के पैसे दूँ राजेन्द्र को। इसलिए पैसे बन्द। सच ही तो, जो पैसे बच्चों के लिए भेजे जाते थे, उनके सहारे ही मैंने इतने पैसे जोड़ लिये न। जलती–भुनती मैंने क़सम खायी कि जब भी पैसे होंगे लौटाऊँगी। हिसाब लगाया तीस हज़ार रुपये। बच्चों से कहा–अब ज़रा सँभलकर चलना पड़ेगा। 'अनाथ आश्रम का चन्दा' बन्द हो गया। कड़वी ज़बान तो है ही। मन की कड़वाहट ने शब्दों में और कड़वाहट घोल दी। कोई छह साल बाद मेरा एक एफ.डी. मैच्योर हुआ तो मैंने दोनों बच्चों के नाम पन्द्रह–पन्द्रह हज़ार के अकाउंट खोल दिये और यह बात उनके पिताजी के कानों तक पहुँचा दी।

कैसा है यह लेन–देन का रिश्ता, आदमी–औरत का जो उन्हें छोटेपन की खाई में गिरने को मजबूर करता है?

सत्तर का दशक बड़ी उदासी के साथ ख़त्म हुआ। बाबा चले गये–पराये शहर में रहते हुए अपने शहर की मिट्टी को तरसते हुए। और हम आ गये राजेन्द्र नगर की उस प्रिय बरसाती को छोड़कर प्रेस एनक्लेव में रहने के लिए।

अस्सी का दशक

सैंतालीसवाँ साल लगा था। मध्यवयस अपना तामझाम लिये सिर पर सवार होने को चौखट पर खड़ा था। पर मन और शरीर ने कहा–रुक जा और थोड़ी देर खड़ा रह वहीं। पर घटनाएँ तो घटती ही रहीं। वे क्यों इन्तज़ार करतीं।

घटनाओं, दुर्घटनाओं से भरा अस्सी का दशक। दो साल तो नये घर के नये रिहायशी तौर–तरीक़ों से ऐडजस्ट करने में गुज़र गये। हाउसिंग सोसाइटी के प्लस–माइनस प्वाइंट्स में अपने आपको ढाला। बस कनॉट प्लेस से दूरी खलती थी। पर धीरे–धीरे दूरियों से नाता ही टूट जाता है और सुलभ आसपास परिचित हो जाता है। बेटे ने जे.एन.यू से राजनीति शास्त्र में एम.ए. किया। एम.फिल. एक साल करने के बाद सी.पी.एम. का होलटाइमर हो गया। बेटी अंग्रेज़ी में एम.ए. कर रही थी। मई 84 में बेटे ने अपनी पसन्द की लड़की से शादी करने की इच्छा ज़ाहिर की। दोनों ही नौकरी नहीं करते थे। लोगों को यह बहुत अजीब लगा। मेरी एक सहेली ने पूछा–"खिलायेगा क्या?" मैंने जवाब दिया। "घास। क्यों? मैं तो करती हूँ नौकरी।"

सबसे बड़ी बात निगम साहब रिटायर हो चुके थे और दिल्ली आ गये थे। सन्तान का मोह माता–पिता को दुनिया के किसी भी छोर पर खींचकर ले जाता है। वे नीति बाग़ में एक कमरा लेकर रह रहे थे। बच्चों से अकसर मिलना होता था।

सामाजिक नियमों के ख़िलाफ़ जाकर ज़िन्दगी गुज़ारने में ख़ुद को जो मुसीबतें उठानी पड़ती हैं उनसे तो लड़ा जा सकता है। पर बच्चों की ज़िन्दगी पर इस वजह से ऐसी कोई स्थिति आ जाये, जिससे लड़ना उनके लिए मुश्किल हो, तब मन बड़ी विषम स्थिति में पड़ जाता है। जब ये स्कूल में थे तो मैंने एक बार दोनों से पूछा था–"तुम्हारे फ्रेंड्स मेरे और राजेन्द्र

के बारे में कुछ नहीं पूछते?" "पूछते हैं।" बेटे ने कहा था। बेटी हमेशा की तरह चुप रही थी। "तुम क्या कहते हो?" "मैंने कहा फादर–मदर में कम्पैटिबिलिटी नहीं है, इसलिए अलग रहते हैं!" मैंने कहा था–"देखो नींबू भी अच्छा, दूध भी अच्छा पर दोनों एक साथ हों तो फट जाता है दूध!"

मुझे लोग डराते थे–"देखना शादी नहीं होगी बच्चों की।" चिल्ड्रेन ऑफ़ ब्रोकन होम वग़ैरह। और होता भी था। परिवार में कोई भी शादी या कोई अवसर हो, जहाँ सब इकट्ठे हों तो अकसर विस्फोट होता और दोनों बच्चे सिकुड़ जाते। एक बार बेटी ने रोते हुए कहा–"तुम आती ही क्यों हो इन फंक्शनों में?"

हाँ, तो कलकत्ते में बेटे की 'कोर्ट मैरिज' हो रही थी। लड़की वाले 'कन्वेंनशनल' कुलीन परिवार के थे। हमारे परिवार से तीन–चार लोग जा रहे थे। बेटे के माँ–बाप, बहन, मौसी और दोस्त। और राजेन्द्र? मैंने कहा–"वह जायेगा।" इस बात को लेकर बखेड़ा उठा–किस परिचय से? प्रश्न किया गया। कुछ साल पहले ही राजेन्द्र ने 'बन्द गली का आख़िरी मकान' टी.वी. के लिए बनाया था। स्थिति बिल्कुल वैसी ही थी। मैं पहले तो अड़ी रही। बाद में बेटे के ऊहापोह को देखकर सोचा कि अपनी लड़ाई, अपने विचार उस पर क्यों लादूँ? फिर मैंने यह तय किया कि राजेन्द्र नहीं जायेगा कलकत्ता। मन बहुत कटु हो गया। लिबरल जीवन–दृष्टि की बातें क्या सब किताबी होती हैं? अपने आपको 'लिबरल बौद्धिक' साबित करने वाले व्यक्ति भी पारम्परिक नियमों के सामने हथियार डाल देते हैं? क्योंकि उन्हें इसी में सुविधा नज़र आती है? वहाँ से लौटकर मैंने बेटी से कहा–"अगर तूने भी अपनी शादी में यही सब किया तो मैं तेरी शादी में शामिल नहीं होऊँगी"।

चौरासी के वे भयावह दंगे। उन चार दिनों में कितना कुछ बदल गया। बाहर से और भीतर से भी। उन चार दिनों में से शायद तीसरा दिन था। प्रेस एनक्लेव के एक तरफ़ सरदारों का मोहल्ला, दूसरी तरफ़ मुस्लिम मोहल्ला हौज़रानी। रात के क़रीब आठ बजे होंगे। कहीं से अचानक नारों की आवाज़ आने लगी–जो बोले सो निहाल सत श्री अकाल। बहुत सारे स्वरों की गर्जना। उसके पाँच मिनट बाद ही मेरी सहेली वीना का फ़ोन आया–सांत्वना दी, दरवाज़े–खिड़कियाँ बन्द कर लीजिए, लाइट बुझा दीजिए। सरदार हमला करने को आ रहे हैं। लगा ऐसे फ़ोन उस समय सभी को आ रहे थे। दहशत भर गयी। कुछ ही देर बाद फ़्लैटों

के नीचे खुली जगह से हिन्दी और अंग्रेज़ी में ज़ोर–ज़ोर से बोलने की आवाज़ आयी। रघुवीर सहाय बोल रहे थे–"सब शान्ति से घर के अन्दर ही रहिए। कोई बाहर नहीं आयेगा। न कोई पुलिस को फ़ोन करेगा। यह सब अफ़वाह है। कोई हमला नहीं हो रहा है।" सुमन्तो बैनर्जी अंग्रेज़ी में बोल रहे थे–"पहले ही बहुत नुक़सान हो चुका है। अब शान्ति रखिए। हम सब ग्रुप बनाकर गुरुद्वारा जा रहे हैं। बात करने।" रघुवीर सहाय और सुमन्तो की अगुवाई में एक दल गुरुद्वारे गया। वहाँ सारे सरदार इकट्ठे थे। सबके चेहरों पर दहशत। उन्होंने कहा–"भाई साहब! किसी ने ख़बर दी कि प्रेस एन्कलेव के लोग हम पर हमला करने के लिए आ रहे हैं तो हम डरकर नारे लगा रहे थे।" फिर शान्ति से बातचीत हुई और सब कुछ पहले जैसा हो गया। पर उसके बाद से ही खुलकर झगड़ने वाले, मज़ाक़ करने वाले दिलखुले सरदार अजीब तरीक़े से नम्र हो गये। धड़ल्ले से बोले जाने वाले सरदारों वाले जोक्स अब दबी ज़बानों में कहे जाने लगे।

सन् 85 में परिवार में बहुत दिल दहलाने वाली मृत्यु हुई। भांजी का पति ऐक्सिडेंट में गुज़र गया। पीछे छोड़ गया दो छोटे–छोटे बेटे और तीस साल की पत्नी।

सन् 86 के मई के महीने में माँ चली गयीं और उसके एक महीने बाद ही बेटी ने अपनी पसन्द के तमिल लड़के से शादी कर ली। लड़का होलटाइमर था। इस बार राजेन्द्र शादी में पूरी तरह से शामिल हुआ। बेटी ने अपने ससुराल वालों और पिता से काफ़ी 'फ़र्मली' यह बात कह दी थी। युग बीत गया।

86 में ही हमारा अमरीकन इंस्टीट्यूट दिल्ली से बनारस चला गया। कहा यह गया कि बनारस में ज़्यादा हिन्दी बोली जाती है। दरअसल बातें कुछ और ही थीं। मालिक लोग दो हिन्दी और एक उर्दू टीचर को 'फायर' करना चाहते थे। पहले तो मैं पूरी ताक़त से लड़ी, फिर इनके हथकंडों के आगे हथियार डाल दिये। मुझे अलग से बुलाया गया। बॉस ने कहा–"आई वांट टू बाई यू।" आप बनारस चलिए। सुपरवाइज़र की पोस्ट में। तनख़्वाह काफ़ी बढ़ा दी जायेगी। क्या क्रूर तरीक़ा है। मैंने कहा–"सॉरी, आई एम नॉट फॉर सेल।" चाल समझ में आ गयी थी। पर सब कुछ छोड़कर क्यों जाऊँ बनारस?

पढ़ाना छूट गया। भयंकर डिप्रेशन के अँधेरे में डूब गयी। बस एक ही रोशनी की लकीर थी। अभियान। नाटकों का अनुवाद करना। प्रॉडक्शन में

अपने को उलझाए रखना पर यह सब तो सिर्फ़ शाम को होता है। सारा दिन कैसे कटे? मेरी भांजी ने कितने ही एन.जी.ओ. के पते दिये जागोरी, संजीवनी वग़ैरह। सब जगह मिलने गयी पर कहीं कुछ नहीं हुआ। फिर एक दिन पूछती–ताछती लाजपत नगर में 'मानुषी' के दफ़्तर पहुँच गयी। वहाँ उस समय रुथ वनिता व मधु किश्वर प्रमुख पद पर थीं। दो तीन कमरों का छोटा–सा फ़्लैट। तीन–चार लड़कियाँ काम कर रही थीं। दो–एक विदेशी महिलाएँ भी वालंटियर के तौर पर काम में लगी थीं। उन दिनों हिन्दी में भी 'मानुषी' निकलती थी। मैंने कहा, काम करना चाहती हूँ कोई भी काम हो। रुथ ने एक टेप रिकॉर्डर, एक कॉपी और पेन टेबल पर रख दिया और कहा–बैठ जाइए। काम शुरू। टेप रिकॉर्डर में मेरठ में हुए हिन्दू–मुस्लिम दंगों पर लोगों का इण्टरव्यू दर्ज था। वह कॉपी पर उतारना था। बस लग गयी काम पर। सुबह साढ़े दस से तीन दिन। वही बस से आना–जाना। कभी काम घर पर भी ले आती। हिन्दी 'मानुषी' का बहुत काम होता था। कभी–कभी उनके स्ट्रीट शो में ग्रुप सॉन्ग में भी हिस्सा लेती। दो साल तक मैंने वहाँ बतौर वालंटियर के काम किया। उन दिनों के लिए मैं आज भी 'मानुषी' की आभारी हूँ।

87 के अन्त में मेरी एक पुरानी छात्रा एमी बार्ड अमरीकन विद्यार्थियों का एक ग्रुप लेकर दिल्ली आयी। वह उस ग्रुप की डायरेक्टर भी। स्कूल फॉर इण्टरनेशनल स्टडीज़ के अंडर ग्रेड स्टूडेंट्स थे सब। हिन्दी पढ़ेंगे। चार हफ़्ते दिल्ली में, फिर उदयपुर में। "आप पढ़ायेंगी?" यह भी कोई पूछने की बात है? मैं तुरन्त राज़ी हो गयी। पर ये पहले जैसे ऐडवांस विद्यार्थी नहीं थे। इन्हें अ, आ, क, ख से पढ़ाना था। एक नया अनुभव हुआ। क्लास चाणक्यपुरी के नेहरू सेंटर में हुआ करती थी। फिर वही बस–यात्रा। दो बसें बदलकर आना–जाना। दिल्ली के बाद उन्हीं के साथ उदयपुर जाना। दो–तीन हफ़्ते वहाँ पढ़ाना, परीक्षा लेना, फिर वापस। साल में दो ग्रुप आते थे।

88 के नवम्बर में मैं नानी बन गयी। दादी एक साल पहले ही बन गयी थी। एक और काम शुरू हुआ। बच्ची को पालना। मेरे लिए तो यह जैसे आशीर्वाद के रूप में आया। क्योंकि ख़ाली बैठना मेरे लिए काल है। सिर्फ़ यही नहीं, इस उम्र की दुखदायी स्थितियाँ औरत को जाने कितनी बीमारियों की लपेट में ले लेती हैं। परिवार में, नौकरी में और बाहरी दुनिया में आप 'रिडनडेंट' से माने जाने लगते हैं। विशेषकर, घर के आदमी के

लिए। 'मेनोपॉजल पर्सनैलिटी'—रोओ, झगड़ो, रूठो, सबके लिए वही एक एक्सप्लेनेशन।

बच्ची की देखभाल करते हुए भी मैंने पढ़ाने का काम जारी रखा। साथ ही एन.बी.टी. के लिए भी एक भारी–भरकम उपन्यास और कुछ नाटक सम्बन्धी किताबों का अनुवाद किया।

अस्सी के अन्त में राजेन्द्र ने दूरदर्शन के लिए छह पंजाबी कहानियों पर टेलीफ़िल्म बनाने का काम शुरू किया। मेरा काम था अनूदित स्क्रिप्टों की हिन्दी सुधारना, वेशभूषा का काम देखना। कभी पात्रों को डायलॉग बोलना सिखाना, और भी छोटे–मोटे काम। बच्ची और उसका ताम–झाम लेकर ही शूटिंग में जाती थी। सुबह दस बजे से शाम को अँधेरा होने तक। मैं इस काम में पूरी तरह इनवॉल्व हो गयी थी। इन टी.वी. नाटकों के लिए एक कम्पनी बनायी गयी थी जिसका नाम मैंने रखा था 'सर्जना'। राजेन्द्र, अशोक भट्टाचार्य और मैं पार्टनर थे।

व्यस्तता, दौड़, भाग, घर–बाहर बूढ़े–बच्चे, काम–अकाम, सबमें उलझी हुई रहती, फिर भी चोर दरवाज़ों से मन में घुसा कोई यह पूछता–"अब तक क्या किया, जीवन क्या जिया?" धार के साथ–साथ बह गये? जो करना था, करना चाहते थे, नहीं किया। जो सामने आया, उसे ही पकड़कर तिरते रहे। समय के साथ–साथ बीतते गये। नाटक करना। लिखना। उसका क्या हुआ?

एकलव्य कथा

हम उन्हें मामोनी कहते थे। वे हमारी नानी की सहेली थीं। और हमारे लिए नानी जैसे उनके घर में एक बड़ा–सा आँगन था। हमारे बचपन का ऐम्फीथियेटर। आँगन में दोनों तरफ़ चारपाइयाँ खड़ी कर पुरानी साड़ियों का परदा बनाया है। नाटक हो रहा है–'ध्रुव'। मँझले भाई ध्रुव का रोल कर रहे हैं और बच्चे राक्षस। ध्रुव तपस्या कर रहा है, राक्षसों का झुण्ड 'हाऊँ माऊँ खाऊँ' कहकर उसे डरा रहे हैं। ध्रुव अडिग है। भगवान जी का आविर्भाव होता है, वे प्रश्न करते हैं–"वत्स तुम्हें क्या चाहिए?'' ध्रुव उत्तर देता है–''ऐसी जगह जो राजा की गोद से ऊँची हो।" और फिर एक बच्चा आकर डायलॉग बोलता है–"और फिर ध्रुव आसमान में एक तारा बन गया।" तालियाँ। अभी भी याद है–पूरे शरीर में सिहरन दौड़ जाती थी।

बचपन में ऐसा ड्रामा शायद सभी बच्चे खेला करते हैं। फिर समय के साथ–साथ ये सब ख़त्म भी हो जाते हैं। पर मेरे साथ थोड़ा अलग–सा ही हुआ। कारण? मेरी माँ। माँ को अपनी इस 'घौर पालानो' (घर से भागने वाली) काली लड़की की बड़ी फ़िक्र थी। किस तरह इसे रास्ते पर लाया जाये। शायद इसीलिए माँ अपनी दो गोरी बेटियों को छोड़ मेरे पीछे लगी। नाटकों में लगी रहेगी तो भागना बन्द हो जाये शायद। बंगाली मोहल्ले में बांग्ला महिला समिति थी। उसकी तरफ़ से समय–समय पर फंक्शन हुआ करते थे। नाटक होने वाला था–लौह स्वर्ण संवाद। पूरा नाटक कविता में या लोहे और सोने का वाद–विवाद होता है कि कौन बेहतर है। सोने के रोल के लिए एक गोरी लड़की चुन ली गयी थी–दीप्ति, पर लोहे के लिए सूटेबल बच्ची नहीं मिल रही थी। माँ मेरी उँगली पकड़े वहाँ पहुँच गयी और कहा–मेरी बेटी करेगी लोहे का 'पार्ट'। बस तय हो गया। सारे डायलॉग रट डाले। वाद–विवाद में जीत लोहे की होती है। अभी भी आख़िरी डायलॉग याद है–"रोत्ती माशा जबे जार होए परिमाण, शेई

व्यक्ति होते चाय आमार शौमान? यानी जिसे रत्ती माशे से तोला जाता है, वह मेरी बराबरी करता है? हल, हथौड़ा, दराती, न हो तो मनुष्य का पेट कैसे भरे? गहनों से?'' वग़ैरह। शायद माँ मेरे मन में आत्मविश्वास जगाना चाहती थी और साथ–साथ डिसिप्लिन भी करना चाहती थी।

कोई बारह–तेरह की रही होऊँगी, उन्हीं दिनों दून स्कूल में रवीन्द्रनाथ ठाकुर की 'नटी की पूजा' नाटक हो रहा था। निर्देशक थे शान्तिनिकेतन के शान्तिदेब घोष। उस समय मुझे क्या पता था कितने नामी और महत्त्वपूर्ण व्यक्ति हैं वे। ब्राह्मो समाज की मिस घोष के घर रिहर्सल होती थी। महिला समिति में सन्देशा आया कि प्रतिहारिणी के छोटे–से रोल के लिए दो साँवली लड़कियाँ चाहिए। हमारे घर के पास ही एक ईसाई लड़की रहती थी, विद्या। माँ मुझे और विद्या को लेकर वहाँ पहुँची। और हम सिलेक्ट कर लिये गये। नटी का रोल हमारी पाठशाला की बी.ए. की छात्रा हिरण्यगर्भा ने किया। कितना अच्छा नाम है न? आज तक किसी और का नहीं सुना। हम कहते थे 'हीरू दी'। हम दोनों प्रतिहारिणियों को स्टेज के दोनों कोनों में खड़ा होना था। और डायलॉग थे–"मन्त्री महोदय पधार रहे हैं ऽऽऽ।'' "जो आज्ञा महाराज"। डायलॉग रट–रटाकर तैयार कर लिये। शो का दिन आया, मेकअप के लिए ग्रीन रूम में गये। हमारे चेहरों पर थोड़ा–सा पाउडर पोता, काजल से आँखें बड़ी–बड़ी की और एक काला चोग़ा पहना दिया। कमर में छह इंच चौड़ी लाल पट्टी–बस। उस उम्र में ड्रामा मतलब सजना, पर सजने के नाम पर बस यही? ऊपर से काला चोग़ा देखकर रोने लगी। भागकर साइक्लोरोमा के पीछे जाकर छुप गयी। मेरे साथ–साथ दूसरी प्रतिहारिणी भी चली आयी। पर्दा उठने को था। पर फ़िक्र किसे थी? मैं रोये जा रही थी और कह रही थी–"आमी कोरबो ना, कोरबो ना ऽऽऽ।" फिर निर्देशक शान्तिदेब घोष बदहवास–से साइक्लोरोमा के पीछे आये। प्यार, मनुहार चलता रहा–"लोक्खी मेये, सोना मेये, तोमाके ख़ूब शुंदोर देखाच्छे। अच्छी बेटी, सोना बिटिया, तुम तो बहुत सुन्दर दीख रही हो।" और भी दो–तीन महिलाएँ आयीं मनाने के लिए। दसेक मिनट बाद मैं मानी। आँखें पोंछकर फिर से चेहरे पर पाउडर पुतवाया और स्टेज पर पहुँची। तब परदा उठा तो यह था मेरे नाटक का पहला अनुभव।

पचास के दशक तक देहरादून सांस्कृतिक केन्द्र हुआ करता था। प्रसिद्ध गायक, वादक, नर्तक यहाँ शो करने आते। रविशंकर, अली अकबर, विलायत ख़ाँ, पलुस्कर, पन्नालाल घोष सभी को देहरादून में ही सुना था।

इन्ही दिनों पृथ्वीराज कपूर अपने तीन नाटक लेकर देहरादून आये थे। सिनेमा हॉल के स्टेज पर शो हुए थे। शेक्सपियरवाला के नाटक भी दून स्कूल में आते थे। पर साठ का दशक आते–आते सब ग़ायब। शहर कला संस्कृति का मरुस्थल हो गया।

जब इण्टर में पढ़ती थी तो स्कूल में हर शानिवार आधी छुट्टी के बाद सांस्कृतिक कार्यक्रम होता था। टीचर इन चार्ज लड़कियों को सिलेक्ट करती थीं। हर बार हाथ उठाती पर सिलेक्ट न होती। थोड़े दिनों में नोटिस किया कि सिर्फ़ सुन्दर और गोरी लड़कियाँ ही सिलेक्ट की जाती हैं। फिर वही। दिल को बड़ा धक्का–सा लगा। फिर मैंने प्रसाद की कविताओं पर एक टैबलो तैयार किया। क्लास की सब सुन्दर लड़कियों को लेकर। कविता आवृत्ति का अन्दाज़ बिल्कुल नया। बस टीचर्स तो हैरान रह गयीं। अरे! यह तो छुपा रुस्तम निकली। फिर तो हर फंक्शन के लिए मैं ही आइटम तैयार करती। कभी डांस–ड्रामा, टैबलो, आवृत्ति। सब हिन्दी कवियों की कृतियों पर आधारित।

स्कूल के बाद डी.ए.वी. कॉलेज में इप्टा का ग्रुप बनाया। कोरस ग्रुप। सारे इप्टा के गाने सीखे। कॉलेज और पार्टी के फंक्शनों में गाते नाटक भी खेलता हमारा ग्रुप। तैयार मैं ही कराती थी। शहर के टाउन हॉल में होता था नाटक 'एटम बम के बाद'। नाटक काफ़ी सराहा गया। शहर में पचास के दशक में हमारे शहर में पुरुष ही स्त्रियों का रोल करते थे। बंगाली मोहल्ले में नाटक होते थे साल में दो–तीन बार। भाई के एक दोस्त–कॉमरेड घोष जिन्हें हम निताई दा कहते थे, स्त्रियों का रोल करते थे। हमारा काम होता उनकी ड्रेस का इन्तज़ाम करना, ब्लाउज़, ब्रा का जुगाड़ करना, उन्हें फिट करना, ब्रा के अन्दर रुई ठूँसना, नक़ली बालों को साबुन से धोकर तेल लगाकर जूड़ा–चोटी बाँधना। मेकअप में भी काफ़ी मदद करते। इन्हीं दिनों यह सोचा गया कि क्यों न लड़कियाँ ही स्त्रियों की भूमिका निभाएँ। पर प्रेम–व्रेम के चक्कर से बचना ही चाहिए। और पति–पत्नी के रोल में भी दिक़्क़त आ सकती है। हाय–तौबा मचेगी। पहली बार कर रहे हैं तो सावधानी बरतनी होगी। सो स्क्रिप्ट लिखी गयी सामाजिक अन्याय पर पारिवारिक नाटक। पात्र–विधवा माँ, भाई–बहन, चाचा–दादा वग़ैरह। हमारे शहर में वह पहला स्त्री–पुरुषों के मिक्स्ड कास्ट वाला नाटक हुआ। मुझे बहन का रोल मिला और भाभी को विधवा माँ का। घर में काफ़ी हाय–तौबा मची कि नयी बहू को विधवा का रोल

क्यों दिया? मोहल्ले में छीः–छीः, थू–थू होगी। हारकर भाई साहब को ही उनके पति की भूमिका निभानी पड़ी। दर्शकों की इतनी भीड़ कि पूछो नहीं।

इसके बाद तो धड़ाधड़ नाटक होने लगे। उन दिनों ताराशंकर बैनर्जी के नाटक ख़ूब चले थे जो उनके उपन्यासों पर आधारित होते थे। मुझे पहले छोटे, बाद में मेन रोल मिलने लगे। ड्रामा ग्रुप के पीर, बावर्ची, भिश्ती, कॉमरेड दत्ता और कॉमरेड घोष थे। उन्हीं के कहने और ज़िद करने पर मैंने नौकरी करते हुए दो छोटे–छोटे बच्चों की ज़िम्मेदारी के साथ नाटक करने की जुर्रत की। छोटी को साइकिल के बास्केट में और बेटे को कैरियर पर बैठाकर तीन मील साइकिल पर रिहर्सल के लिए जाती थी। लौटते में नौ बज जाते थे। तो लड़की तो सामने के बास्केट में सोती रहती और लड़का मुझे छोड़ने आने वाले लड़के के कन्धों पर सोया रहता। पर ड्रामा करना नहीं छोड़ा।

पहले–पहल घर में ख़ास कोई समस्या नहीं हुई, पर बाद में समस्याओं का अम्बार लग गया। एक औरत अगर पत्नी और माँ है तो उसके फ़र्ज़ों की फ़ेहरिस्त लम्बी–लम्बी ही होती जाती और उसके बाद ही वह अपने शौक़ पर ध्यान दे सकती है। क्या–क्या तो नहीं किया मैंने इस शौक़ को चलाये रखने के लिए। सात–आठ साल तक नाटक करती रही। 67 में आख़िरी नाटक किया 'सिक्स कैरेक्टर से इन सर्च ऑफ़ ऐन ऑथर'। अजितेश बैनर्जी के छोटे भाई मोहितेश जो उस समय देहरादून में ही थे, उन्होंने निर्देशन किया था। मैंने 'स्ट्रीट वॉकर' का मेन रोल किया था। हॉल बालकनी तक ठुँसा था, सामने की कुर्सियों में पूरा परिवार। ग्राहकरूपी सौतेले पिता के सामने ब्लाउज़ के बटन खोलना। एक छोटे शहर के 'भद्रलोक' दर्शकों के लिए काफ़ी सनसनीख़ेज़ दृश्य था। इस नाटक के बाद निगम साहब हफ़्ते भर तक मुझसे बोले नहीं। कारण पूछा तो कहा–इतने बड़े कॉलेज हॉल में फ्री का नाटक, सब 'रिफ़रैफ़' ताँगेवाले भी देख रहे थे, और तुम स्ट्रीट वॉकर का रोल कर रही थी। मैं उस कॉलेज में प्रोफ़ेसर हूँ। मेरी एक रेप्यूटेशन है। चुप रहना तो मैंने सीखा ही नहीं। कहा–"क्यों आप तो क्लास में पढ़ाते थे आर्ट फॉर आर्ट्स सेक अलाना–फलाना।" जलती नज़रों से मुझे देखा, फिर चुप लगा गये। फिर लम्बा अबोला चला।

महीनों पतिदेव का ग़ुस्सा और अबोला झेलना पड़ा। पर ड्रामे का भूत तो सवार हो ही गया था सिर पर। सन् 67 में ही दिल्ली में अभियान

नाटक ग्रुप की स्थापना हुई। कुछ कॉलेज के लेक्चरर और अभिनेताओं ने मिलकर यह ग्रुप बनाया था। निर्देशक के रूप में राजेन्द्र नाथ से शुरुआत हुई। ये लोग प्रायः सभी किरोड़ीमल कॉलेज से थे और इनको ग्रुप बनाने का आइडिया और उत्साह देने वाले थे फ्रैंक साहब किरोड़ीमल कालेज के राजनीति शास्त्र के शिक्षक। सबसे पहला नाटक था—'हत्या एक आकार की।' मैं तब देहरादून के गर्ल्स कॉलेज में अंग्रेज़ी पढ़ा रही थी। नाटक देखने का निमन्त्रण मिला, मैंने दो दिन की कैजुअल लीव ली और दिल्ली चली आयी। सब हैरान थे। नाटक देखने के लिए छुट्टी लेकर दिल्ली जाना! हद है!

नाटक बहुत अच्छा था। कई मायनों में लैंडमार्क। उन दिनों ज़्यादातर विदेशी भाषा के अनूदित नाटक ही हुआ करते थे। पर 'हत्या एक आकार की' हिन्दी का मौलिक नाटक था और इतना अनूठा कथ्य। उस समय ग्रुप में चार—पाँच ही अभिनेता थे। पर सभी माहिर। टी.पी. जैन, श्याम अरोड़ा, कुलभूषण खरबन्दा, अशोक सरीन और सुधा चोपड़ा। रिहर्सल शंकर मार्केट के एक फ़्लैट में होती थी और शो आईफैक्स हॉल में। शो के बाद विशिष्ट दर्शकों का जमावड़ा होता था शंकर मार्केट में। खाना, पीना, बहस, टिप्पणियाँ। क्या सरगर्मी होती थी। अभियान ग्रुप के सब लेक्चरर सदस्य और जगन्नाथन, जयदेव सेठी और भी कई गण्यमान्य लोग उपस्थित होते थे। मेरा तो तब एक्सपोजर ही हो रहा था। बातचीत में प्रशंसा, आलोचना के अलावा बौद्धिक बातें भी होती थीं।

मेरे लिए यह एक बिल्कुल, बिल्कुल नया अनुभव था। छोटे शहर और महानगर की बात तो थी ही। पर यहाँ बँगला नाटक करने वालों से बिल्कुल भिन्न तरीक़ा था। वैसे राजधानी के बंगाली ग्रुपों में आज भी पुराना तरीक़ा ही चालू है। पर यहाँ 'प्रोम्पटर' नाम का कोई व्यक्ति नहीं, स्क्रिप्ट सबकी अलग—अलग। साउंड, लाइटिंग वग़ैरह। इसके बाद 'एक शून्य बाज़ी राव' किया अभियान ने। तब कथ्य ज़्यादातर पल्ले नहीं पड़ा था। सत्तर के दशक में मराठी, बँगला, हिन्दी नाटकों की जैसे बाढ़ ही आ गयी थी—बहुत अच्छे नाटकों की। कितने ही नाटक दल बन रहे थे। दिशान्तर, यात्रिक दिल्ली में ही बहुत अच्छे नाटक कर रहे थे। मैं तो भुक्खड़ों की तरह नाटक देखती थी। शायद ही कोई छोड़ा हो। बादल सरकार, तेन्दुलकर, महेश एलकुंचवार, राकेश, गिरीश। लिखने वाले और करने वालों की भीड़। उन दिनों प्रायः सभी नाटक आईफैक्स हॉल में होते थे। आजकल वह हॉल वीरान और उजाड़ पड़ा रहता है।

कभी–कभार कोई प्रदर्शनी लग जाती है। नाटक की दुनिया अब मण्डी हाउस चली गयी थी।

देहरादून से आने के बाद सक्रिय रूप से नाटक में भाग लेना तो जैसे छूट ही गया था। राजेन्द्र की दोस्त या साथी होने के बावजूद मैं ग्रुप में 'आउटसाइडर' ही रही, तब तक जब तक 67 में बने ग्रुप में दरारें न पड़ गयीं। नाटक कम्पनी में दरार पड़ने के दो कारण होते हैं–पैसा और आपसी सम्बन्ध यानी अभिनेताओं और निर्देशक के सम्बन्ध, विशेषकर हीरो और हीरोइन के साथ।

सन् सत्तर में अभियान ने बादल सरकार का 'बाक़ी इतिहास' मंचित किया। बहुत अच्छा हुआ। मन में कहीं इच्छा और आशा थी कि एक छोटा–सा रोल शायद मिल ही जाये। पर नहीं मिला। ज्योति व्यास को मिला। क्यों? इसका कारण शायद अब समझ में आता है। ख़ैर, ग्रुप को केरल से निमन्त्रण मिला। मुझे केरल जाने की बड़ी इच्छा थी। पर राजेन्द्र ने बड़ा कमज़ोर–सा तर्क देकर मना कर दिया। शो तो सुना जो अच्छा ही हुआ, पर वहाँ कुछ घटा जिससे निर्देशक और अभिनेताओं में बेहद तनाव आ गया। ग्रुप टूटने की नौबत आ गयी। मेरे पास भी शिकायत लेकर लोग आये। समस्या वही आपसी सम्बन्धों की। पर अभियान के सदस्य कई सीनियर लेक्चरर थे जिनकी मध्यस्थता के कारण कुछ समय के लिए तनाव और झगड़े ऊपरी तौर पर ख़त्म हो गये।

कई अभिनेताओं ने ग्रुप में एक ही निर्देशक क्यों हो, इस पर सवालिया निशान लगाया। नतीजा यह हुआ कि कई ऐसे नाटक हुए जो ग्रुप के अभिनेताओं द्वारा निर्देशित किये गये। टी.पी., श्याम अरोड़ा, कुलभूषण ने एक–एक नाटक निर्देशित किये। लेकिन एक ही, बस। उसके बाद निर्देशन की बागडोर फिर राजेन्द्र ने सँभाल ली।

धड़ाधड़ अच्छी स्क्रिप्ट्स आ रही थीं। नाट्य जगत में राजेन्द्र का निर्देशक के रूप में काफ़ी नाम हो रहा था। क्योंकि अभियान सिर्फ़ भारतीय नाटक ही करता था, इसलिए गुजराती, बँगला, मराठी नाटकों का अनुवाद राजेन्द्र के ही हाथ लगता था। अभिनेता मुख्यतः वही पाँच और मुख्य अभिनेत्री सुधा चोपड़ा।

मुझे अब तक यह अहसास हो गया था कि अभिनय करना–'इदन्नमम'। सो मैंने 'स्वाहा' कहकर ग्रुप के दूसरे कामों से जुड़कर सन्तोष कर लिया। शुरुआत हुई थी अशरिंग और स्क्रिप्ट की भूल–सुधार और निर्देशक की

जिज्ञासाओं के स्पष्टीकरण से। राजेन्द्र की मातृभाषा पंजाबी माइनस–स्क्रिप्ट थी और फर्स्ट लैंग्वेज उर्दू थी। नये ऐक्टरों के उच्चारण की मीन–मेख भी मैं ही निकालती थी–पब्लिकली नहीं, निर्देशक को बता देती थी। उन दिनों और भी कई लोग अभियान से जुड़ गये जो अभिनेता नहीं थे, और आज तक हैं। ये प्रबन्धन का सारा काम सँभालते थे, जैसे–विनोद जैन, अरुण जैन, जे.वी. रमण। इनमें से रमण भी मेरी ही तरह अभिनय करने की इच्छा से आया था पर उसे टिकट बेचने और सेक्रेटरी के काम में लगा दिया गया। वैसे ग्रुप में प्रबन्धन का काम कोई कम महत्त्वपूर्ण नहीं होता। वह काम हम पीछे रहने वालों ने आज भी सँभाल रखा है।

चार–पाँच साल के अन्दर ही ग्रुप में बिखराव आने लगा। कुछ लोग शहर छोड़कर चले गये। अमेच्योर ग्रुप में रहकर रोटी–रोज़ी का इन्तज़ाम तो करना ही होता है। राजेन्द्र की तो कॉलेज की नौकरी थी। पर सबकी स्थिति वैसी नहीं थी। टी.पी. जैन और सुधा चोपड़ा बम्बई चले गये। कुलभूषण ने यात्रिक ज्वॉइन कर लिया, शायद अशोक सरीन को वॉइस ऑफ़ अमेरिका में नौकरी मिल गयी, वह अमेरिका चला गया। और ग्रुप में ऐक्टर नहीं रहे।

इन दिनों कलकत्ता में एक नाटक की बड़ी चर्चा हो रही थी– 'राजरक्त'। मोहित चट्टोपाध्याय द्वारा लिखित। ख़बर मिली कि दुर्गापूजा में कालीबाड़ी में यह नाटक आ रहा है। पूजा–पण्डाल में रात दस बजे नाटक होते हैं। मैं, राजेन्द्र और सितांशु दा पहुँचे नाटक देखने। राजेन्द्र को तो प्रॉडक्शन ही देखना था। भाषा का ज़िम्मा मेरा और दादा का। थोड़ा देखने के बाद मैं सोने लगी। नया सीन आता तो चौंककर जागती, फिर ऊँघने लगती। जितना भी देखा, उससे लगा बिल्कुल नया कथ्य है। दादा का भी यह मत था। स्क्रिप्ट मँगायी गयी और मुझे अनुवाद करने को कहा गया।

मुझमें उत्साह जागा। चलो कोई काम का काम तो मिला। जल्दी–जल्दी बैठ गयी अनुवाद करने। 'अभियान' के लिए नाटकों का अनुवाद करना वह जो शुरू हुआ, फिर सन् 2000 में ही रुका।

राजरक्त या 'गिनीपिग' के नाटककार वामपन्थी विचारधारा के थे। कैसे व्यवस्था धीरे–धीरे सबको निगल जाती है, फिर अपने ही जाल में उलझकर उसका अन्त होता है, यही कथ्य या नाटक का। प्रस्तुति बहुत अच्छी थी, एकदम नयापन लिये। लेकिन राजेन्द्र ने अन्त बदल दिया

था। इसका एक कारण था। राजेन्द्र की राजनीतिक पृष्ठभूमि की व्याख्या की जाये तो उसे 'एपॉलिटिकल' कहा जायेगा। पहले भी और आज भी। नाटक के अन्त में युवा विद्रोही व्यवस्थारूपी राजा को मार देता है—यहीं पर नाटक ख़त्म हो जाता है। पर 'अभियान' की प्रस्तुति में—राजा को मार दिया जाता। फिर मूक दृश्य में युवा विद्रोही को राजा के सिंहासन पर बैठा हुआ दिखाया गया और एक युवा नीचे बैठा हुआ जूते पॉलिश कर रहा है। यह नाटककार के दृष्टिकोण से बिल्कुल विपरीत था यानी राजेन्द्र के अनुसार आज के विद्रोही कल के निरंकुश अत्याचारी बन जाते हैं—उसका यही मत था। पर मैंने कहा—"तुम अपना नाटक लिखो। नाटककार जो कहना चाहता है, उसे बदल कैसे सकते हो?" पर हुआ वही जो राजेन्द्र चाहता था। ख़ैर 'गिनीपिग' एक बेहद सफल नाटक रहा, कथ्य और प्रस्तुति दोनों दृष्टि से।

शुरू—शुरू में 'स्पॉन्सर्ड शो' के लिए ग्रुप को लेकर बाहर जाना बाक़ी होता था। पर अब बहुत ही कम हो गया है। पहले ग्रुप 'सिंगल फेयर डबल जर्नी' से जाया करता था, सेकेण्ड क्लास स्लीपर में। बड़ा ही मज़ेदार अनुभव हुआ करता था। अब ग्रुप में मैं सबकी दीदी या सांत्वना दी बन गयी थी, दो—एक को छोड़कर। इन यात्राओं के अनुभव बड़े दिलचस्प हुआ करते थे। अपने नगर से बाहर जाते ही जैसे सारे बन्धन टूट जाते हैं। कैसी—कैसी घटनाएँ घटती हैं, कैसे—कैसे मुखौटे खुल जाते हैं।

एक बात जो मैंने इस महानगर में आकर देखी और अनुभव की, वह है सुरापान—बोलचाल की भाषा में शराबख़ोरी। लड़के अभिनय करना बाद में सीखते हैं, शराब पीना पहले। और बाहर के शो में तो सारी अर्गलाएँ खुल जाती हैं। शहर के बाहर निषेधों के बन्धन जो खुल जाते हैं। मैं पता नहीं कैसे अनजाने में ही सबकी गार्जियन बन बैठी थी। एक सदस्य, जो मेरे साथ ही ग्रुप में आये थे, टोकने पर बोले थे—"हमें क्या पता जी, हमने तो सुना था नाटक का मतलब ही है—ड्रामा, वोमन एण्ड वाइन।" ख़ूब कड़ी डाँट पिलायी थी—आदमियों के लिए होगा यह सब। नाटक दल से जुड़े होने के मेरे इतने लम्बे अनुभव में मैंने एक ही पुरुष अभिनेता देखा है जो पीता नहीं—वह है ज़हीर।

इन नाट्य यात्राओं में कई मज़ेदार अनुभव हुए। 'जात ही पूछो' का शो लेकर कलकत्ता गये थे। रवीन्द्र सरोवर के खुले मंच पर शो हुआ। बहुत ही अच्छा। शम्भु मित्रा ख़ास निमन्त्रित थे। उन्हें शो बहुत पसन्द

आया था। ख़ासकर आख़िरी सीन। नेमी जी के साथ मैं और राजेन्द्र उनके घर गये थे–उन्हें दिल्ली में कोई शो लेकर निमन्त्रित करने। पर वे राज़ी न हुए, टस–से–मस नहीं। बार–बार कहते–'छोड़े दियेछी'–(छोड़ दिया) उसी ट्रिप में आख़िरी रात सारे लड़के चौरंगी घूमने गये। लेडीज़ सब होटल में ही थीं। बहुत रात हो गयी तब तक लौटे नहीं। काफ़ी रात गये दो–चार लोगों की बातचीत और हलचल सुनी तो पता लगा कि एक–दो को छोड़कर सब लड़के हवालात में बन्द थे। श्यामानन्द के इण्टरवेंशन' से छोड़े गये। की होगी कोई शरारत!

एक बार भोपाल जा रहे थे, शायद 'जात ही पूछो' लेकर। रात को सब लेडीज़ ऊपर की सीटों में सो रही थीं। नीचे की सीटों पर लड़के ताश खेल रहे थे। किसी स्टेशन पर ट्रेन रुकी तो कान में बड़ी बहसबाज़ी की आवाज़ पड़ी। नीचे झाँककर देखा तो पुलिस। लड़कों को धर दबोचा। क्योंकि वे तीन पत्ती खेल रहे थे। सबको थाने ले जा रहे थे। बड़ों ने बीच–बचाव कर माफ़ी माँगी तब छुट्टी मिली। वापसी में भी काण्ड हुआ। राजेन्द्र वहीं रह गया और ग्रुप लौट आया। स्टेशन पर टिकट चेकर आया टिकट देखा। वह टिकट जाने के वक़्त का इस्तेमाल किया हुआ टिकट था। निर्देशक ने ग़लती से यह दे दिया था और असली टिकट उन्हीं की जेब में पड़ा रह गया। कुछ सीनियर पुरुष सदस्यों ने कहा–"अलग से बात करके देखते हैं। शायद कुछ दे–दिलाके काम बन जाये।" वह चैकर मुस्लिम था, सुनते ही ऐसा दहाड़ा–"आप मुझे घूस देने की बात सोच भी कैसे सकते हैं? एक–एक को हथकड़ियाँ डलवा दूँगा।" सब चुप। फिर सब से पैसे इकट्ठे किये गये। लौटते सफ़र में ऐक्टरों के पास पैसे भी कम ही थे। खींचतान कर बड़ी मुश्किल से किराया निकला और फाइन समेत दिया गया।

अब तो अभियान की आर्थिक स्थिति बहुत बदल गयी है और नज़रिया भी। प्रायः सभी के पास गाड़ियाँ हैं। बाहर के शो के लिए ए.सी. सेकण्ड में यात्रा की जाती। ठहरने के लिए होस्ट जहाँ ठहराते हैं, वह पसन्द नहीं आता। अच्छे होटल में ठहरते हैं। उसके लिए ग्रुप अपनी जेब से ख़र्च करता है। मुझे यह नकचढ़ापन बिल्कुल नहीं सुहाता पर मेरी आवाज़ ग्रुप के पुरुष व्यवस्थापकों की आवाज़ में खो जाती है। हाँ, एक बात पर मैं अड़ी हुई हूँ आज तक। वह यह कि निर्देशक सबके साथ जायेगा–हवाई जहाज़ से नहीं, जैसाकि कई ग्रुपों में होता है। इसी अड़ियलपन के कारण

2005 में 'रंगशंकरा' के फेस्टिवल में सभी हवाई जहाज़ से 'सखाराम' नाटक के लिए गये थे।

अभियान के नियमानुसार भारतीय नाटक ही हिन्दी में होते थे। पर एक बार इसका व्यतिक्रम हुआ। भोपाल के भारत भवन में 'वर्ल्ड क्लासिक्स' का समारोह होना था। पर अभियान तो सिर्फ़ भारतीय नाटक ही करता है। ग्रुप की मीटिंग हुई और यह तय हुआ कि 'ऐज ऐन एक्सेप्शन' अभियान भाग लेगा और 'लिसिस्ट्रेटा' को चुना गया, जो ग्रीक युद्ध–विरोधी नाटक है। अंग्रेज़ी से अनुवाद राजेन्द्र ने किया। उसे हिन्दी पढ़नी तो आती है पर लिखनी नहीं। उर्दू में ही लिखा गया। अब क्या हो? तो यह तय हुआ कि वह पढ़ता जायेगा और मैं हिन्दी में सुधारों के साथ लिप्यान्तर करूँगी। स्क्रिप्ट तैयार हो गयी। फटाफट छपवा भी ली गयी। पर उस पर मेरा कहीं नाम नहीं है। हाँ 'गीत और कविताओं' के आगे नाम ज़रूर है।

ख़ैर 'लिसिस्ट्रेटा' की अगर सबसे बड़ी उपलब्धि कुछ हुई तो वह है–ज़हीर। ऐक्टर बहुत सारे चाहिए थे तो ऑडिशन हुए। तभी ज़हीर, जो मोहन मीकिन्स में इंजीनियर थे, ऑडिशन के लिए आये। आवाज़ सुनकर ही मैंने राजेन्द्र को इशारा किया और वे ले लिये गये। फिर तो ज़हीर अभियान के पूरे–पक्के हीरो रहे, जब तक वे बम्बई न चले गये।

नाटक का पहला शो भोपाल में होना था, 'वर्ल्ड क्लासिक्स' के समारोह में। नाटक युद्ध–विरोधी था। पुरुषों को युद्ध से विरत करने के लिए स्त्रियों को एक अनूठा उपाय सूझा। यौन सम्बन्धों पर पूर्ण विराम। डायलॉग और ऐक्शन में काफ़ी खुलापन था। शो चला ही था कि सभा में से कुछ नाट्यकर्मी नारे लगाते हुए बाहर चले गये। अश्लीलता का आरोप था। सन्नाटा फैल गया। सभी के लिए यह सब बिल्कुल अप्रत्याशित। काफ़ी गड़बड़ी के बाद पन्द्रह–बीस मिनट के बाद शो फिर चालू हुआ। दिल्ली के शो भी ठीक हुए। इस नाटक का एक और फ़ायदा हुआ। क्योंकि इसमें स्त्री पात्र बहुत थे तो बहुत–सी लड़कियाँ ग्रुप में शामिल हुईं जिन्होंने वर्षों अभियान के साथ काम किया और अगले काफ़ी सालों के लिए 'ऐक्ट्रसों' के लिए जो हाय–हाय होती थी, उससे छुटकारा मिल गया।

इमरजेंसी लगने से कुछ पहले 'नाटक पोलमपुर का' मंचित करने की सोची। नाटक में उस समय की राजनीतिक गतिविधियों पर व्यंग्य–काफ़ी पैना व्यंग्य था। उन दिनों टी.वी. कलाकारों का बड़ा 'क्रेज' था दर्शकों में। और इस नाटक में कई जाने–माने टी.वी. आर्टिस्ट थे, जैसे कीमती आनन्द,

सुभाष गुप्ता, सुषमा सेठ, विश्वमोहन बड़ोला आदि। कई शो सफलतापूर्वक खेले जाने के बाद अचानक इमरजेंसी लग गयी। अच्छी प्रस्तुतियों के समारोह में इसे शामिल किया गया। पर फिर यह हिदायत मिली 'ऊपर से' कि काफ़ी काट–छाँट करनी पड़ेगी, सेंसरशिप के अन्तर्गत। ग्रुप की मीटिंग बैठी। ज़्यादातर लोगों की यही राय थी कि काट–छाँट कर प्रस्तुति करनी चाहिए। बहुत ही स्पष्ट राजनीतिक संकेतों वाले डायलॉग तो काट दिये पर बहुत कुछ नहीं भी काटा। यही तय किया गया कि अगर कुछ कहेंगे तो शो बीच में ही रोक देंगे। सब बड़े टैंस बैठे थे पर कोई दुर्घटना नहीं घटी। हालाँकि बेमन से काटापीटी करने से हम सभी बड़े दुखी थे।

इसी नाटक को लेकर हम लखनऊ गये थे। सेकण्ड क्लास स्लीपर से ही यात्रा होती थी उन दिनों। सुबह डेली पैसेंजरी करने वाले लड़कों का दल मलीहाबाद से चढ़ा। महा हुड़दंगी लड़के। फ़ब्तियाँ कसते, लड़कियों की सीटों पर धँसकर बैठ गये। बेहद बदतमीज़ी चालू हो गयी। लड़कियाँ सब रुआँसी, बाक़ी सबकी बोलती बन्द। मैंने राजेन्द्र से कहा–"कुछ करो। अपनी मास्टरी दिखाओ, सब स्टूडेंट मालूम पड़ते हैं।" पहले तो कुछ सूझा ही नहीं। फिर राजेन्द्र ने कीमती और जितने भी टी.वी. आर्टिस्ट थे, उन्हें इस डिब्बे में बुलाया और कहा–डायलॉग याद करो। सब अपने–अपने डायलॉग बोलने लगे। पाँच मिनट में सब चुप। सब ध्यान से डायलॉग सुनने लगे। "अबे ऽऽऽ ये तो टी.वी. आर्टिस्ट हैं। चुप–चुप, सुन क्या बोल रहे हैं। भाई साहब, आप लोग क्या ड्रामा करने जा रहे हैं? लखनऊ? कब है शो?" वग़ैरह। ऐक्टरों ने कहा–"आप भी आइए देखने।" और ख़तरा टल गया।

सन् 78 में तेन्दुलकर की तहलका मचा देने वाली स्क्रिप्ट 'घासीराम कोतवाल' अभियान को मिली। अदालती कार्यवाही चलने के कारण यह नाटक बहुत महत्त्वपूर्ण और कंट्रोवर्शियल माना जा रहा था। वसन्त देव का अनुवाद भी बेहद अच्छा बन पड़ा था। तय हुआ कि अभियान यह नाटक करेगा। पर अपने सब अभिनेता तो चले गये थे। कोई था ही नहीं। और इतनी बड़ी कास्ट? समस्या मुँह बाये खड़ी थी। इस पर बैंक बैलेंस सिर्फ़ दो हज़ार रुपये। पर राजेन्द्र की ज़िद थी कि करना ही है। तय हुआ कि ब्रोशर निकाला जायेगा। फिर अभिनेताओं की ढूँढ़ मची। म्यूज़िक है तो संगीत वाले भी बहुत चाहिए। पर हो कैसे? सबसे पहले तीन मुख्य अभिनेता चुने गये। घासीराम, नाना और सूत्रधार रामगोपाल बजाज, शंकर सुहैल और विनोद नागपाल। फिर इन्हीं के कॉण्टैक्ट से

सभी मिलते गये। म्यूज़िक डांस निर्देशक, 'परकशन' वाले वरुणदा और इतनी बड़ी कास्ट पूरी हो गयी। लड़कियों के कोरस गान के लिए राजेन्द्र ने मुझे ठेला। मेरी जान–पहचान में जो भी थीं, सब आ मिलीं। रिहर्सल गोल मार्किट के 'कॉलेज ऑफ़ वोकेशनल स्टडीज़' में होती थी। उसके प्रिंसिपल डॉ. पी.एल. मल्होत्रा की कृपा से। राजेन्द्र के काण्टेक्ट ख़ूब काम आते थे। उन दिनों रिहर्सल की जगह के लिए ग्रुप को कभी समस्या नहीं हुई, जैसे आजकल होती है। मेकअप का काम भी विराट था–जिसके लिए मूर्ति और प्राप्स और कॉस्ट्यूम के लिए एच.वी. शर्मा थे।

मेरी क्या भूमिका थी? कोरस में गाने के अलावा? बँगला में एक शब्द है 'होलूद गूंडो' यानी हल्दी पाउडर जो हर चीज़ में पड़े, कुछ ऐसा ही था मेरा काम। डायरेक्टर के रूप में राजेन्द्र सभी से थोड़ी दूरी रखता था, लोग भी फ़ासला रखते थे। और मैं। बिल्कुल उल्टी ही थी–बहुत पास की। जिसे जो कहना हो, शिकायत–अर्जी रुठना वग़ैरह सब मुझे ही सुनने–झेलने पड़ते, फिर राजेन्द्र के कान में डालना होता, मूड परखकर।

'घासीराम' हिट हो गया। हमें डर था कि हमेशा की तरह हॉल ख़ाली जायेगा। उन्हीं दिनों रीगल में 'बॉबी' फ़िल्म चल रही थी। सब उधर ही भाग रहे थे। पर उसके बावजूद शो में बड़ी भीड़ होती थी। हमारे एक बहुत अच्छे मित्र ने ब्लैक में टिकट ख़रीदकर देखा। ऐसा कैसे हो सकता है? फिर मालूम चला कि गेट के बाहर बैठने वाले पनवाड़ी ने बीस–पच्चीस टिकट ख़रीद लिये थे और ब्लैक में बेचा था।

'घासीराम' को साहित्य कला परिषद का बेस्ट प्ले अवार्ड मिला और विनोद नागपाल को बेस्ट ऐक्टर। बस तभी झगड़ा शुरू हो गया। अभियान वैसे तो ऐक्टरों को पेमेंट नहीं करता पर 'स्पॉन्सर्ड शो' होने पर कुछ थोड़ा बहुत पेमेंट होता था। इस नाटक में तीन ऐक्टरों को छोड़कर बाक़ी सबके रोल छोटे–छोटे थे। लम्बे रोल वालों ने बात उठायी कि पेमेंट एक–सा नहीं होना चाहिए। बहस शुरू हो गयी–अभियान के अन्दर और बाहर। मेरा मत था कि सभी को एक–सा पेमेंट करना चाहिए। आख़िर कोरस के ऐक्टर हर समय स्टेज पर रहते हैं। बाद में ग्रुप के सभी सदस्यों की यही राय बनी। पच्चीसवाँ शो होने वाला था। सबको निमन्त्रण–पत्र चले गये थे। तेन्दुलकर भी आ रहे थे। पर नाना का रोल करने वाले ऐक्टर ने रोल करने से मना कर दिया। उनकी पत्नी गुलाबी करती थी, और वरुणदा नाल वादक और संगीत संचालक। उन्हीं के दफ़्तर में मातहत थे।

तीनों ही पच्चीसवाँ शो नहीं करेंगे, ऐसा कहा गया। ऐसी परिस्थिति का कभी सामना नहीं किया था, सो समझ में नहीं आया कि क्या किया जाये।

बड़ा अद्‌भुत दृश्य था। राजेन्द्र और कुछ सीनियर लोग रिहर्सल वाली जगह तक की लम्बी गली से बाहर जा रहे थे और बातचीत कर वापस आ रहे थे। बात बन नहीं रही थी। नाना अड़े हुए थे, साथ गुलाबी और नाल वादक। सभी ने मान ही लिया कि शो नहीं होगा। मैं कभी सोच भी नहीं सकती थी कि ऐसा भी हो सकता है। बँगला थियेटर का बैकग्राउंड जो था। पता नहीं कैसे मेरा पारा सातवें आसमान पर चढ़ गया। मैं दहाड़ी–"आप लोग क्या सब–के–सब ज़नखे़ हैं? एक आदमी के ब्लैकमेल के आगे घुटने टेक रहे हैं?" सबने कहा सिर्फ़ चार दिन में क्या हो सकता है? फिर सलाह–मशविरा। फिर मेन ऐक्टरों ने हिम्मत बँधायी और राजेन्द्र ने कहा "करेंगे"। सबसे बड़ी मुश्किल थी नाल वादक की। राजेन्द्र की सेकण्ड हैंड फियेट में राजेन्द्र, बजाज और मैं उस दिन रात के एक बजे तक घूमते रहे, और नाट्य बैले सेंटर के श्री कृष्ण को जाकर पकड़ा। उनको तैयार करने के लिए जयदेव हतंगड़ी और मैंने बीड़ा उठाया। नाना के लिए ओमपुरी जो उन दिनों स्ट्रगलर थे और कोरस में नृत्य करने वाली रंजना को गुलाबी के लिए तैयार किया। निर्धारित तारीख़ पर पच्चीसवाँ शो हो गया।

शो बढ़िया हुआ। तेन्दुलकर आये थे। उन्होंने कहा था–"ज़्यादातर अपने प्ले का शो देखते समय मैं दूसरे नाटक का ख़ाका तैयार करता हूँ पर इस नाटक में इतना 'इनवॉल्व' हो गया था कि कुछ भी सोच नहीं पाया।"

'घासीराम' के शोज लगातार होते रहे, दिल्ली में और बाहर। फिर नब्बे के दशक में राजेन्द्र ने इसे एन.एस.डी. के हवाले कर दिया जो आज भी सफलता से चल रहा है। मैं कहती हूँ–'घासीराम, राजेन्द्र का कमाऊ पूत'।

सन् 76 में राजेन्द्र ने श्रीराम सेंटर ज्वॉइन कर लिया–डायरेक्टर के रूप में। स्वाभाविक था कि उसका 'कमिटमेंट' बँट गया। ग्रुप के और लोगों को शायद यह बात कोई ख़ास नहीं खली, पर मुझे ख़तरा नज़र आने लगा। आख़िर सेंटर दुहाजू की बीवी जो ठहरी। फिर श्रीराम सेंटर की रेपरटरी शुरू करने की बात चली। नाटक कहाँ से आये? सारी अच्छी स्क्रिप्ट्स राजेन्द्र के पास आती थी, पर अभियान के लिए। राजेन्द्र का तर्क था–'मेरे लिए आती है'। ख़ैर पहली लड़ाई में सब मेरे साथ थे और आजमाये ऐक्टर भी तो 'अभियान' में ही थे। तो यह तय हुआ कि अभियान

के ऐक्टरों द्वारा ही नाटक होगा और कुछ श्रीराम सेंटर के ऐक्टर होंगे। शेखर सुमन श्रीराम के एंक्टर थे। नाटक था–'कम्बार का तोता बोला'। नाटक ठीक–ठाक हो गया। श्रीराम की रेपरटरी चालू हो गयी। स्क्रिप्टों के बारे में इतनी पहरेदारी करने के बावजूद राजेन्द्र ने तेन्दुलकर के नाटक की स्क्रिप्ट 'अंजी', जो उन्होंने अभियान के लिए दी थी, श्रीराम सेंटर के लिए निर्देशित कर दी। इन चालीस सालों में राजेन्द्र का वही एक नाटक मैंने नहीं देखा। ऐज अ प्रोटेस्ट।

इन्हीं दिनों की ऐक्टरों से सम्बन्धित एक–दो घटनाएँ याद आ रही हैं। एक इनलैंड ड्रामा पत्रिका चलती थी। उसमें एक ख़बर निकली कि अभियान ऐक्टरों को 'एक्सप्लॉयट' करता है। पैसे नहीं देता, न कनवेयंस। कुछ पुराने ऐक्टरों के नाम भी छपे थे। क्या किया जाये? बात तो करनी चाहिए ऐक्टरों से। पर यह राजेन्द्र का तरीक़ा नहीं था। फिर भी मेरी पहल से मीटिंग बुलायी गयी। मीटिंग में मैंने कहा–"अभियान तो तुम्हारी माँ है–तुम्हारी एक्टिंग की शुरुआत तो यहीं से हुई। माँ से भी कोई पैसे लेता है?" बात चुभ गयी सबको। उसके बाद से ऐसा कभी नहीं हुआ।

एक और घटना मुझसे सम्बन्धित। एक दिन हमारी एक एक्ट्रेस जो मेरे बहुत क़रीब थी, कहने लगी–'सांत्वना दी, मेरी आज 'उससे' लड़ाई हो गयी। वह कहता है–सांत्वना दी तो राजेन्द्र नाथ जी की रखैल है।" वह लड़का तभी–तभी ग्रुप में आया था। उसकी धारणाएँ उसके परिवेश के अनुसार तो बननी ही थीं। जो पत्नी नहीं और साथ रहे वह रखैल। मैंने राजेन्द्र से कहा–"उससे बात करनी है।" राजेन्द्र कन्नी काट रहा था, पर मैंने कहा–नहीं मीटिंग बुलाओ। मीटिंग बुलायी गयी। ज़हीर, सुभाष, उमेश, वीणा, रंजना सभी थे। कमरे में पिनड्रॉप साइलेंस। मैंने बात शुरू की। पहले तो 'रखैल' शब्द का मतलब विस्तार से समझाया। फिर कहा, मैं तो कमाती हूँ, राजेन्द्र से ज़्यादा नहीं तो बराबर। शब्दों के मतलब बदल रहे हैं। स्टेज पर चढ़कर सिर्फ़ ऐक्टिंग करने से ही नहीं होता। दिमाग़ के खिड़की–दरवाज़े खोलो, सोच को बदलो वग़ैरह। वह बेचारा तो पानी–पानी। मुझे उस पर ज़रा भी ग़ुस्सा नहीं आ रहा था। उस दिन के बाद से वही लड़का 'दीदी' की बहुत 'इज़्ज़त' करता है। इसी लाइन पर फल–फूल रहा है।

सन् 1972 में अमरीकी निर्देशक रिचर्ड शेखनर का 'मदर करेज' अभियान ने स्पॉन्सर किया। पैसा उन्हीं का था। मैं उस समय अमरीकन

इंस्टीट्यूट में पढ़ा रही थी, सो उनका भी काफ़ी सहयोग मिला। यह सारा बन्दोबस्त अभियान ने ही किया। मॉडर्न स्कूल के हॉल में शो हुआ था। पर पारम्परिक तरीक़े से नहीं। हॉल में अलग–अलग ऐक्टिंग एरियाज़ थे और दर्शकों के बैठने की जगहें भी। लोहे की स्कैफोल्डिंग्स से बालकनी बनायी गयी थी, बहुत सारी, जहाँ दर्शक बैठते थे। हमने, शायद दिल्ली वालों ने भी पहले कभी ऐसा प्रदर्शन नहीं देखा था। पहली बार स्टेज पर कई क़िस्मों के मैथुनों का खुला प्रदर्शन देखकर भौच्चके रह गये थे सब। यादगार प्रस्तुति थी। इस तरह का नाटक देखने का वह पहला अनुभव था।

अभियान ने और भी कई अच्छी हिट प्रस्तुतियाँ की : अलीबाबा, जात ही पूछो...। राजेन्द्र ने 'यात्रिक' के लिए 'एक चादर मैली सी' की। प्रगति मैदान में शो हुआ था। यह शो मैंने और राकेश जी ने साथ ही देखा। वे बहुत ही इम्प्रेस्ड थे। सुषमा सेठ और श्याम अरोड़ा लीड रोल में थे।

उन्हीं दिनों भीष्म साहनी जी ने 'हानूश' लिखा। राजेन्द्र को नाटक पसन्द आया। और उसकी बहुत अच्छी प्रस्तुति हुई। इस नाटक में रवि बासवानी, सुषमा सेठ, उमेश और भीष्म जी की बेटी कल्पना ने भी अभिनय किया। ऐसा नहीं कि अभियान के सभी नाटक हिट हुए। फ्लॉप प्रस्तुतियाँ भी हुईं, जैसे–'हज़ार चौरासी की माँ,' 'हवाई महाराज' और भी एक–दो। सिर्फ़ रिव्यू अच्छा है इसीलिए प्रस्तुति भी अच्छी है, ऐसा मैं नहीं मानती। और भी कई मापदण्ड होते हैं।

अभियान के साथ–साथ राजेन्द्र श्रीराम सेंटर रेपरटरी के लिए भी नाटक कर रहा था, जिनमें 'आषाढ़ का एक दिन' और 'सखाराम' बहुत अच्छी प्रस्तुतियाँ थीं।

श्रीराम सेंटर का बेसमेंट सामान रखने का गोदाम था। राजेन्द्र के इनीशिएटिव से वहाँ बेसमेंट थियेटर बना जो दिल्ली के छोटे–बड़े नाटक दल के लिए वरदानस्वरूप था। बेसमेंट का 'इनॉगरेशन' अभियान ने गोविन्द देशपाण्डे के पहले नाटक 'उध्वस्त धर्मशाला' से किया।

चार–पाँच साल बाद ही राजेन्द्र ने श्रीराम सेंटर छोड़ दिया। कारण? विचारों का क्लेश? मुझे ठीक से पता नहीं। वहाँ बंसी कौल डायरेक्टर हो गये।

इसके बाद शुरू हुई राजेन्द्र के डिप्रेशन की मनःस्थिति। कॉलेज से दो साल की छुट्टी ख़त्म होने पर कॉलेज और श्रीराम सेंटर दोनों चल रहे थे। अब सिर्फ़ कॉलेज ही रह गया। क्या किया जाये? जल्दी से कोई

नाटक किया जाये, तभी इस अवस्था से मुक्ति मिल सकती है। मनोज मित्रा का 'बांछारामेर बागान' नाटक देखा था। उसकी स्क्रिप्ट मँगायी गयी। मैंने फटाफट अनुवाद किया और रिहर्सल शुरू। सितांशु दा ने मुझे डाँटा–"आपको और कोई नाटक नहीं मिला? थर्ड रेट नाटक।" मैंने उनको कारण बताया। पर शो हुआ और नाटक हिट हो गया। ज़हीर, सुभाष, वीणा, प्रीति खरे का अभिनय सबको पीछे छोड़ गया। इसके बाद फिर एक बँगला नाटक 'अमिताक्षर' का अनुवाद किया और उसी कास्ट से प्रस्तुति हुई। बेहद उत्कृष्ट प्रस्तुति हुई।

उन दिनों प्रकाशक लोग नाटक देखने आते थे। कम–से–कम ओम प्रकाश जी जैसे जागरूक प्रकाशक। उन्होंने दोनों नाटकों की स्क्रिप्ट मँगवायी और नाटक छाप दिये। इससे पहले गिनीपिग और अलीबाबा भी उन्हीं ने छापी थी। बस उनके जाने के बाद तो जैसे मेरे नाटक छपने पर पूर्ण विराम लग गया।

नाटक फिर भी अनुवाद करती रही और अभियान मंचित करता रहा। हिन्दी से कई भाषाओं में अनूदित भी हुए। 2001 में 'लालमाटी' का अनुवाद किया। मंचित हुआ, साहित्य कला परिषद का अवार्ड भी मिला। एक दिन ख़याल आया, ये सब स्क्रिप्ट्स गयीं कहाँ? छपवाने की कोशिश भी नहीं की गयी। पूछा राजेन्द्र से। "होंगी कहीं, ढूँढ़नी पड़ेंगी।" राजेन्द्र ने कहा। 'लालमाटी' का अनुवाद राजेन्द्र के लिए मेरा आख़िरी अनुवाद था।

'मिस्टर राइट' का अनुवाद मैंने संजीव जौहरी के लिए किया। उसकी प्रस्तुति बहुत अच्छी हुई, अवार्ड मिला। बस, उसके बाद से सोचा–छोड़ो बहुत हो गया।

जो लोग नाटक से दिल से जुड़े होते हैं, उन्हें मालूम होगा कि यह कैसी लाइलाज बीमारी है। छूटे नहीं छूटती। मेरा भी वही हाल है। रिहर्सल में जाना, स्क्रिप्ट सुधारना, ऐक्टरों की मीन–मेख निकालना उन्हें भाषा, टोन, उच्चारण का सही रूप बताना, चाय–समोसे खाना, प्रॉपर्टीज इकट्ठे करना, 'वेशभूषा' तय करना। 'वेशभूषा' क्या आयरनी है। यह काम पीछा नहीं छोड़ता हम महिलाओं का। रोशन अल्का जी वेशभूषा, शमा ज़ैदी वेशभूषा, नीरा बेनेगल वेशभूषा। तो मैं किस खेत की मूली, सांत्वना निगम वेशभूषा। चला आ रहा है अनन्त काल से। 'त्याग–पत्र' के ब्रोशर में अगर मेरा नाम वेशभूषा में लिखा गया तो सारे ब्रोशर फाड़ दूँगी, मैंने राजेन्द्र से कहा तो बोला–"तो तुम्हीं तो तय करती हो।" "पर मैं और

भी बहुत कुछ करती हूँ। नाम का ढोल पीटने की ज़रूरत नहीं।" बात सुन ली गयी।

इकतालीसवाँ साल चल रहा है अभियान का और उससे मेरे जुड़ाव का भी। नाम के लिए कभी ज्वॉइंट सेक्रेटरी बना दी गयी, कभी वाइस प्रेसिडेंट औरों की इच्छा से। रह ही गये हैं पाँच–छह लोग। दो साल पहले राजेन्द्र प्रेसिडेंट बनाना चाह रहा था, मैंने किसी और का नाम प्रपोज कर दिया।

सालों जो करती रही, आज भी वही करती हूँ। व्यस्त रही, रमी रही, लड़ती रही, छोटी–छोटी लड़ाइयाँ, ग्रुप के अन्दर ही। जैसे नाटककारों की रॉयल्टी बढ़ाना, ऐक्टरों को स्पॉन्सर्ड शो के पैसे देना–पीनट्स यानी मूँगफली के दाने समान ही सही। हीरो–हीरोइन और एक लाइन का डायलॉग बोलने वाले को भी बराबर पेमेंट। पर हज़ार कोशिशों और लड़ाइयों के बावजूद मैं ज़रूरतमन्द ऐक्टरों को 'कनवेयंस', यहाँ तक कि बस पास के पैसे तक न दिलवा पायी। अब तो नब्बे प्रतिशत ऐक्टर्स अपनी गाड़ी में आते हैं। पर अभी भी कुछ तो ऐसे हैं ही जो 'बेकार' हैं। पर मुझे कहा गया। "हम उन्हें प्लेटफॉर्म देते हैं।" ठीक ही तो है। अभियान में कुछ शो करने के बाद 'एक्सपोजर' तो मिलता ही है–सीधे बम्बई या किसी और ग्रुप के साथ जुड़कर विदेश–यात्रा।

एक और असफलता। अभियान में हिन्दी में नाटक करने वालों को हिन्दी में या हिन्दी–अंग्रेज़ी दोनों में 'ब्रोशर' छपवाने के लिए राजी न कर पायी। इतना ख़र्च तो 'अभियान' कर ही सकता है।

हाल ही में मनोज मित्रा से मिलने गये थे। वे बार–बार अपने कुछ अच्छे नाटकों के बारे में बता रहे थे। कह रहे थे, आप अनुवाद कीजिए। मैंने कहा–मैं अब अनुवाद नहीं करती। लौटते वक़्त मैंने राजेन्द्र से पूछा–"कहाँ पहुँची मैं इतने साल ग्रुप में रहकर?" राजेन्द्र ने कहा–"क्यों कितने लोगों से मिली। यह कुछ नहीं?" सच ही तो। नाटक की दुनिया के नामी–गिरामी हस्तियों से मिली तो। मेरा नाम भी सभी जानते हैं। पर मुझे देखते ही लोगों को पहले राजेन्द्र याद आता होगा, फिर उसके सन्दर्भ में मैं। उसकी छाया में चलते–चलते मैं छाया बन गयी।

कुछ व्यक्तिगत संस्मरण

अभियान में नाटकों से जुड़े कितने ही व्यक्तियों से परिचय हुआ और वे बहुत क़रीब के हो गये। उन्हीं में से एक थे रोशनी के चितेरे–दादा–सितांशु मुखर्जी।

उन दिनों अभियान के सारे नाटक आईफैक्स में होते थे और दादा अपने छोटे–से परिवार को लेकर आईफैक्स के ऊपरी तले पर रहते थे। दादा बेहद कमिटेड नाट्यकर्मी थे। हालाँकि उनका क्षेत्र लाइटिंग का था पर उन्हें नाटक से सम्बन्धित हर चीज़ में दिलचस्पी थी। 'शौयोने शौपोने निशि जागोरौने' यानी सोते में, सपने में, रतजगे में 'नाटक' और आलोक। नाटक तैयार हो जाने के बाद वे रिहर्सल देखने आते। नोट बुक में सब नोट करते रहते और रिहर्सल ख़त्म होने पर अपनी बँगला–नुमा हिन्दी में राजेन्द्र से सीन–बाई–सीन प्रकाश के बारे में बात करते। कई बार बहस भी हो जाती। पर निर्देशक का मत ही फाइनल है, मान लेते। कभी ड्रेस रिहर्सल के बाद उन्हीं की बात मान ली जाती तो कहते–''हाम तुमको बोला था। आरे शोम्भुदा के साथ कीतना लाइटिंग...''

दादा पहले बहुरूपी में थे। जब भी मौक़ा मिलता तो कहते, हाम जौब बोहुरूपी में था तौब...और वे किसी घटना के बारे में विस्तार से बताते। जिसका सार यह होता कि थियेटर में डिसिप्लिन और पूरा इनवॉल्वमेंट बहुत ज़रूरी है। न हो तो फिर आप सिर्फ़ अपना स्वार्थ साध रहे हैं, थियेटर को सीढ़ी बना रहे हैं। लाइटिंग करते पर फ़ीस वग़ैरह के बारे में कोई नियम नहीं–अभियान ने जो दिया, वह ठीक। हालाँकि आईफैक्स छोड़ने के बाद उनकी कोई फिक्स्ड आमदनी नहीं थी। ऐसा वही कर सकता है जो थियेटर को पूरी तरह से समर्पित हो।

बाद में दादा राजौरी गार्डन में डी.डी.ए. फ़्लैट में रहने लगे। वहाँ से मण्डी हाउस आना–जाना बेहद मुश्किल था। बस से ही आया–जाया

करते। तभी एक दिन एक बस ने टक्कर मार दी और दादा की एक टाँग की हड्डी टूट गयी। कई महीने प्लास्टर में पड़े रहे, फिर भी फ़ोन पर अगले शो के बारे में पूछताछ करते और कहते–हाम ही लाइटिंग कारेगा, ठीक हो जायेगा। ऐक्सिडेंट के बाद भी वे बस में आना–जाना करते। एक दिन मैंने कहा–"दादा, ऑटो से आया–जाया कीजिए।" तो बोले, "पौयेशा कहाँ से आयेगा? अभियान देगा?'' मैंने कहा–"हाँ।" बँगला में कहा–"आमी चाइते पारिना।" (मैं माँग नहीं सकता) उसके बाद राजेन्द्र से कहकर उनको ऑटो में आने–जाने का बन्दोबस्त कर दिया गया। पर वे संकुचित ही रहते। संकोच दूर करने के लिए कभी–कभी अपने बेटे बबली की कार में आते–जाते।

सेट का काम अशोक भट्टाचार्य के ज़िम्मे था। अशोक बहुत बढ़िया सेट डिज़ाइनर था–बहुत ओरिजिनल सोच थी उसकी। गिनीपिग, घासीराम, पंछी और भी कितने ही इनोवेटिव सेट्स बनाने वाला वही था। पर महा आलसी। उसे हॉल पर पहुँचने के लिए कहा जाता तो तपाक से पूछता–भैया आप भी आ रहे है न? राजेन्द्र को ग्रुप के छोटी उम्र वाले भैया ही कहते हैं। राजेन्द्र जाता तो था पर थोड़ी ही देर के लिए। दिवानिद्रा को मिस करना मुश्किल था उसके लिए। इससे अशोक बड़ा कुड़कुड़ाता था। पर उसके साथ के लिए दादा हाज़िर होते थे और पूरा दिन वहीं रहते। शाम को स्टेज रिहर्सल में दादा पूरे जोशोख़रोश के साथ अपनी बँगलानुमा हिन्दी में आदेश देते रहते–बेबी काट, क्रास दे...

सन् 72 में राजेन्द्र जर्मनी गया हुआ था, उन्हीं दिनों गिनीपिग के शो के लिए जयपुर से कॉल आया। तय हुआ कि वहाँ शो होगा। दादा, विनोद और मैं ग्रुप के साथ जयपुर जायेंगे। रेल से गये सुबह–सुबह ख़ाली गाड़ी। गप्पें करते, एक–दो बार डाँट–डपटकर लाइनें करायीं। खाना शायद घर से ही ले गये थे। डर यह था कि कहीं रास्ते का खाना खाकर पेट न ख़राब हो जाये। दादा की कड़ी निगरानी और हिदायत के बावजूद कुलभूषण हर स्टेशन पर उतरकर चाट, पकौड़े या कुछ और खाये जा रहा था। पैसे ख़ुद ही दे रहा था। क्योंकि हमने तो स्टेशन से खाने के लिए मना किया था। खाते–खाते कहता 'अभियान' वाले कंगले कहीं के। हम हँस रहे थे और कह रहे थे–"तू भी तो अभियान वाला ही है।" जयपुर पहुँचे, दूसरे दिन शो था। दादा तो पहुँचते ही 'सेट लाइट' में जुट गये। 'सेट था, बड़ी–बड़ी पॉलीथीन की शीट्स लटकी हुई थीं'

और बीच में राजा का सिंहासन, बस। रात को डिनर से पहले रनथ्रू होना था। पर शाम ही को जयपुर के थियेटर से जुड़े लड़के और लड़कियाँ आ गयीं। इला और रमा पाण्डे का नाम याद है। रिहर्सल के समय सारे ऐक्टर नदारद। कहाँ गये, किसी को पता नहीं। नौ–साढ़े नौ बजे पहुँचे। ''कहाँ गया था शौब लोग?'' दादा दहाड़े। सब चुप। बताकर के न दें। मैंने अलग ले जाकर पूछा तो पता लगा, यहाँ के लड़के–लड़कियों के साथ हवाखोरी के लिए गये थे। सेंट–इत्र की खुशबू आ रही थी। दादा से पैरवी की कि कल सुबह कर लेंगे रिहर्सल। दादा ने कहा–''नहीं, आज, अभी रिहार्साल होगा–पूरा तौब डिनार मिलेगा। बोहूरूपी में आगर अइसा कौरता तुम लोग तो ग्रुप से निकाल देता शौब को। ऐक्टिंग कौरना सिरिफ स्टेज पर चौढ़कर डायलॉग बोलना नेही हाय। इनवॉल्वमेंट माँगता..." वग़ैरह–वग़ैरह रिहर्सल हुई, पूरी। साढ़े बारह बजे खाना खाया। तब जाकर छुट्टी मिली और दादा के दिल को भी ठण्डक पहुँची।

सन् 80 की बात होगी। कोई स्क्रिप्ट नहीं मिल रही थी। एक–डेढ़ साल श्रीराम सेंटर में बड़े पैमाने में नाटक समारोह हुआ था जिसमें सभी बड़े–बड़े निर्देशकों के नाटक मंचित हुए थे। उसी समारोह में मनोज मित्रा का 'बांछारामेर बागान' मंचित हुआ था। स्क्रिप्ट मिल नहीं रही थी और राजेन्द्र का डिप्रेशन बढ़ता जा रहा था, तो मैंने जल्दी से इस नाटक का अनुवाद कर दिया। दादा ड्रेस रिहर्सल देखने आये और मुझे बड़ी झाड़ पिलायी। "आपको और कोई नाटक नहीं मिला? बाजे नाटोक।'' माने दो कौड़ी का नाटक, घटिया नाटक। बहुरूपी से जुड़े होने के कारण वामपन्थी सीरियस नाटकों के बड़े हिमायती थे। हँसी, मज़ाक़, मसख़री को हल्का समझते थे। ख़ैर लाइटिंग तो उन्हें ही करनी थी। जब पहला शो हुआ तो लगा नाटक हिट हो गया। इसका श्रेय मुख्य पात्र ज़हीर और अन्य सभी पात्रों को जाता था। दर्शकों की प्रतिक्रिया देख दादा चुप। मैंने उनसे पूछा–"कहिए दादा, अब भी 'बाजे नाटौक' कहेंगे?" वे बोले–"कॉमेडी तो लोगों को आच्छा लागेगाई।"

इतने लम्बे अर्से से नाटकों से जुड़े होने और लाइटिंग करने के बाद भी उन्हें कोई अवार्ड या रिकॉगनिशन नहीं मिला। सो बड़ी कोशिशें हुईं कि उन्हें संगीत नाटक का अवार्ड मिल सके। उन दिनों राजेन्द्र पाल एस. एन.ए. में थे। दादा का नाम प्रपोज हुआ पर उस साल ऐसे व्यक्ति को मिला जो डिजरविंग तो थे ही पर उनका कॉण्टैक्ट भी ज़ोरदार था।

दादा रह गये। ऊपर से हँसते रहे और कहते रहे–"आरे, हामे पाता था कि नेही होगा कुछ।" पर उदासी और निराशा को छुपा नहीं पाये।

सन् 91। तेन्दुलकर के दो छोटे नाटक लेकर अभियान बहुत दिनों बाद बम्बई जा रहा था, 'आविष्कार' के नाटक समारोह में। दादा भी साथ थे। रेल का डिब्बा, होटल का कमरा सब ए.सी., जबकि दादा की छाती जकड़ी हुई थी। उन्हें दमा था। पर धुआँधार सिगरेट पीना चल ही रहा था। "हते तेरी किस्मत" और...का शो एन.सी.पी.ए. में होना था। कोई सेट नहीं था, बस एक बेंच और एक हेल्थ क्लब वाली स्टेशनरी साइकिल। जब हम हॉल में पहुँचे तो देखा दादा एक चार–पाँच फीट चौड़े नीले परदे पर, अख़बार के बड़े–बड़े टुकड़ों से बनाये पत्तों को परदे पर चिपका रहे हैं। फिर उसे पीछे टाँग दिया और उसके सामने बेंच रख दी। "लो राज़िन्दौर बन गया तुम्हारा पेड़ के नीचे बेंच।" यह सब इतना 'इनोवेटिव' और सुन्दर था कि क्या कहें। उन्होंने अपनी ख़ुशी से यह बनाया था।

बम्बई में एक दिन हमें पृथ्वी थियेटर में आमन्त्रित किया गया। वहाँ अभियान के पुराने लोग भी आये। गेट के अन्दर जाते समय दादा धड़ाम से गिर पड़े। क़रीब पाँच मिनट तक होश में नहीं थे। फिर सब ठीक–ठाक। पर शायद वह पहला संकेत था उनके टूटते स्वास्थ्य का।

गर्मियों के दिन थे। दादा बीमार पड़े थे, तेज़ बुखार और हड्डियों में दर्द। उन्हीं दिनों एन.एस.डी. ने 'घासीराम कोतवाल' को अपने बैनर तले प्रदर्शित करने का फ़ैसला किया। राजेन्द्र के लिए यह अप्रत्याशित ख़ुशी की बात थी। इतनी ख़र्चीली प्रस्तुति को ज़्यादा दिन तक चलाये रखना अभियान के लिए मुश्किल तो था ही। राजेन्द्र राज़ी हो गया। लाइटिंग के लिए दादा से मिलने गया। वे कहने लगे–"पोस्टपॉन नेही हो सकता? हाम तो ऊठ नेही साकता।" 'पूछताछ' हुई। ''नहीं, पोस्टपॉन नहीं हो सकता।'' दादा बोले–"तोम बोल दो न कि दादा के बगैर काम नेई चालेगा।" ''नहीं दादा, शो तो अब फिक्स हो गया है। डिजाइन तो है ही। आप ही का। किसी और से करवाना पड़ेगा।'' दादा चुप हो गये। शो ज़ोर–शोर से हो गया।

दादा जो लेटे तो उठे ही नहीं।

फिर बत्रा हॉस्पिटल में वह सुबह। बस बेटा बबली था और मैं पुहँची थी। वह दादा को सफ़ेद गठरी में लेकर चला गया।

'घासीराम कोतवाल' आज भी ज़ोर–शोर से चल रहा है। एक अनोखी

प्रस्तुति जो सालोसाल 'हाउस फुल' ले रहा है। सुना है अब भी टिकट नहीं मिलते। और कोई न जाने मैं तो जानती हूँ कि स्टेज पर रोशनी की रंगोली में उलझे एक रोशनी के चितेरे को, एक अनुपस्थित उपस्थिति को।

मोहन जी

अपने छोटे–से शहर देहरादून में लड़कियों का इण्टर कॉलेज। वार्षिक उत्सव हो रहा है। ख़ूब गहमा–गहमी। कितने ही आइटम्स हो रहे हैं। लेकिन हम सब सीनियर लड़कियों की ज़बान पर एक ही बात। नैनीताल से ग्रुप आ रहा है–लोकनृत्य और लोकगीत का। इप्टा का दल है, मोहन उप्रेती और नईमा ख़ान जैसे कलाकार आ रहे हैं। बड़ा एक्साइटमेंट था। अब भी याद है, मैदान में बने बड़े–से स्टेज पर मोहन जी का स्वोर्ड डांस और कितने ही कुमाऊँनी गीत! तभी मोहन जी को पहली बार देखा था।

बरसों बाद दिल्ली में उनसे फिर मुलाक़ात हुई थी। नईमा अब भी उनके साथ थी और दूरदर्शन में काम करती थी। मोहन जी और दिल्ली के पर्वतीय संस्कृति–प्रेमियों की अगुवाई में पर्वतीय कला केन्द्र बन चुका था। मोहन जी राष्ट्रीय नाट्य विद्यालय में संगीत शिक्षक थे। उनके ग्रुप का 'इन्द्रसभा' नाटक आज भी याद है।

'अभियान' ने कितने ही म्यूज़िकल प्ले किये, उन सभी में मोहन जी ने ही संगीत दिया। सबसे पहला नाटक जिसमें मोहन जी का संगीत था–'नाटक पोलम पुर'। 'अली बाबा', 'महानिर्वाण', 'लिसिस्ट्रेटा' और मील का पत्थर–'घासीराम'। मुझे संगीत में बेहद दिलचस्पी है। स्कूल–कॉलेज के ज़माने का पुराना नाता जो था। सो मोहन जी जब हारमोनियम लेकर बैठते तो मैं टेपरिकॉर्डर लेकर पास बैठ जाती। वे सुरों से खेलते। पूछते रहते "यह कैसा लगेगा? सुनिए।" कभी बदल देते, कहते यह वाला बेहतर रहेगा। अच्छा, बुरा, रिजेक्टेड सिलेक्टेड सब टेपरिकॉर्डर में क़ैद रहते। जब फाइनल हो जाता तो टेप में उतार लेते। कुछ नाटकों में पाठक जी ने भी संगीत दिया।

लिसिस्ट्रेटा का म्यूज़िक बन रहा था। मैं हमेशा की तरह टेप कर रही थी। काम ख़त्म हुआ। दूसरे दिन देखा कि तीन–चार गाने जो टेप हुए थे, उसमें से एक नदारद। ढूँढ़–ढूँढ़कर थक गये पर नहीं ही मिला। इरेज़ हो गया होगा या टेप ही नहीं हुआ होगा। मोहन जी ने कितनी ही कोशिश की याद करने की–कभी कुछ बजाते, कभी कुछ। पर हम दोनों

ही कहते–"नहीं यह नहीं था, छोड़िए सबसे बाद में करेंगे।" कहकर वे आगे बढ़ गये।

रात के कोई ढाई बजे होंगे, नींद में सुर लौट आया। मैं गाने लगी। तब राजेन्द्र नगर की बरसाती में रहती थी। दोनों बच्चे उठकर बैठ गये–"माँ क्या हो रहा है?" मैंने कहा, "टेपरिकॉर्डर कहाँ है? जल्दी निकालो।" मैं अँधेरे में गाये जा रही थी कि कहीं सुर खो न जाये। बत्ती जलायी, जल्दी से रिकॉर्डर ऑन किया और जितना भी गीत याद आया टेप कर लिया। शाम को रिहर्सल में मोहन जी को सुनाया तो उछल पड़े–"अरे यही तो था। कैसे याद आया सांत्वना जी?" 'नींद में'। बचपन में भी कई बार ऐसा होता था। हम बहनें किसी संगीत के प्रोग्राम में जाते। कोई गीत अच्छा लगे तो उसका सुर याद करने की कोशिश करते। भूल जाते कभी। फिर रात को नींद में छोटी बहने धकेलतीं–"छोड़ दी (छोटी दीदी) उठ गाने का सुर याद आ गया"। बिस्तर पर बैठे–बैठे अँधेरे में कई बार गाते ताकि सुबह तक याद रहे।

मैंने हाईस्कूल तक संगीत सीखा। परीक्षा में फर्स्ट डिविज़न भी आया, पर आगे नहीं किया। कारण? ताल। मेरा सबसे कमज़ोर प्वॉइंट। पर मोहन जी जब कविताओं में सुर देते जो कविताएँ मेरी ही लिखी हुई होतीं तो ताल के बारे में काफ़ी कुछ समझ में आता। पर कॉनफिडेंस नहीं था ख़ुद पर। इस बारे में एक वाक़या याद आ रहा है। अलीबाबा का म्यूज़िक हो रहा था, मैं स्क्रिप्ट लेकर बैठी थी। मोहन जी हारमोनियम पर। विनोद नागपाल जिसे अब्दुल्ला करना था और कई गीत गाने थे, साथ बैठा था। मोहन जी मुझसे गीतों के बोल पूछते, फिर सुर देते, फिर पूछते–ठीक है न? विनोद गाता। हम दोनों ही सुझाव दे रहे थे। मेरे दिमाग़ में बँगला के अलीबाबा के गीतों का सुर बार–बार आता और मैं सुझाव देती। मेरी टोकाटोकी से विनोद को बड़ा ग़ुस्सा आया और वह स्क्रिप्ट पटककर चला गया। ''तू ही गा ले।'' ऐसा ही कुछ कहकर। हम एक–दूसरे को 'तू' ही कहते हैं। सब लोग सन्न रह गये। राजेन्द्र का ग़ुस्सा तो सर्वविदित है। बस उसने तय कर लिया कि अब अब्दुल्ला कोई और करेगा। मैंने बड़ी विनती की कि ग़लती मेरी ही थी, मैं माफ़ी माँग लूँगी। पर राजेन्द्र टस–से–मस नहीं हुआ। ईगो का मामला जो ठहरा। फिर उमेश श्रीवास्तव ने वह रोल किया। वह भी बहुत अच्छा गाता है, अच्छा भी बहुत किया उसने, पर मेरे और मोहन जी के मन में मलाल रह ही गया।

म्यूज़िकल नाटक के पहले ऐक्टरों का ऑडिशन होता था। बहुत–से गाने वालों को स्केल का ज्ञान नहीं होता। कइयों को होता भी तो मोहन जी की भाषा में 'कनसुरे' होते हैं। यह शब्द मैंने उन्हीं से सीखा। सुरीले और बेसुरे के बीच की बड़ी बारीक–सी चीज़।

मोहन जी स्वभाव से ही बड़े 'सॉफ़्ट' क़िस्म के थे। कम–से–कम 'अभियान' में तो उनकी ऐसी ही छवि थी। अगर कोई सुर बदलना हो या कोई सुझाव दिया जाये तो कभी भी 'ईगो' की समस्या उन्हें नहीं होती थी। 'घासीराम' के संगीत के लिए क्लासिकल और 'फोक' का 'कॉम्बीनेशन' होना चाहिए–यह उनके साथ बैठकर बातचीत के ज़रिये तय हो गया था। तो इस पर उन्होंने पूरी पक्की तरह से अमल किया और इतने लीन होकर संगीत दिया कि आज तीस साल बाद भी संगीत की ताज़गी वैसी–की–वैसी ही।

'तोता बोला' के संगीत में कुछ अजीब–सी गड़बड़ हुई। शायद मोहन जी व्यस्त थे तो पाठक जी को संगीत देने को कहा गया। बाद में मोहन जी भी आ गये। अब बड़ा धर्मसंकट। फिर दोनों से ही विनती की गयी कि मिलकर संगीत बनायें। वही हुआ। एक गीत था–"सास दे गारी–कहे बाँझ नारी।" इसका ऐसा मर्मस्पर्शी सुर दिया मोहन जी ने कि नन्दिनी जो इस गीत को गाती थी, रोज़ रो पड़ती थी।

1997 की गर्मियाँ। हम भुवाली में थे। वहीं अख़बार में ख़बर पढ़ी कि मोहन जी नहीं रहे। अभियान के नाटकों में संगीत आज भी दिया जाता है, पर पुराने टेपों से चुनकर, छाँटकर, अदला–बदली कर।

अभियान में मोहन जी की जगह आज भी ख़ाली है।

बहुत–बहुत अच्छे वे दिन

''ज़िन्दगी निष्क्रिय बन गयी तलघर
अब तक क्या किया?
जीवन क्या जिया?''

जाने का समय ज्यों–ज्यों पास आता जाता है, ऐसी सोच मन को घेरे रहती है। अकसर। तलघर का अँधेरा–अँधेरे में छाया–सी दीखती पुरानी चीज़ों–सी घटनाएँ। पर कहीं से रोशनी का शहतीर छनकर आता है। उसी का पीछा करता मन घेरकर लाता है उन दिनों को जो बहुत अच्छे थे, मेरे लिए। जब लगता था कुछ कर रही हूँ। अर्थपूर्ण कुछ। तीस साल के लम्बे अरसे में फैला मेरा शिक्षिका का जीवन जो उतार–चढ़ाव के साथ मेरे संग–संग चलता रहा।

अंग्रेज़ी में एम.ए. किया तो अंग्रेज़ी की टीचर रही। चौदह साल। अपने शहर की दुबली–पतली, बेचारी–सी लड़कियाँ, अमीर, स्वस्थ, फैशनेबल लड़कियाँ, उनको विदेशी भाषा–अंग्रेज़ी साहित्य पढ़ाती मैं। कोई–कोई पढ़ाई पूरी करती पर ज़्यादातर की शादी हो जाती। विवाहिताओं की भीड़ में खोयी वे गृहस्थिन लड़कियाँ कभी–कभार कहीं मिल जातीं तो वर्षों बाद भी याद रखतीं। लगता कुछ तो थी ही मैं, एक अच्छी टीचर ही सही।

फिर मध्य जीवन का वह मोहभंग। शहर, परिवार और जड़ों को उखाड़कर दिल्ली आना, लिंग्विस्टिक्स में एम.ए. करना और हिन्दी टीचर बनना, सात समन्दर पार से आये अमरीकी विद्यार्थियों को पढ़ाने के वे तीस साल जो शायद जीवन के सबसे अच्छे दिन थे। चकरधिन्नी की तरह घूमती थी मैं। घर, इंस्टीट्यूट, रिहर्सल, शो। पढ़ाना, विद्यार्थियों को लेकर फील्ड ट्रिप पर जाना, शहर के अन्दर, शहर के बाहर बड़े–बड़े ग्रुप लेकर। भारतीय संस्कृति के इतिहास के बारे में बताना, 'कल्चर शॉक' से ग्रस्त लोगों को शॉक से उबारना और हिन्दी पढ़ाना। हिन्दी वालों के

लिए मैं अहिन्दी–भाषी ही रही। व्रात्य। पर मेरे लिए यही मेरी भाषा है। यशोदा मैया जैसा हॉल है मेरा। देवकीनन्दन को दिल से लगाकर रखा–न बँगला, न अंग्रेज़ी। बस हिन्दी ही है सबसे पास की भाषा, अपनी भाषा। मेरे छात्र–छात्राओं के मन में भी कोई संशय और दुराव न था। उनके लिए मैं उनकी सबसे अच्छी टीचर थी। क्योंकि भाषा सिखाने के लिए यह कतई ज़रूरी नहीं कि वही आपकी मातृभाषा हो।

भाषा–विज्ञान पढ़ते हुए जाना था कि एक होती है मातृभाषा और वैसी ही होती है नेटिव लैंग्वेज। नेटिव लैंग्वेज कई बार मातृभाषा से आगे बढ़ जाती है, कई लोगों के लिए। क्योंकि आप उसमें लिख पाते हैं। मातृभाषा बँगला होने पर भी उसमें कभी लिखा नहीं। आजकल कोशिश कर रही हूँ। पर रवानी बड़ी मुश्किल से आती है।

सो मैंने अमरीकियों को हिन्दी पढ़ाई अमरीकी तरीक़े से। सबसे पहले जो अन्तर देखा था, वह था ऑरियेंटेशन प्रोग्राम। भाषा संस्कृति का वाहक है, सो पहले उस भाषा के बोलने वालों के समाज और उनकी संस्कृति के बारे में बताना है। यह सबसे दिलचस्प भाग होता था–मेरे लिए बिल्कुल नया।

जब पढ़ाना शुरू किया तो पता चला कि भाषा कैसे बनी? उसका व्याकरण फ़ोनेटिक सब बोलने वालों के दिमाग़ की उपज है। भाषा और संस्कृति का सीधा जुड़ाव जो जीवन में नहीं, वह भाषा में नहीं। विद्यार्थी पूछते 'प्राइवेसी' की हिन्दी क्या है? नहीं है। क्योंकि संस्कृति में नहीं है। झूठा? अंग्रेज़ी क्या है? नहीं है। सिर्फ़ विदेशी भाषा ही नहीं, अपने देश की ही भाषाओं में जहाँ संस्कृति में समानता है, वहाँ भी भाषाई अन्तर है। हम कितने शब्दों का इस्तेमाल करते हैं पर उनके अर्थ की बारीकियों पर कभी ध्यान ही नहीं जाता। जैसे एक बार एक छात्रा ने पूछा 'ढलना' का अर्थ क्या है? इसका अंग्रेज़ी का पर्याय? एकदम से बताया न गया। फिर हमने उदाहरण लिये–दिन, सूरज, चाँद ढलता है; उम्र, शाम, जवानी, छातियाँ ढलती है यानी कम होना, ऊपर से नीचे की ओर जाना पर 'इम्पेर्सेटिबल' तरीक़े से यानी हम इसे नाप नहीं सकते। ऐसे कितने ही शब्द हैं। हम उन्हें कहते हैं 'कल्चर वर्ड्स।' हिन्दी को इस तरह पढ़ाना बेहद दिलचस्प अनुभव था और विद्यार्थियों के लिए 'ऐक्साइटिंग'। पहले सोलह साल पीएच.डी. करने वाले विद्यार्थियों को पढ़ाती थी। वे पहले से काफ़ी पढ़े हुए होते थे। उनके स्पेशल ऐरियाज़

होते थे, जैसे–साहित्य, समाजशास्त्र, राजनीतिशास्त्र वग़ैरह। हिन्दी में सूर, तुलसी, मुक्तिबोध, रेणु, राकेश, राजेन्द्र यादव, कमलेश्वर, प्रेमचन्द आदि बहुत पॉपुलर थे।

पढ़ाते हुए एक बिल्कुल अलग संस्कृति से परिचय हुआ। कभी–कभी 'क्लेश' भी हो जाता, बड़े दिलचस्प तरीक़े से। उदाहरण के लिए, शिक्षक–छात्र सम्बन्ध। सभी 25, 26 वर्ष के या उससे बड़े होते। कुछ तो शादीशुदा और बच्चों वाले भी होते। मैं काफ़ी सख़्त होने के बावजूद एक दोस्ताना रिश्ता रखती थी। ग़लतियों पर हल्की हँसी, मज़ाक़, डाँट, फटकार। बच्चों की तरह ड्रिलिंग तो थी ही। कुछ समय बाद यह महसूस हुआ कि नज़दीकी और हँसी–मज़ाक़ का कुछ अलग ही अर्थ लगाया जा रहा है। सिर्फ़ मेरा ही नहीं सभी टीचरों का यह अनुभव था। क्लास के अलावा ट्यूटोरियल भी होते जिसमें केवल एक ही टीचर और एक स्टूडेंट होता, वही सबसे मुश्किल होती। हम हँसी–मज़ाक़ करते तो वे मतलब निकालते कि हम आकर्षित हैं। तब उनको समझाया कि हमारे समाज में सम्बन्धों के बड़े 'लेयर्स' (परतें) होते हैं–देवर–भाभी, जीजा–साली, ननदोई–सलहज लोकगीत भरे पड़े हैं। एक नया अध्याय खुला उनके सामने एक सर्वथा भिन्न समाज का। फिर तो समाजशास्त्र के दृष्टिकोण से पेपर लिखा गया–जोकिंग रिलेशनशिप–भाषा के साथ–साथ हिन्दी, उर्दू क्षेत्रों के रीति–रिवाज भी पढ़ाने होते।

कुछ विद्यार्थियों को आज भी नहीं भूली। सूज़ैन जैपासौड़ी इटालियन अमरीकी। बेहद ख़ूबसूरत चेहरा, पर कमर पर जैसे घड़ा बँधा हुआ। अपने मोटापे पर ख़ूब हँसती। अपने एक कूल्हे पर थप्पड़ मारकर कहती–"यह चावल।" दूसरे पर थप्पड़ मारकर कहती–"यह चीनी"। तीन साल बाद एक दुबले–सुकड़े बंगाली जर्नलिस्ट से शादी कर ली–दिल्ली में ही। दो साल बाद डिवोर्स। बंगाली भाई छोड़े ही नहीं। बड़ी मुश्किल से निजात मिली। और दुबली–पतली कैथी हैनसन। पढ़ने में सबसे तेज़। हिन्दी से जीवनभर का नाता जोड़ लिया। 'रेणु' पर डॉक्टरेट की। अब टेक्सास यूनिवर्सिटी में ऊँचे पद पर है। पुरुषों में हैंडरसन, रिच लैरिवियरे, फिलिप लटगेनडॉर्फ़, जैक हॉली अभी भी हिन्दी क्षेत्र में ही विचरण कर रहे हैं।

उन दिनों पश्चिमी देशों की यूनिवर्सिटी में राकेश जी का बोलबाला था–बहुत पॉपुलर थे। राजेन्द्र की बदौलत उनसे मेरी जान–पहचान भी हो गयी थी और वे रहते भी थे राजेन्द्र नगर में, घर के बहुत पास। एक

छात्र था थियेटर का विद्यार्थी। 45 की उम्र। उसने एक किताब लिखी थी 'थियेटर डिवाइडेड'। काले–गोरे थियेटर के बारे में। वह अपनी किताब राकेश जी को देना चाहता था और उनसे मिलना भी चाहता था। अमरीका में लेखक समुदाय शायद साधारण जनों के लिए बहुत अलभ्य होते हैं। इसलिए ये लोग अगर किसी नामी लेखक से मिलते तो धन्य हो जाते। मुलाक़ात के दौरान फ्रिट्ज़ ने राकेश जी से एक प्रश्न पूछा था–"आप के नाटकों, कहानियों में एक स्त्री का चरित्र होता है जो अपने स्नेह और प्रेम के पात्र के लिए स्वयं को 'टोटली' मिटा देती है। वह असली ज़िन्दगी में कौन है?" राकेश जी ने उत्तर दिया "मेरी माँ!" एक और कैलिफोर्निया यूनिवर्सिटी की छात्रा थी–लिंडा फोल्डमैन। उसने राकेश के नारी पात्रों पर पेपर लिखा था–'एंजल्स एंड द विचेज'। फ्रैन प्रिचेट जो आजकल कोलम्बिया यूनिवर्सिटी में उर्दू की हेड है, उसने मिस पॉल का अनुवाद किया था और शम्सुर्रहमान फ़ारूक़ी साहब के साथ मुहम्मद हुसैन आज़ाद के 'आबे–हयात' का तरजुमा भी किया।

एक और लड़की थी–मार्गरेट माज़िची–मुक्तिबोध की फ़ैन। 'अँधेरे में' पढ़ाया था उसे–बड़ी दिक़्क़त का सामना करना पड़ा था–भारतीय 'इमेजरी' को समझाने में। पर उसने पूरी कविता का अनुवाद कर लिया था। क्लास ख़त्म होने के बाद वह बैंगलोर चली गयी थी। और एक दिन ख़बर मिली कि अपने कमरे में मृत पायी गयी–उसे डायबिटीज़ थी।

कई पुरुष विद्यार्थी भी बड़े दिलचस्प थे। दो जने पॉल टूमे और सी.पी. बेहद खुले दिल के अच्छे इनसान और तेज़ विद्यार्थी थे। वे हमसे बहुत दोस्ताना बरताव करते थे। बाद में हमे लड़कियों ने बताया कि इसका कारण था कि वे दोनों ही 'गे' थे। ऐसा क्यों? क्योंकि औरत उनके लिए 'थ्रेट' नहीं होती। बरसों बाद किसी से पता चला कि दोनों की मृत्यु हो गयी–एड्स से।

पहले–पहले 'होमोसेक्सुएलिटी' एक अजीब–सी चीज़ लगती थी। एक 'टैबू', अजीब–सा कुछ। पर इन अमरीकियों के साथ रहकर सब कुछ 'सहज' और प्राकृतिक लगने लगा था और इस बात को मन तथा बुद्धि ने स्वीकार कर लिया था।

पुरुष विद्यार्थियों के साथ सिर्फ़ मेरा ही नहीं और सब स्त्री शिक्षिकाओं का भी यह अनुभव रहा कि वे टीचर के प्रति आकर्षित होते हैं–यह उनके लिए 'टैबू' नहीं था। पर हम सभी ने उन्हें समझाया–बुझाया और इस

गोरख धन्धे से बाहर निकले। हालाँकि उस समय एक 'रोमाण्टिक फीलिंग' तो होती ही थी।

याद आने वाले विद्यार्थियों में एक और था जॉन जेंट, सन् 72 के ग्रुप में। उसकी कथा बड़ी ही उदास करने वाली थी। वह कुछ–कुछ वामपन्थी विचारों वाला था। त्रिनगर में किसी के घर पेइंग गेस्ट की तरह रह रहा था। वहाँ से हौज ख़ास साइकिल से आता था। आदर्शवादी पक्का। प्रोग्राम ख़त्म होने के बाद किसी परिचित व्यक्ति के कॉण्टैक्ट से यू.पी. के किसी गाँव में 'कोऑपरेटिव फार्मिंग' करने गया। पैसे भी ख़र्चे, दो साल तक गाँव में रहा। फिर मोहभंग को झेला और अमरीका लौट गया। लौटने से पहले वह हमसे मिलने आया और अपने निराशापूर्ण मोहभंग की बात बतायी। यह भी बताया कि जिस घर में वह रह रहा था, उसी व्यक्ति की पत्नी से उलझ गया था। दो बच्चों की माँ सब छोड़कर उसके साथ अमरीका जाने को तैयार थी। पर कई दिनों के ऊहापोह के बाद जॉन ने उसे कहा–"अमरीका तुम्हारी जगह नहीं है, जैसे भारत मेरी नहीं है। मैं हमेशा यहाँ बाहर वाला (आउटसाइडर) ही रहूँगा। गोरा साहब। तुम थोड़े दिनों में मुझे भूल जाओगी। मैं तुम्हें 'अपरूट' नहीं करूँगा।'' मुझे उन दिनों की प्रसिद्ध मूवी" 'मन्थन' की याद आ रही थी।

भाषा पढ़ाना सिर्फ़ क्लासरूम तक ही सीमित नहीं रहता। जिस समाज में वह बोली जाती है–उस पूरे क्षेत्र की संस्कृति को जानना होता है जो महानगरों, शहरों और गाँवों, मोहल्लों में फैली होती है और जहाँ उसकी जड़ें गहराई तक गयी होती हैं। भाषा के 'टैबूज़', सांकेतिक संवाद, इशारे वग़ैरह। एक मज़ेदार घटना का ज़िक्र करूँ। क्लास चल रही थी। सबसे अच्छा विद्यार्थी बिल हैंडरसन जिसने क़सम खायी थी कि वह सिर्फ़ हिन्दी ही बोलेगा, सामने की सीट पर बैठा था। उसके जूते गीले थे। मेरी नज़र उन पर पड़ी और मैं पूछ बैठी–"अरे। तुम्हारे जूते गीले कैसे हो गये?" वह तपाक से बोला–"मैंने मूत दिया।" मैं तो सन्न। समझ नहीं आ रहा था हँसूँ या रोऊँ। फिर मैंने कहा–"ऐसे नहीं बोलते।" फिर उसे समझाया भाषा में 'टैबूज़' के बारे में। अंग्रेज़ी की तरह 'चार अक्षरीय' शब्दों का धड़ल्ले से प्रयोग नहीं किया जाता हिन्दी में, वह भी क्लास में।

डिफेंस कॉलोनी में हमारा ऑफ़िस था। अचनाक एक छुट्टी के दिन बुलावा आया कि 'तुरन्त आ जाइए, इमरजेंसी है।' गाड़ी भेज दी थी। ऑफ़िस के हॉल में अजीब दृश्य था। एक कुर्सी पर बैठे बड़े

टेबल पर सिर टिकाये ऐड रो रहा था, ज़ोर–ज़ोर से! वह दिखने में कुछ–कुछ कार्ल मार्क्स की तरह था। घनी दाढ़ी–मूँछ, बड़े घुँघराले बाल, बस फ़र्क़ इतना कि चश्मा पहनता था। अमरीका में सबके सामने रोना 'टैबू' है, वह भी मर्द। मैं हैरत में थी। पीछे डाइनिंग स्पेस में उसकी दुबली–पतली बीवी एक बड़ा–सा सूटकेस लिये खड़ी थी। उसके पास जाते ही उसने कहा–"मैं जा रही हूँ इसे छोड़कर।" अब हमारा कोई रिश्ता नहीं है। पर यह मुझे जाने नहीं दे रहा। हिंसक हो रहा है" ...वह और कुछ कहना चाहती थी, उससे पहले ही ऐड उठा और तड़ाक से उसके गाल पर चाँटा मारा। सूटकेस गिर गया, वह औंधे मुँह डाइनिंग टेबल पर गिरी। मैंने ऐड को पकड़कर पीछे खींचा, कहा–"लेट हर गो, देयर इज नो यूज–मे बी लेटर।" "नेवर, देट्स द एन्ड, हेल्प मी टु गेट आउट फ्रॉम हियर, मिसेज़ निगम।" मैंने ऐड को पकड़कर रखा और कहा 'गो'। उसकी बीवी ने सूटकेस उठाया और तेज़ क़दमों से बाहर निकल गयी। उसके बाद रोते हुए ऐड को टैक्सी में बैठाकर बंगाली मार्केट जहाँ वे रह रहे थे, छोड़ने गयी। कितना मुश्किल होता है, स्वीकारना और झेलना–टूटन को। पर यह भी जानती थी कि समय के साथ–साथ ज़ख़्म पर पपड़ी जम जायेगी। हमारे एक अमरीकी विद्यार्थी ने एक बार पूछा था–"व्हाई ऑल बैड मैरेजेज ब्रेक इन इण्डिया?" पाँच–छह साल बाद फिर ऐड से मिलना हुआ था वहीं ऑफ़िस में। उसने बाल कटवा लिये थे, चेहरे पर मुस्कराहट थी–उदास–सी। "अब मैं ठीक हूँ, बहुत बड़े प्रोजेक्ट के सिलसिले में यहाँ आया हूँ" और आगे बढ़ गया था।

ऐसा ही एक और छात्र था–रैंडल–बेहद ख़ूबसूरत, लड़की–सा लगता था। कहता था कई बार इण्डिया गेट पर वह कुछ 'गे' लोगों से घिर गया था। वह अपनी हिन्दी बोलचाल की प्रैक्टिस के लिए सड़क के किनारे जो मज़दूर टेंट बनाकर रहते हैं, उनके पास चला जाता था और अपनी टूटी–फूटी हिन्दी में बात करता। अकसर मज़दूर उसे सड़कछाप चाय पिलाते और बिस्किट का छोटा–सा पैकेट मँगाकर खिलाते। जब वह पैसे देने जाता तो मना करते, कहते–"आप हमारे मेहमान हैं।" उसने मुझसे पूछा–"हाउ कैन दोज पीपल सो पूअर गिव मी अ ट्रीट?" मैंने उसे पूर्वी देशों की मेहमाननवाज़ी के बारे में समझाया। प्रोग्राम ख़त्म हो गया। कोई महीने भर बाद उसके माता–पिता भारत आये और कहा–"वह वापस अमरीका नहीं गया, यहीं पर रहेगा और प्रीस्ट बन जायेगा।" उसकी माँ

की आँखों में आँसू थे। मैंने कहा–''मैं उसे समझाऊँगी, लिखूँगी।'' पर कुछ भी न कर पायी। लैंग्वेज प्रोग्राम नौ महीने का होता था। कभी–कभी एक–डेढ़ महीने के लिए गर्मी से बचने के लिए पहाड़ों पर चले जाते। सन् 72 की गर्मियाँ। नैनीताल। उस साल प्रोग्राम में तीन–चार सी.ओ. यानी 'कॉनशेंसस ऑबजेक्टर' थे। अमरीकी सरकार जवान लड़कों को सेना में भर्ती कर वियतनाम भेजती थी। यह अनिवार्य था। बहुत–से नौजवान उससे बचने के लिए 'पीस कोर' या भाषा प्रोग्राम में चले आते। इस ग्रुप के प्रायः सभी बड़ी उम्र के थे। लड़कियाँ नहीं थीं–सिर्फ़ एक महिला थी–पैट, उसका चार साल का बच्चा भी उसके साथ था। अपनी ही क्लास के एक लड़के से उसका रोमांस चल रहा था जो उससे उम्र में कई साल छोटा था। यह बहुत आम बात थी अमरीकियों के लिए। दो–तीन हफ़्ते गुज़रे ही थे कि एक–दिन पैट सुबह–सुबह मेरे पास आयी, चेहरा 'टैंस'। कहने लगी–"मैं प्रोग्राम छोड़कर वापस जाना चाहती हूँ।" "क्यों?" थोड़ी देर चुप्पी के बाद बोली–"मेरा मन बहुत डिस्टर्ब्ड है।" ''क्या माइक इसका कारण है?'' "हाँ।'' "पर उससे तो तुम्हारा अफेयर चल रहा था।'' "नाउ वी आर क्रियेटिंग हैल फॉर ईच अदर।" "बट यू वर इन लव?" "मे बी नॉट नाऊ।" "आख़िर प्यार होता क्या है, तुम्हारे मुताबिक़?" "वी कम्यूनिकेट, वी मिस ईच अदर, वी इमोशनली डिपैंड ऑन ईच अदर, एंड लास्ट ऑफ़ ऑल सेक्सुअल फुलफिलमेंट।" "ये सब अब कुछ नहीं रहे?" ''नो।'' और वह पढ़ाई आधी छोड़कर बेटे को लेकर चली गयी वापस। प्रेम की वह परिभाषा अच्छी लगी थी तब और आज भी याद करती हूँ।

फील्ड ट्रिप। हिन्दी पढ़ाने का एक महत्त्वपूर्ण अंश था, हिन्दी प्रदेश में विद्यार्थियों को लेकर ट्रिप में जाना। छात्र–छात्राओं और उनके परिवारों को लेकर सेकण्ड क्लास स्लीपर में यात्रा करते थे हम। फर्स्ट क्लास में यात्रा कर सकते थे पर मेरा मानना था कि सेकण्ड क्लास में ही ज़्यादा भाषा के अनुभव होते हैं। यू.पी., राजस्थान, मध्य प्रेदश, खजुराहों वग़ैरह जहाँ हिन्दी बोली जाती थी, वहाँ ले जाना होता था और उसके बाद उन्हें एक लम्बा लेख लिखना होता था जिसमें उनके सांस्कृतिक अनुभव, अड़चनों और विश्लेषण का ज़िक्र होता था। इस तरह पढ़ाना भारतीय स्कूलों और कॉलेजों में पढ़ाने से बिल्कुल अलग था। इस 'मैथड' से मैंने हिन्दी के बारे में इतना सीखा–जाना जो शायद कॉलेज–स्कूलों की पढ़ाई से सम्भव न होता।

अमरीकन इंस्टीट्यूट में हिन्दी पढ़ाते समय की एक और उपलब्धि। कुछ बहुत अच्छे मित्र बनाना जो आज तक बने हुए हैं। सन् 71 की बात है, अभियान के ऐक्टर कुलभूषण ने एक दिन कहा—"एक उभरते नाटककार है—दिल्ली में रहते हैं। आप उन्हें टीचर क्यों नहीं रख लेती?" उन दिनों मैं लैंग्वेज सुपरवाइज़र थी, सो उनसे मिली और उन्हें पढ़ाने के लिए रखने के लिए डायरेक्टर से बातचीत की। उन्होंने कहा—"पर एक टीचर तो ऑलरेडी हैं—वीणा मेहता। बजट में तो सिर्फ़ एक के लिए प्रॉविजन ही है। बड़ा धर्मसंकट था। वीणा से बात की। उसे नौकरी की सख़्त ज़रूरत थी। पति की नौकरी नहीं थी। दो बच्चों की ज़िम्मेदारी। वीणा ने कहा "सांत्वना दी, दोनों ही पढ़ा लेंगे।" फिर आकाओं से बात की। उस समय टेक्सास के ड्रॉ पोलोमे प्रोग्राम हेड थे। जब मैंने उनसे दोनों को रखने की बात की तो कहने लगे—"वी हैव ऑनली वन ऐपल एंड देयर आर टू ईटर्स, वॉट डू यू डू?" मैंने कहा—"आई विल कट द ऐपल इंटू टू।" वे ऐसा सोच भी न पाये होंगे, क्योंकि यह ख़ालिस भारतीय सोच की ही उपज थी। समस्या हल हो गयी और दोनों पढ़ाने लगे। रंजना गौहर, जो आजकल नामी नृत्यांगना है, उन दिनों कॉलेज से निकली ही थी, वह भी बातचीत की क्लास लेती थी। और उर्दू के साबरीन, उस्मानी साहब, डॉक्टर परवेज़—हम सब बहुत अच्छे दोस्त बन गये थे। एक बार सोशियोलॉजी के एक विद्यार्थी ने हिन्दुस्तानी 'नॉन–वेज' गालियों का अंग्रेज़ी में ऐसा अनुवाद करके सुनाया कि मैं सकते में आ गयी। पूछा, किसने बताया तो कहा, डॉ. परवेज ने। चलो ज्ञान की वृद्धि हुई।

वर्मा जी (सुरेन्द्र वर्मा) मैं उन्हें ऐसे ही सम्बोधित करती हूँ, कई साल तक अमरीकन इंस्टीट्यूट में पढ़ाते रहे। हौज ख़ास के एक बड़े–से मकान में क्लासें होती थीं। वे उसी के बेसमेंट में रहते थे। इन्हीं दिनों उन्होंने काफ़ी लिखा भी था—काहनियाँ, उपन्यास, एकांकी वग़ैरह। उनसे मेरी बड़ी अच्छी दोस्ती हो गयी और आज भी मिलने पर हम पहले की ही तरह आत्मीयता और नज़दीकी से पेश आते हैं।

सोलह साल बाद सन् छियासी में हिन्दी, उर्दू का प्रोग्राम बनारस चला गया। नौकरी गयी और कमाई का दरवाज़ा बन्द हो गया।

इन्हीं दिनों दो कैनेडियन महिलाओं को बँगला पढ़ाना शुरू किया। कहते हैं बड़ी आसान है बँगला। लिंग, वचन नहीं है। पर फ़ोनेटिक्स? तौबा–तौबा, नानी याद आ गयी।

डेढ़–दो साल बाद ही स्कूल फॉर इण्टरनेशनल ट्रेनिंग के विद्यार्थी आये। मेरी पुरानी छात्रा एमी बार्ड डायरेक्टर बनकर आयी थी। उसने कहा–"मिसेज़ निगम सिखाइए इन्हें हिन्दी।" अ, आ, क, ख से शुरू कर दिया पढ़ाना। दो–तीन हफ़्ते दिल्ली, फिर दो हफ़्ते उदयपुर। उदयपुर में दस साल तक चला पर बहुत 'ईव टीज़िंग' शुरू हो गयी। इसके अलावा लोकल लोगों से प्रेम–प्रसंग भी चल पड़े थे। लिहाज़ा प्रोग्राम को जयपुर शिफ़्ट कर दिया गया।

विदेशी छात्रों के साथ अलग–अलग प्रदेशों में घूमते हुए कुछ अप्रिय अनुभव भी हुए। सबसे ज़्यादा ऐसे अनुभव राजस्थान में हुए। गोरी चमड़ी को देख निहाल हो जाना, आगे–पीछे घूमना यह तो आम बात थी। हर जगह बताना पड़ता था कि मैं इनकी टीचर हूँ। सामन्तवादी सोच का भी परिचय मिलता था। बड़ी कोफ़्त होती थी। एक बार छात्रों के साथ डिग्गी पैलेस ठहरे थे सब। डाइनिंग स्पेस थी एक जगह, वहाँ सबके साथ गयी तो बैरे ने कहा–"यह जगह सिर्फ़ अंग्रेज़ों के लिए है।" अंग्रेज़ मतलब गोरी चमड़ी। मैं तो धड़धड़ाती रिसेप्शन में मैनेजर के पास पहुँची, ख़ूब बरसी। माफ़ी माँगी उसने, तब जाकर हिली वहाँ से।

छात्र भी पहले जैसे नहीं थे। पूरी पीढ़ी ही बदल गयी थी। अमरीकी समाज और उसके मूल्य बड़ी तेज़ी से बदल रहे थे। वियतनाम की लड़ाई की बातें अप्रासंगिक हो गयी थीं। विद्यार्थी पहले जैसे सीरियस और सादगी पसन्द नहीं थे। एक–दो को छोड़कर बाक़ी सबके लिए 'ग्रेड कमाई' और पैसा और एक सेमेस्टर विदेश–यात्रा–यही महत्त्वपूर्ण था। यहाँ तीन महीने भाषा सीखने पर उन्हें क्रेडिट मिलता था। बस वही ध्येय था।

मेरा मन उखड़ने लगा था। युग और पीढ़ी के साथ–साथ अमरीकन ब्यूरोक्रेट्स भी बदल गये थे। पहले स्पष्टवादिता और 'अपराइटनेस' की कद्र होती थी। अब चाटुकारिता और 'प्लायबिलिटी' को गुण माना जाने लगा था। दस सालों में जाने कितने विद्यार्थी आये पर पाँच–छह के ही नाम याद रहे। याद हैं डेनियल, चायना और ऑलिविया की। ऑलिविया जिसने कहा था–"सार्त्र इम्पोटेंट थे। लूव्र में सबको मालूम है।" ऑलिविया फ्रेंच थी। मैंने कहा–"और उनकी इतनी सारी महिला मित्र?" "तो क्या? क्या आप सोचती हैं महिलाओं का दिमाग़ से कोई सरोकार नहीं?" सच ही तो।

इन दस सालों में मेरे कुछ और बन्धन उपज गये थे। मेरी दो नतिनियाँ थीं। उन्हें मैंने ही पाला था। मानसिक निर्भरता दोनों तरफ़ से थी। उस

पर पढ़ाने को लेकर खिन्नता तो थी ही। मुझे लगा अब छोड़ने का समय आ गया है और 99 में मैंने पढ़ाना छोड़ दिया।

पर पढ़ाना आज भी मिस करती हूँ। रेल से या बस से कहीं जाते समय कोई ख़ाली स्कूल बिल्डिंग दीखती है तो लगता है जाकर कुर्सी में बैठकर पढ़ाना शुरू कर दूँ। फिर उदासी की गर्द में वह स्कूल ओझल हो जाता और मैं आगे बढ़ जाती हूँ।

हॉरमोन का तिलिस्म

हाँ, अब ऐसा ही लगता है। लगता है, क्या वह मैं ही थी तब? जब बड़ों के उपन्यास पढ़ रोमांचित होती थी, रोती थी। रात को बहुत देर तक सोचती रहती कि क्या होता है प्रेम? किसी को चाहना, उससे लिपटना, चूमना, विरह में तड़पना, किसी भी चीज़ में मन न लगना? पर मुझे क्यों नहीं होता ये सब? सेक्स क्या होता है? होम्योपैथी की मोटी–सी किताब थी माँ के पास। उसमें से छाँट–छाँटकर वे अंश पढ़ती जहाँ लिखा रहता काम–सेक्स, सेक्सुअल डिजीज़, हस्तमैथुन, हिस्ट्रीरिया। दिमाग़ 'कनफ़्यूज़न' से भर जाता। एकाएक सिर में चक्कर आता, गिर पड़ती। रात को डर के मारे नींद नहीं आती। मुझे ज़रूर मिरगी हो गयी है, छुपाकर होम्योपैथी की किताब में गन्दी बातें पढ़ती हूँ न।

स्कूल जाती हैं हम दो–तीन लड़कियाँ। गेट के पास एक गन्दा–सा अधेड़ आदमी बैठा है। उसके हाथ में एक सड़कछाप पतली–सी किताब है। तस्वीरें बनी हुई हैं। मैथुनरत स्त्री और पुरुष की। वह दिखाना चाहता है लड़कियों को। आँख फेर लेती हूँ। सहेली को बताती हूँ। वह पसीना–पसीना हो जाती है। दोनों सरपट भागते हैं अन्दर। चौकीदार से शिकायत करते हैं–"एक बदमाश बैठा है गेट पर, गन्दी किताब लेकर।" मन में डर, उत्सुकता, अपराधबोध का कोहरा छा जाता है।

दीदी का पढ़ाई में मन नहीं लगता। उसे प्रेम हो गया है। इम्तिहान तो देना है। तो उसे भाई के पास दिल्ली भेजा जा रहा था। बाबा के साथ मैं भी उसे स्टेशन छोड़ने गयी थी। साथ थे आई.एन.ए. के कैप्टन साहब जो हमें क़वायद सिखाया करते थे। मुझे बाथरूम जाना था। स्टेशन का बाथरूम कहाँ था, पता नहीं। "चल मैं तुझे दिखा देता हूँ।" कैप्टन साहब बोले। बाथरूम के सामने नीम अँधेरे में अचानक सारा शरीर उनकी गिरफ़्त में और होंठों पर बहुत लम्बा चुम्बन। झटके से अपने को छुड़ा लिया। छी:

चौदह साल की उम्र में तब लगा था कि डूबकर मर जाऊँ। थू–थू। बाहर आकर रगड़–रगड़कर मुँह पोंछ रही थी। बाबा घबराकर बोले थे–"अरे क्या हुआ तुझे?" गाड़ी चली गयी थी। मैं ज़ोर–ज़ोर रो रही थी। शादीशुदा आदमी और यह? कह दूँगी इनकी बीवी से। पर नहीं कहा। अपने को ही कोसती रही कि क्यों गयी थी इनके साथ?

सोलहवाँ साल साड़ी पहनने लगी थी। शहर के पॉश इलाक़े में जीजा जी की फोटोग्राफ़ी की दुकान थी। सहेलियों के साथ रोज़ शाम को सैर करने जाती और दुकान पर थोड़ी देर रुकते हम सब। एक दिन ऐसे ही दुकान पर गये तो देखा कि कुछ लेखक आये हुए हैं। सत्येन्द्र शरत का नाम याद है। तभी किसी ने बँगला में कहा 'कृष्ण कली'। चौंककर देखा–गोरा चिट्टा, नीली–भूरी आँखें, सफ़ेद शर्ट और पैंट, गले में लाल रेशम–सा रूमाल बँधा। वह आँखें फैलाकर मुझे देख रहा था। सब ज़ोर से हँस पड़े। सिर्फ़ मेरे और दीदी के सिवा किसी और को रवि ठाकुर की कविता का पता नहीं था। मैं सिटपिटा गयी। जीजा जी ने परिचय कराया–"बादल रॉय, कवि हैं, कलकत्ता से आये हैं।" दून स्कूल में 'महाभारत' डांस ड्रामा हो रहा है। पूरी टीम आयी है। बादल नाटक को कविता में लिखता है। झेंपकर देखा उसकी ओर। वह तब भी मुग्धभाव से देख रहा था। अब तक 'कल्लो', 'कलूटी'–अपने लिए यह सब सुना था–पर कृष्ण कली। "देखेछी तार कालो हरिण चोख"–"बस कर यार, यह कविता वग़ैरह बाद में। पहले परिचय तो करा दूँ।" जीजा जी बोले। "यह टोनी, मेरी साली दसवीं में पढ़ती है–रवीन्द्रनाथ ठाकुर की दीवानी।" फिर तो रोज़ आते–जाते दुकानी की धैया छूना, वहाँ बैठना, कभी–कभी बादल के साथ राजुपर रोड घूमने चले जाना। सहेलियाँ भी साथ होतीं, मज़े लेतीं। महीना भर रहा होगा। फिर शो के बाद कलकत्ता चला गया। वहाँ से दीदी के पते पर चिट्ठियाँ आतीं। महा साहित्यिक कविताओं और प्रेम से ओत–प्रोत। दीदी कहती–"बाथरूम में जाकर पढ़।" ऐसा ही करती। चिट्‌ठी का जवाब भी देती। पता लगता वह जेल में था कुछ दिन। वामपन्थी कॉमरेड। बालीगंज में कहीं रहता था। फिर धीरे–धीरे चिट्ठियाँ कम होती गयीं दोनों तरफ़ से। एक चिट्‌ठी अब भी सँभालकर रखी है।

मन नहीं जागा था तब पर आत्मविश्वास जगा गयी थी कोई पारस पथरी।

(2)

कॉमरेड कथा

19वाँ साल। बी.ए. का पहला वर्ष। को–एड कॉलेज में पढ़ाई शुरू हुई। पर लच्छन वही पुराने। टॉम बॉय। लड़कों से दोस्ती, गप्पे, हा–हा, ही–ही, चाय पीना, ए.आई.एस.एफ. के कितने ही कामों में उलझ जाना। घर में छोटे भैया के पास कॉमरेड का आना–जाना शुरू हो गया था, ख़ासकर दो का। कॉमरेड दत्ता और कॉमरेड घोष। दोनों आते और भाई की कोठरी में घुस जाते। धुआँधार बहसें होतीं। चाय बनाकर देने जाती। चौखट पर खड़ी रहती, चाय लेकर। कॉमरेड दत्ता कहते–"क्या पक्का रंग है तेरी बहन का।" मैं झक सफ़ेद दाँत फाड़े हँस देती। क्या था उनकी नज़रों में? मुँह से चाहे जो कहें पर...आँखों की इबारत? क्या पता? शायद झूठ ही हो। ऐसे ही...पर मन ही तो है–डोल गया–चल पड़ा उस पहली पगडण्डी पर।

पहला 'इनफेंचुएशन'। हॉरोमोन ने काम करना शुरू कर दिया था शायद। सफ़ेद धोती, सामने से बन्द सफ़ेद क़मीज़, काला जवाहर वास्कट चश्मे के पीछे से झाँकती दो उज्ज्वल आँखें, अव्वल दर्जे के मुँहफट–यह थे कॉमरेड सुनील दत्ता। देहरादून के सभी सरकारी दफ़्तरों के 'क्लास फोर' कर्मचारियों के यूनियन लीडर। पार्टी ऑफ़िस में ही सोना, किसी चपरासी या सफाई कर्मचारी के घर दो वक़्त खाना। चाय वाले की दुकान पर सुबह–शाम चाय–बिस्कुट। साइकिल पर ही सारा शहर रौंदते फिरते। महीने में एकाध बार भैया से कहते–"तेरी उस 'कष्टिपाथर' (कसौटी का पत्थर) से बनी बहन से कह कि एक दिन मीट–चावल या माछभात बनाकर खिलायेगी।" बस किस उत्साह से हम तीनों बहनें खाना बनातीं, फिर पूछो नहीं। पेट भरकर खाते, इतना कि खाना कम पड़ जाता। भैया सकुचाकर कहते–"ऐसा खाना मिलता जो नहीं है बेचारों को जभी तो...।"

तो रोज़ का मिलना नहीं होता था, बस कभी–कभार। फिर नाटक शुरू किया। भैया और उनके दोस्तों ने। तब फिर रोज़ ही मिलना शुरू हुआ मीटिंग्स और फंक्शन में। तब तक मैं पार्टी मेम्बर बन चुकी थी, स्टूडेंट फ्रंट सँभालती। मेरा फक्कड़ स्वभाव बदलने लगा था। माँ ने नोट किया यह बदलाव और कहा–"तुम्हारे यह कॉमरेड दत्ता...इनके परिवार वाले कहाँ हैं? घर में क्यों नहीं रहते" वग़ैरह। मैं बड़े उत्साह से माँ को 'होलटाइमर' का मतलब समझाती। माँ मुझे चिढ़ाती–"सुनीला।" मैं कहती "माँ बेकार

की बात मत करो, मुझसे दस–ग्यारह साल बड़े हैं।'' "तो क्या हुआ। मन तो मन ही है, क्यों?" माँ जैसे मेरे साथ–साथ मेरा जीवन जी रही थी।

बी.ए. का अन्तिम वर्ष। बसन्त का मौसम आते ही मन उदास हो जाता। क्या यह सब एकतरफ़ा ही है? एक बार पूछकर तो देखूँ। पर हिम्मत नहीं होती थी। फिर साहस जुटाकर एक दिन भैया से कह ही डाली अपने मन की बात। भैया चुप। मैंने उनसे कहा–"तुम उनसे कहना तो सही मेरी बात। हम दोनों पार्टी का काम कर सकते हैं। मैं नौकरी करूँगी, वे पार्टी का काम।" "तू तो बिल्कुल ही प्रेम में पड़ गयी। यह रोमाण्टिक रवैया दो दिन में हवा हो जायेगा।" भैया ख़ुद कोशिश करके भी प्रेम नहीं कर पाये थे। पता नहीं क्यों प्रेम–व्रेम से वे कोसों दूर थे। मैं ज़िद पर अड़ी रही कि तुम मेरी तरफ़ से बात तो करना। उन्होंने कहा–"ठीक है।" कितने ही दिन बीत गये। तब अधीर होकर मैंने पूछा–"तुमने की थी बात?" "हाँ।'' "क्या कहा?" कहा–"न प्रेम है, न प्रयोजन।" जैसे किसी ने बड़ा–सा पत्थर मारा हो सीने में। मैं रोने लगी। बाथरूम में घुसकर नल खोल दिया और घण्टों रोती रही। कहते हैं न रोना–धोना। सो रोने के साथ–साथ मन के सब रंग भी धो दिये। उदास रहने लगी। माँ ने कारण पूछा और न बताने पर भी भाँप गयी। फिर रवीन्द्रनाथ की एक कविता 'शुभक्षण' की आवृत्ति करने लगी :

"एक साधारण–सी बेटी और माँ। राजकुमार अपने रथ पर सवार हो उनके घर के सामने से गुज़र रहे हैं। बेटी का मन उड़ने लगा। खिड़की पर खड़ी रही राजकुमार की एक झलक पाने के लिए। रथ देखते ही बेटी ने अपने गले की मोतियों की माला गले से उतारकर रथ की ओर फेंकी। किसी को कुछ पता ही न चला, राजकुमार का रथ आगे बढ़ गया। माँ ने पूछा–'क्या हुआ रे?' बेटी ने कहा–'मेरी माला को किसी ने देखा ही नहीं।' रथ के पहियों के नीचे चूर–चूर हो धूल से ढकी पड़ी है रास्ते पर।'' "फिर भी, माँ राजकुमार मेरे घर के सामने से गुज़रे और मैं अपनी माला अर्पित न करूँ? ऐसा कभी हो सकता है क्या?"

शुभक्षण आया और गुज़र गया।

एक–डेढ़ साल बाद ही मेरी शादी हो गयी और सवा साल बाद बेटा हो गया। पर वह गुज़रा हुआ 'शुभक्षण' हमेशा मेरे साथ रहा। मैंने शादी से पहले ही निगम साहब को सब बता दिया था। और उन्होंने इसे एक अतिसाधारण आम रोमाण्टिक घटना की तरह मान लिया था। पूरी प्रेग्नेंसी

के दौरान मैं मन–ही–मन कामना करती–हे भगवान, मेरा बेटा (सब कहते थे बेटा ही होगा) कॉमरेड दत्ता जैसा हो। बेटा हुआ। कभी–कभी मैं उसे कपड़े भी वैसे ही पहनाती थी–सफ़ेद कुर्ता–पाजामा और खादी भण्डार की काली जवाहर जैकिट।

मेरी शादी के दो साल बाद मेरी पक्की सहेली कॉमरेड सरोमा की शादी थी। गोद में बेटे को लेकर शादी में गयी थी। आर्यसमाजी शादी हो रही थी। कॉमरेड दत्ता भी वहाँ हाज़िर थे। बच्चे को हवन के धुएँ से बचाने के लिए मैं थोड़ा हटकर खड़ी थी कि कॉमरेड दत्ता पास आये, कुछ देर एकटक देखते रहे, फिर कहा–"यह आपने क्या किया?" मैं हक्की–बक्की। मुँह से शब्द ही न निकला। वह चले गये। दिमाग़ गड़बड़ा गया। "क्यों कहा ऐसा"? फिर सोचा–"अब क्या?"

अगले साल से ही नाटकों का दौर शुरू हो गया कॉमरेड दत्ता की ही पहल से। बंगाली मोहल्ले के बँगला लाइब्रेरी के परिसर में ही सब कार्यक्रम होते थे। कलकत्ते से नाटक की किताबें मँगायी जाती और रिहर्सल होती। पहले एक–दो हफ़्ते तो बेटे को घर पर ही छोड़कर जातीं। फिर घर में कहासुनी और तनावपूर्ण वातावरण के चलते उसे साइकिल के पीछे बैठाकर रिहर्सल में ले जाती। हालाँकि कॉमरेड दत्ता ऐक्टिंग नहीं करते थे पर हरफ़नमौला का–सा रोल अदा करते और रिहर्सल में 'परमानेंट प्रॉम्प्टर' थे। कमरे के एक कोने में नाटक की किताब लिये लगातार बड़े नाटकीय ढंग से पढ़ते जाते। उच्चारण, टोन ठीक न होने पर टोकते। निर्देशन का काम कॉमरेड घोष करते। सब कुछ साझा ही होता–एक ग्रुप एक्टिविटी जिसके लिए मन में रोमाण्टिक लगाव उपजा था।

साठ के दशक के मध्य में पार्टी के दो हिस्से हो गये। हमारे शहर के काफ़ी पार्टी कॉमरेड्स अलग हो गये। कॉमरेड दत्ता और कॉमरेड घोष सी.पी.आई. में ही रहे पर भैया सी.पी.एम. में। उन्होंने मुझे भी अपने साथ खींच लिया। इसके कुछ ही दिनों बाद कॉमरेड दत्ता गिरफ़्तार हो गये और देहरादून जेल में हैं। कुछ महीनों बाद यह भी पता चला कि वे जेल में बीमार हो गये। उन्हें ठीक से दिखायी नहीं देता। बरसों का अनियम ही क्या इसका कारण है? मन बेहद उदास हो गया। पता नहीं क्यों मैंने जेल के पते पर उन्हें चिट्ठी लिखी। कुछ नहीं, साधारण–सी चिट्ठी, चिन्ता जताकर, स्वस्थ होने की शुभकामनाओं सहित।

कई महीनों बाद एक दिन मोतियों का गजरा लगाकर बँगला लाइब्रेरी

गयी किताब लेने। देखूँ क्या कि बरामदे में कॉमरेड दत्ता खड़े हैं। "अरे आप?" उन्होंने आगे बढ़कर मेरे दोनों हाथ थाम लिये। "कैसे हैं अब?" मैंने पूछा। "अभी दो दिन हुए जेल से छूटा हूँ। बहुत अच्छा लगा तुम मिली। तुमने क्या मोगरे का फूल लगा रखा है?" ''हाँ क्यों?" "आपको दीख नहीं रहा?" "धुँधला दीख रहा है सब कुछ। तुम भी। पर ठीक हो जायेगा। होम्योपैथी का इलाज चल रहा है।"

इस तरह 'आप' से 'तुम' पर चले आना। मन मोगरा बन गया। उस बार आख़िरी नाटक में भी वे प्रॉम्प्टर थे। उसके बाद मैंने शहर छोड़ दिया था और दिल्ली आ गयी थी।

महानगर में रहने पर भी अपना छोटा शहर हमेशा ही मुझे बुलाता था। दुर्गापूजा के समय तो ज़रूर ही जाना होता था। उस बार जब गयी तो पता लगा कि वे अपने मित्र चौधरी साहब के घर रह रहे हैं। दीदी पीछे पड़ गयी–"चल न, मिल के आयेंगे। सुना है बीमार हैं। दोनों आँखों से धुँधला दीखता है।" छोटे शहर की रोमाण्टिक औरतें। तीनों बहनें पुहँची मिलने। दीदी ने कहा–"सुनीलदा, देखिए किसको लायी हूँ।" उन दिनों मेरा अनूदित नाटक 'अलीबाबा' टी.वी. में दिखाया गया था। वे बोले–"मुझे दिखायी तो नहीं देता, सुना था। तुम्हारा अनुवाद था न? बहुत अच्छा था। तुम ठीक जगह पहुँच गयी हो। राजेन्द्र को बधाई।"

घर आकर बहुत रोयी थी। बिल्कुल अन्धे हो गये! कई महीनों बाद मुझे एक इनलैंड मिला कॉमरेड दत्ता का। साधारण ख़बरें और पूछताछ। उनका इलाज रुड़की में चल रहा है। मेरा बेटा कैसा है? अन्त में लिखा था–लाल सलाम–कॉमरेड सुनील दत्ता।

अगले साल फिर दुर्गापूजा की छुट्टियों में देहरादून जाना हुआ। वहाँ जाकर सुना कॉमरेड दत्ता को कैंसर हो गया है। कैंसर! उन दिनों कैंसर आजकल की तरह आम बीमारी नहीं थी। पूजा–बाड़ी दीदी के घर के बिल्कुल पास थी। सबने कहा–"चल मिल ले। सारा मुँह टेढ़ा हो गया है। माथे और गाल के बीच बड़ा–सा ट्यूमर है, ऑपरेशन के बाद फिर उभर आया है। क्या पता आख़िरी बार ही मिलना हो।" पर मैं नहीं गयी। वह हैंडसम चेहरा ही बना रहे मेरे मन में। प्रतिमा–विसर्जन का जुलूस निकल रहा था। सब भागकर गेट तक चले गये। "बोलो दुर्गा माई की जय।" पूजा बाड़ी के हर काम में इनवॉल्व रहने वाले कॉमरेड दत्ता की आवाज़ धीरे–धीरे सड़क के दूसरे छोर तक चली गयी।

कुछ महीनों बाद दीदी की चिट्ठी से पता लगा, कॉमरेड दत्ता नहीं रहे। कलकत्ता जा रहे थे मोहल्ले के दो लड़कों के साथ। अपने मामा से मिलने। मामा, जिन्होंने उन्हें कॉमरेडी की दीक्षा दी थी। पर वर्धमान आते–आते उन्होंने अन्तिम साँस ली। मामा से मिलना नहीं हुआ।

सालों बाद की बात है, मैं भैया से मिलने गयी थी उनके घर। मैं 60 की थी वे अड़सठ के। उन्होंने कहा–''तुझसे एक बात के लिए माफ़ी माँगनी है। बहुत पहले, मैंने तुझसे एक बहुत बड़ा झूठ बोला था।" "क्या"? "यही कि कॉमरेड दत्ता ने कहा 'न प्रेम है न प्रयोजन'। वह सफ़ेद झूठ था। दरअसल मैंने उनसे कुछ पूछा ही नहीं था। शायद अपनी छोटी बहन के भले के लिए।" "भला हुआ क्या?" मन–ही–मन मैंने अपने आपसे पूछा। कौन जाने।

उम्र बढ़ती है तो बचपन का शहर, घर, जगहों को देखने की लालसा जागती है मन में। तीर्थ हों जैसे। ऐसे ही सोचती हुई आयी थी, बँगला लाइब्रेरी में। सीलन से अधगीली दीवारें, पुरानी अलमारियाँ, पुरानी किताबों से भरी पुरानी मेज़–कुर्सियाँ दाग़ लगीं, बिना पॉलिश के। एक किनारे बैठी पार्ट टाइम लाइब्रेरियन। आरती दी जो बँगला साहित्य समिति की प्रेसिडेंट हैं आजकल–बड़ी ख़ुश होकर मिलीं। कहने लगीं, "वैलकम, कितने दिनों बाद आयी। भई चन्दा चाहिए लाइब्रेरी के रेनोवेशन के लिए। नयी किताबों के लिए, निकालो चेक।" मैंने दीवार पर लगी पीली पड़ी धुँधली तस्वीरों को देखा। "ये किनकी तस्वीरें हैं?" "सब पुराने प्रेसिडेंट्स और सेक्रेटरीज़ की।" "कॉमरेड दत्ता की एक भी तस्वीर क्यों नहीं है दीदी? यहाँ तो उनकी जड़ें उग गयी थीं। ढूँढ़कर उनकी तस्वीर लगाइए, तभी दूँगी चन्दा।

दिल्ली लौटने से पहले दीदी का फ़ोन आ गया–"तस्वीर लग गयी है, तू देखकर जाना। चैक भी लेती आना।" बँगला लाइब्रेरी की सीली दीवार पर, नये फ्रेम में जड़ी एक बहुत पुरानी छोटी–सी तस्वीर टँगी है। अपने चाइना विजिट के समय, डेलिगेशन के साथ खड़े, धोती, शर्ट, काली वास्कट पहने कॉमरेड दत्ता। तस्वीर में कैद मेरे प्रथम यौवन का वह मुट्ठीभर तिलिस्मी समय! मैंने पर्स में रखा चैक मेज़ पर रख दिया।

(3)

उम्र इकतीस। दो स्कूल जाने वाले बच्चे, अंग्रेज़ी लेक्चरर की एक अदद नौकरी, मुझे नासमझ और अबौद्धिक समझने वाले महाबौद्धिक पति और

बहनों, भाभियों, सहेलियों, कलीग्स का हुजूम। शादी के सात वर्ष हो गये थे। कॉलेज के आर्ट डिपार्टमेंट की हेड, मेरी बहुत ही क़रीबी सहेली मनोदी। उनके टीचर्स क्वार्टर में ही बहुत–सा समय बीतता। उनका सबसे छोटा भाई वक़ालत पढ़ रहा था। उनका एक और भाई इनसे बड़ा। उसकी बात अकसर होती रहती। आर्मी में है। बहुत बीमार है। हॉस्पिटल में है। लेह में। कैटेगरी लो हो गयी है। अल्सर है। आर्मी छोड़ना चाहता है। नाम है सुदीप।

सुदीप को अस्पताल से छुट्टी मिल गयी है। दो हफ़्ते रेस्ट करना है। यहाँ आ रहा है।

और एक दिन वह आ ही गया।

दो बड़ी–बड़ी उजली पर उदास आँखें पीलापन लिये। गोरा रंग, गहरे भूरे बाल, मँझोला क़द। सफ़ेद पैंट–शर्ट पहने। थका हुआ। शुरू में अकसर लेटा ही रहता। कभी–कभी दर्द से तड़पता–अल्सर का दर्द–जो लेह की ठण्ड में रम की गरमाई से बेहद बढ़ गया था।

शाम को मनोदी के क्वार्टर में रोज़ अड्डा बैठता। "इसे गाना बहुत पसन्द है, गाना गाओ।" मनोदी कहती। एक के बाद एक गाना गाती रहती।

वह मुग्ध हो सुनता। छुट्टियाँ ख़त्म हो गयीं और वह चला गया।

अगले साल वह फिर आया मार्च के शुरू में। क्लासें ख़त्म करने की हड़बड़ाहट और ख़त्म होते मार्च का सुहाना मौसम। कॉलेज आते–जाते क्वार्टर में प्रायः रोज़ ही उससे मिलती। कहीं कुछ घटित हो रहा है। क्लास में पढ़ाते–पढ़ाते अनमनी हो जाती। उसने इस बार एक सेकण्ड हैंड गाड़ी ले ली थी। शाम को अकसर हम सब गाड़ी में कैंटोनमेंट की ओर चले जाते। मैं खुले गले से 'बन्दिनी' फ़िल्म का गना गाती–सुन मेरे बन्धु रे...

वह दिन। मेरी क्लास ख़त्म हो गयी थी और मनोदी की शुरू हो रही थी। मैंने क्वार्टर में क़दम रखा ही था कि मनोदी ने कहा–"अच्छा हुआ तुम आ गयीं। मैं सोच रही थी इसे अकेला छोड़कर कैसे जाऊँ?" "क्या हुआ?" "बहुत दर्द हो रहा है अल्सर का–तुम रुक जाना मेरे आने तक। अन्दर गयी तो वह बिस्तर पर लेटा तड़प रहा था। चेहरा पीला, माथे पर पसीना। दवा दी। माथे पर हाथ फेरती रही। थोड़ी देर बाद दवा का असर हुआ और वह शान्त हो गया। फिर...मुझे पता नहीं क्या हुआ, कब हुआ? बस इतना पता है कि लहरों का एक तिलिस्मी ज्वार आया और मुझे बहा ले गया। "इट स्वेप्ट मी ऑफ़ माई फीट।''

नहीं, कोई अपराधबोध या पश्चात्ताप मेरे मन में नहीं उपजा। न कोई पापबोध। क्यों?

वह बातें करता था—बहुत बातें। पढ़ता था, एक दिन मैंने उसे कहा था—''मुझे कविता, कहानियाँ, उपन्यास यही अच्छे लगते हैं।'' उसने पूछा—''बर्ट्रैंड रसेल को पढ़ा है?'' "हाँ, उसकी ऑटो बायोग्राफ़ी पढ़ी है, जिसमें लिखा है एक दिन साइकिल चलाते—चलाते उन्हें महसूस हुआ कि वे अपनी बीवी से प्यार नहीं करते। उन्होंने तभी जाकर अपनी बीवी को यह बताया और अलग हो गये। वाह।" "कभी—कभी 'रियलाइजेशन' की लहर ऐसे ही अचानक आती है।" उसने मुस्कराकर कहा था—"ख़ैर तुम्हें रसेल की किताबें दूँगा—मेरा फेवरिट है, पढ़ना।" तभी पहली बार मैंने नॉन—फिक्शन पढ़ना शुरू किया था—मैरिज एंड मॉरल्स, कॉक्वेस्ट ऑफ़ हैपीनैस।

यही दिन थे जब मैं सार्त्र, कामू, सिमोन का लिखा ख़ूब पढ़ रही थी। हम किताबें पढ़ते और उन पर ख़ूब बातें करते, पूरे शहर में घूमते। मैंने साइकिल एक हाथ में पकड़ी होती और कभी बाज़ार, कभी डालनवाला की सूनी सड़कों पर घूमते रहते। साहित्य गोष्ठी के लिए जो कहानियाँ लिखती, वह उसे भी सुनाती। तब तक छपने के लिए भेजी ही न थी कोई। हिम्मत ही नहीं होती। वह कहता—"तुम लिख सकती हो, सच, लिखो।" हाँ और तुम्हारी पहली किताब मेरे नाम, हाँ?" सुनसान तेगबहादुर रोड पर चल रहे थे। मैंने साइकिल पकड़ रखी थी। सामने पूरा चाँद था—तब उसने कहा था—"तुम्हारी पहली किताब मेरे नाम, हाँ?" किताब अभी तक नहीं छपी। बयालीस साल हो गये। अनुवाद ही छपे।

चिट्ठियाँ ख़ूब चलतीं खुलेआम। कोई छिपाव—दुराव नहीं। क्योंकि पति—पत्नी के बीच पर्सनल फ्रीडम, आपसी विश्वास, एकदूसरे के प्रति सम्मान वग़ैरह यह सब निगम साहब से ही मैंने सीखे थे। भावनात्मक रूप से बहुत क़रीब निगम साहब की एक महिला मित्र की चिट्ठियाँ जब अमरीका से आती तो मैं ही पोस्ट बॉक्स से निकालकर उन्हें देती थी। किशोरवय की वह शरच्चन्दीय, भावनात्मक शुचिता और हवाई प्रेम की बातें अब 'पास्ट टैंस' थीं। पर जब जीवन में इन्हीं बातों पर विश्वास कर अमल करने लगी तो जैसे मुसीबतों का पहाड़ टूट पड़ा। बहुत—बहुत मुश्किल होता है कथनी को करनी का रूप देना और उसका सामना करना। ख़ासकर पति—पत्नी के सम्बन्धों और उन सम्बन्धों के प्रेसक्राइब्ड मूल्यों को मान लेना। तब

सारे प्रचलित पुराने मूल्य सिर उठाते हैं। उनकी तरफ़दारी में तर्कों का अम्बार लग जाता है। किताबी बातें किताबों में ही बन्द हो जाती हैं। और एक–दूसरे को चोट पहुँचाने का मौन युद्ध चल जाता है।

एक दिन पर्स घर में छोड़कर स्कूटर सीखने गयी हुई थी। आकर देखा पर्स खुला पड़ा है और उसमें रखी चिट्ठियों का पुलिन्दा नहीं है। धक से रह गयी। सीधे निगम साहब से पूछा–"तुमने मेरा पर्स खोला है?" चुप। "मेरी चिट्ठियाँ दे दो।" चिट्ठियों का पुलिन्दा मेरे सामने फेंक दिया। मैंने उठा ली चिट्ठियाँ। दिमाग़ में अन्धड़ चल रहा था। वह सब झूठ था? जो ये कहते थे, आपसी विश्वास, व्यक्तिगत स्वतन्त्रता? किसी से भी सम्बन्ध रखने की छूट बिना झूठ फरेब के? सब किताबी ढकोसला था?

मैं जाने कितनी देर बैठी–बैठी रोती रही। फिर कमरे में चाय बनाने के लिए जो स्टोव रखा था, उसे जलाया और उस पर वह चिट्ठियों का पुलिन्दा रख दिया। चिट्ठियाँ जलकर राख हो गयीं। इधर–उधर बिखरी राख को समेटकर वेस्ट पेपर बास्केट में डाल दिया। मेरे पहले प्रेम–पत्रों की राख।

हाँ, वह मेरा पहला प्रेम ही था। प्रेम–'सेक्सुअल लव'। जिसमें देहमन, बुद्धि, संवेदनाएँ सब एक उलझे हुए ऊन के गोले की तरह हमारी गोद में पड़ा रहता है। जिसको सुलझाने की तकलीफ़ में ज़िन्दगी का जाने कितना समय ज़ाया चला जाता है पर सिरा पकड़ में ही नहीं आता।

इस घटना के बाद भी चिट्ठियाँ आती ही रहीं पर और तरह की। वह सतर्क हो गया था। क्यों न हो? आख़िर है तो इसी समाज की हवा–मिट्टी का बना। तब सोचती थी, क्या इस धरती पर सार्त्र नहीं उगते? सालों बाद यह भ्रम भी टूट गया था।

जीवन में सब कुछ उलट–पुलट हो चला था। मानसिक हालत बिल्कुल ठीक नहीं थी। व्यक्तिगत जीवन एक बड़े 'क्राइसिस' से गुजर रहा था। पहले कभी–कभार पी लेती थी। अब नींद न आने पर बीच रात को उठकर धड़ाधड़ रम पी जाती और नशे में धुत सो जाती। कमरे के डबल बेड पर–एक में दोनों बच्चे और एक में हम दोनों लेटते। यह निगम साहब की ज़िद थी। पता नहीं क्यों। पर हमारे शरीर और मन एक–दूसरे के लिए मर चुके थे। हालत बिगड़ती ही जा रही थी। तभी दिल्ली में 'इंग्लिश टीचर्स समर स्कूल' हुआ और निगम साहब की कोशिशों से ही मैं समर स्कूल में हिस्सा लेने दो महीने के लिए दिल्ली चली गयी।

जाने से पहले निगम साहब ने मुझे ग्राहम ग्रीन की 'द कम्प्लेसेंट लवर' पढ़ने को दी। जाने क्यों? शायद उसमें जो घटा, उसकी कोई छाया रही होगी। पढ़कर किताब लौटायी तो एक लम्बी चुप्पी के बाद उन्होंने पूछा–"तुमने ऐसा क्यों किया?" दुख भरे मन से बड़ी इनोसेंटली मैंने उनसे पूछा–"तुम सात साल पहले मुझसे क्यों उलझ गये थे? क्यों नहीं रोक पाये थे अपने आपको? जो तुम्हारा जवाब है, वही मेरा भी।''

दिल्ली। मिरांडा हाउस के होस्टल में महिला टीचरों को ठहराया गया था। होस्टल लाइफ़ के सभी नियम लागू होते थे। कभी बहुत देर से लौटो तो चौकीदार को बताना पड़ता था। ऐसे में ही एक दिन चिट्ठी से पता लगा कि सुदीप महीने भर के लिए दिल्ली के तुग़लक़ाबाद में रहेगा। उस समय मिरांडा हाउस और तुग़लक़ाबाद की दूरी का कोई अन्दाज़ा नहीं था। हफ़्ते में दो–तीन दिन वह किसी कलीग को स्कूटर लेकर आ ही जाता था। अकसर हम राजघाट के एक पेड़ के नीचे एक–दूसरे का इन्तज़ार करते। शामें एक साथ गुज़ारते, पार्कों में, कॉफ़ी हाउस में। यहाँ आने से पहले उसने एक चिट्ठी में लिखा था कि उसका बॉस बेहद ख़राब आदमी है, अपनी बीवी को बड़ी बेरहमी से पीटता है। बॉस की बीवी के प्रति उसका मन सहानुभूति से भर जाता है वग़ैरह। जाने क्यों मेरा मन आशंका से भर गया। ऐसी अवस्था में एक–दूसरे के क़रीब हो जाना अवश्यम्भावी है। मन बेहद उदास हो गया। जब वह देहरादून आया था तो बड़े प्यार से निष्कपट हो उसने मुझे सारी बात बतायी थी। जब मैं जार–जार रोने लगी तो उसने कहा था–"तूने तो कहा था ऐसी घटनाएँ तो घटती ही रहेंगी, पर इससे हमारे सम्बन्ध में कोई फ़र्क़ नहीं पड़ेगा। हाँ, हमारे बीच छल–कपट, झूठ की कोई जगह नहीं। पर तकलीफ़ तो होती ही है–साथ झेलेंगे।" हाँ, मैं ऐसा ही सोचती थी पर किताबी बातें और घटनाएँ जब व्यक्तिगत जीवन में उतरती हैं तो यातना का अम्बार सब कुछ धुँधला कर देता है।

उन दिनों 'गाइड' पिक्चर लगी हुई थी। देखी नहीं थी। सो एक शनिवार शाम का शो देखा। साथ–साथ। साढ़े नौ बज गये थे। उसने कहा–''खाना खाकर लौटते बहुत देर हो जायेगी। हॉस्टल में उतनी रात को लौटना ठीक नहीं होगा। किसी होटल में रह लेते हैं।'' फिर शुरू हुई 'होटल हंटिंग।' यह सब करते वक़्त मेरे मन में कोई दुविधा या संकोच न था। गोलचा में मूवी देखी थी तो उसी एरिया के होटलों में गये। पर

जहाँ भी गये, वहाँ कमरा मिस्टर और मिसेज़ के नाम से मिलता और मैं उल्टे पाँव वापस आती। क्यों? दो अलग व्यक्ति क्यों एक साथ नहीं ठहर सकते? मेरी जगह कोई पुरुष होता तो? उसका नाम अलग न लिखते? वह चुपचाप मेरा साथ दे रहा था। आख़िरकार रीगल के पीछे कोई कांटिनेंटल होटल था, साधारण–सा, वहाँ काफ़ी लेखक लोग ठहरते थे उन दिनों। वहाँ काउंटर क्लर्क ने रजिस्टर में सिर्फ़ लिखा–फॉर टू। हम रह गये। बहुत तूफ़ानी रात थी वह। बीत गयी। सुबह जब जाने लगे तो काउंटर क्लर्क ने रसीद दी। उसमें लिखा था–मिस्टर एंड मिसेज...। मैं धक से रह गयी। हार गयी? कोई बात नहीं। लड़ाई तो जारी रहेगी और रही भी। मैं कोई बात सिद्धान्ततः निगम साहब से छिपाती नहीं थी। मैंने हॉस्टल में जाकर एक कहानी लिखी 'सम्बन्ध'–इसी घटना पर आधारित जो श्रीपत राय जी की 'कहानी' पत्रिका में छपी। वह कहानी मैंने निगम साहब को पढ़ा दी।

जून का महीना ख़त्म हुआ और समर स्कूल भी। ऊपर से जीवन पहले की तरह चलता गया पर अन्दर–ही–अन्दर बहुत कुछ बदल रहा था। उसकी चिट्ठियाँ 'रेगुलरली' आतीं। बातें–किताबों की, अपनी उलझनों की, परिवार की। मैं भी जवाब देती।

इस बार वह छुट्टियों में नीली एम्बेसेडर गाड़ी लेकर आया था। हम लम्बी ड्राइव पर जाते, साथ में बच्चे भी होते, बेटा सात और बेटी चार की। मैं खुले गले से गाना गाती। अगर बच्चे बीच में बातें करते तो वह कहता–श...श, माँ का गाना सुनो। बच्चे उससे ख़ूब हिले–मिले हुए थे।

अबकी बार वह एक नयी बात कहता–"डिवोर्स ले लो, शादी करेंगे।" "डिवोर्स? क्यों?" "क्यों क्या? क्या ऐसे ही चलता रहेगा?" "क्या हर्ज है? हर कोई स्टेबिलिटी चाहता है।" क्या शादी से ही स्टेबिलिटी आ जाती है? हज़ारों धुन्ध का गुबार मेरे मन को ढक लेता। चुप रहती। छुट्टियाँ ख़त्म होने पर वह चला जाता। तब लगता कि कहीं कुछ तिड़क रहा है।

उस बार की एक घटना आज भी याद है। 30 अप्रैल, बुद्ध पूर्णिमा का दिन। उसने दो–चार लोगों को बुलाया था–मुझे भी। "तुम्हारा गाना सुनना है।" पर उस दिन सुबह से चार साल की बेटी को जो उल्टियाँ शुरू हुईं तो रुके ही नहीं। साथ में लाल पेशाब। मैं घर पर ही थी और निगम साहब कॉलेज गये हुए थे। मैंने उसे ख़बर भिजवा दी कि मैं घर से हिल भी नहीं सकती। थोड़ी देर में वह आ पहुँचा, हम दोनों उसे

दवा–पानी पिलाना करते रहे। थोड़ी देर में लगा ठीक हो रही है। फिर उल्टी चालू। इस बार उसकी बोलती बन्द हो गयी। घर शहर से बहुत दूर था। आसपास कोई डॉक्टर नहीं। लंच से थोड़ा पहले निगम साहब कॉलेज से लौट आये। घर में उसे आया देखकर ही उनका पारा चढ़ गया और वे बिल्कुल चुप हो बँगले के दूसरे छोर पर बने बरामदे में जाकर बैठे और कुछ पढ़ने लगे। मैं कहती रही, डॉक्टर के पास ले जाना है। तभी बच्ची ने आँखें पलट दीं। मैं रोने लगी। दौड़कर गेट पर जाकर खड़ी हो गयी। दस मिनट बाद एक ख़ाली ताँगा दिख़ायी दिया। उसे रोका। बेटी को उठा लायी, उसने मुझसे बेटी को ले लिया और कन्धे पर निढाल शरीर को डाले ताँगे पर बैठ गया। मैं भी साथ थी। उस समय मुझे घबराहट हो रही थी और ग़ुस्सा इतना था कि पूछो नहीं। शायद निगम साहब को हालत कितनी गम्भीर है, इसका अन्दाज़ा नहीं था। नहीं तो कोई बाप ऐसा कर सकता है? थोड़ी दूर पर हमारे बहुत क़रीबी मित्र थापा साहब स्कूटर पर आते दीखे। उनको सब बताया। उन्होंने कहा–"बच्ची की हालत बहुत ख़राब है। ताँगे में पहुँचते कहीं बहुत देर न हो जाये। आप वापस जाइए। मैं डॉक्टर को लेकर आता हूँ।" दस मिनट बाद डॉक्टर आये, देखकर तुरन्त सब दवा बन्द कर दी कहा–"अभी सब्ज़ी का सूप नमक डालकर पिलाइए, एक–एक चम्मच आधा घण्टे तक।" वही किया। आधे घण्टे बाद लड़की बोलने लगी। तब चैन की साँस ली हमने।

डॉक्टर को देखते ही निगम साहब आ गये थे। वह चला गया। मेरा मन बेहद कड़वा हो गया था। शाम तक बेटी भली–चंगी हो गयी तो मैंने साइकिल उठायी और पार्टी में चली गयी। जाने से पहले मैंने निगम साहब से कहा–"अगर आज आपका रवैया ऐसा न होता तो शायद मैं न जाती। लेकिन अब तो ज़रूर जाऊँगी।"

अक्टूबर 67 में नाटक देखने दिल्ली आयी थी। राजेन्द्र का 'अभियान' के लिए पहला निर्देशन। राजेन्द्र को मेरे और सुदीप के बारे में सब कुछ मालूम था। इन दिनों वह मेरठ में पोस्टेड था। मैंने उसे चिट्ठी लिखी कि लौटते वक़्त मैं उससे मिलने आऊँगी। राजेन्द्र ने ही वह इनलैंड पोस्ट किया था। बस से मेरठ जाते वक़्त मन बहुत आशंकित था, शायद सब कुछ ख़त्म होने वाला है।

उसका 'बैचलरस रूम' एक बड़ा–सा कमरा था। मेरठ छावनी में अंग्रेज़ों के ज़माने की बनी इमारत। साधारण–से ऊँची सीलिंग। बड़ी

खिड़कियों वाले कमरे में कॉर्निस पर रखी एक मिट्टी की बनी आकृति ने मेरा ध्यान खींचा–एक शेर और उसके मुँह में दबाया हुआ हिरन का लहूलुहान शरीर। शेर की उल्लसित हिंसक आँखें और हिरण की दयनीय मरती आँखें। मैंने एकदम टोका–"तुम्हें और कोई चीज़ नहीं मिली कार्निस पर लगाने के लिए?" वह हँसा। बातें चल पड़ीं। उसका टॉपिक अन्त में वही होता–वह शायद आर्मी छोड़ देगा। माँ शादी के लिए बहुत दबाव डाल रही हैं। डिवोर्स ले लो। मेरा मन इस सबकी ओर जाता ही न था। मैंने कहा–"अभी तुम्हारी उम्र ही क्या है? मेरा मन अभी डिवोर्स के लिए तैयार नहीं है।" वह कहता–"माँ कहती है कब तक कैंटीन का खाना खाते रहोगे, अल्सर की बीमारी ऐसे ही तो नहीं हुई।" "तुम भी यही सोचते हो?" वह चुप रहा। फिर ड्रॉअर से लिफ़ाफ़े निकालकर मुझे दिखाने लगा। कितनी ही लड़कियों की तस्वीरें। "पसन्द आयी कोई?" "नहीं।" मैंने माँ को बता दी है अपनी च्वॉइस–अक्टूबर बॉर्न, अंग्रेज़ी में एम.ए. और रंग साँवला"–यानी कि मेरी तरह। तो तय कर ही लिया है। एक बहुत तेज़ कचोट, फिर ब्लैंक।

मेस से खाना लेने जाना था। उसने कहा–"सुनो यहाँ आसपास के कमरों में कलीग्स हैं, सीनियर्स भी। कहीं किसी ने देख लिया तो मुसीबत हो जायेगी। मैं बाहर से ताला लगाकर चला जाता हूँ, खिड़कियाँ बन्द कर लो।" ताश के पत्तों का घर हरहराकर टूट गया हो जैसे। इतना डर? कहाँ था इतने दिन इतना सारा डर?

खाना आया, खा लिया। सुबह चार बजे कैंट से गाड़ी जाती थी सहारनपुर। उसी में मुझे जाना था छोटी बहन के पास। तीन–चार घण्टे हैं, अभी पता नहीं क्यों लग रहा था कि यह आख़िरी बार साथ हैं हम। कुछ भी बोलने का मन नहीं हुआ। बत्ती बन्द कर पलँग पर लेट गयी। एक शब्दहीन रोना मन को ख़ाली करता हुआ। वह साथ आकर लेट गया। न कुछ पूछा, न कहा। सुर कट गया था, ताल भी, फिर भी बेसुरा, बेताल वह देह संगीत!

वह मुझे गाड़ी से स्टेशन तक छोड़ने आया था। उसने अचानक पास खड़ी एक कार को देखा, उसका नम्बर देखा और ठिठक गया। "क्या हुआ?" "यह मेरे बॉस की गाड़ी है। तुम अकेली चली जाओगी प्लेटफॉर्म तक?" "हाँ, चली जाऊँगी।" बाय कहकर मैं तेज़ी से अपना बैग उठाये आगे बढ़ गयी।

इतना डर? कहने के लिए मैं उसकी कोई रिश्तेदार, पड़ोसी, कोई हो सकती थी पर 'डर' यह सब तर्क नहीं सुनता। साढ़े तीन बजे सुबह वहाँ प्लेटफॉर्म पर खड़ी मैं रोती रही। ऐसे ख़त्म होना था? फिर आँसू पोछ सामने वाले डिब्बे की ओर बढ़ी। डिब्बे में अभी रोशनी नहीं थी। खिड़की के पास एक सज्जन बैठे थे जो मुझे रोते हुए देख रहे थे। "यह ट्रेन सहारनपुर जायेगी?" "जी।" मैं डिब्बे में चढ़ गयी, बैग नीचे रख दिया। बाहर ख़ाली प्लेटफॉर्म की ओर ताकती रही। अचानक मेरे सामने दो अंग्रेज़ी की मैगज़ीन्स दिखी। उन सज्जन ने अपने हाथ में पकड़ रख थी। मैंने चुपचाप ले ली और पन्ने पलटने लगी। बत्ती आ गयी थी। वे सज्जन नीचे उतर गये और दो कुल्हड़ वाली चाय ले आये। इस बार भी बिना कुछ बोले चाय का कुल्हड़ मेरे आगे कर दिया, मैंने चाय ले ली। मेरी आँखें अब भी गीली थीं।

दो घण्टे जाने क्या-क्या सोचती रही। दिमाग़ में एक कहानी का अन्त आ गया था-कॉर्निस पर रखा मिट्टी का खिलौना-शेर के मुँह में लहूलुहान हिरण। मन करुणा से भर गया।

गाड़ी सहारनपुर पहुँच चुकी थी। मैंने उन सज्जन से कहा-"मुझे जनकपुरी जाना है। ट्रेन से पहली बार आयी हूँ।" उन्होंने मेरा बैग उठा लिया और आगे-आगे चलने लगे। बाहर आयी, उन्होंने मेरा बैग एक रिक्शे के ऊपर रख दिया और रिक्शेवाले से कुछ कहा। मैं रिक्शे पर बैठ गयी। धन्यवाद कहने को मुड़ी तो वे कहीं नहीं दिखे। पाँच-सात मिनट बीत गये तो मैंने रिक्शेवाले से कहा-"चलो भाइ!" रिक्शेवाले ने कहा-"वह आपके साथ वाले बाबू जी नहीं आये अभी।" मैंने कहा-"वो हमारे साथ नहीं हैं, चलो।" और रिक्शा चल पड़ा।

बहन के घर जाकर भी रुलाई ख़त्म नहीं हुई। बाबा वहीं थे। वे मेरे सिर पर हाथ फेरकर कहते रहे-"क्या दुख है तुझे? घूम-घाम आयी, नाटक देख आयी, फिर भी..." बाबा को क्या बताती कि क्या टूट गया।

अगले साल उसकी शादी हो गयी। मेरी तरह अक्टूबर में जन्मी, अंग्रेज़ी में एम.ए. और काली लड़की के साथ। यही कंडीशन रखी थी उसने-सुना था।

देहरादून लौटकर जीवन धुरीहीन लगता। सब चीज़ें, सब काम अर्थहीन लगते। सोचती रहती कि उसके घर की ज़रूरत की बात-घर जहाँ शरीर, मन, सेक्स की सुरक्षा हो, और साथ-साथ बाहर का आकर्षण भी बना

रहे। अपने इस यातना भरे अनुभव पर मैंने एक कहानी लिखी–'बस सिर्फ़ इसीलिए' जो सारिका में छपी थी।

वैवाहिक जीवन इस तूफ़ान से तहस–नहस हो गया था। तीन साल हो गये थे, निगम साहब से कोई दैहिक सम्पर्क नहीं था। पर मुझसे ज़िद की जाती कि एक ही पलंग पर सोया जाये, जो मुझे कतई गवारा न था। बच्चों की वजह से समझौता करना पड़ता। घर में बातचीत नहीं के बराबर। निगम साहब ने चुप्पी ओढ़ ली थी। अभेद्य चुप्पी। हमेशा एक मोटी–सी किताब उनके चेहरे को ढके रहती, जितनी देर मैं घर में रहती या तो फिर टाइप राइटर की खटपट में डूबे रहते। पिंजड़े की सलाखों पर सिर पटकते पंछी जैसी हालत हो गयी थी मेरी। तभी तय किया निकलना है, मन की इस अवस्था से। रास्ता एक ही नज़र आया। भाष–विज्ञान में एम.ए. करना। दो साल की मुक्ति। निगम साहब से कहा। उनको भी स्थिति की गम्भीरता का अन्दाज़ा लग गया था शायद, सो हाँ कह दिया। और मैं दिल्ली चली गयी।

(4)

देवाशीष। हाँ, इसी नाम से बुलाते थे उसे बंगाल के गाँव के उस परिवार में, जहाँ वह 'पीस कोर' के काम के समय रहता था। छह फुट लम्बा, छरहरा, काले बाल और काली चमकीली आँखों वाला आइरिश अमरीकी–डेविड रोश। वह भी वियतनाम युद्ध में जाने से बचने के लिए भारत आ गया था–सी.ओ. यानी 'कॉनसेंशस ऑबजेक्टर'। निखिल बैनर्जी से सितार सीखा था और बहुत अच्छा बजाता था।

उस बार मई–जून के महीने में लैंग्वेज प्रोग्राम नैनीताल गया था। वहाँ एक बहुत बड़े होटल में विद्यार्थी और शिक्षक (मैं और सुरेन्द्र वर्मा) ठहरे थे। मेरे साथ मेरे दोनों बच्चे भी थे। बेटा अठारह का। इस ग्रुप में कुछ अजीब–से विद्यार्थी थे। टिपिकल अमरीकी–पैसा, हिंसा, सेक्स और ड्रग्स वग़ैरह के हिमायती। एक डेविड था सबसे अलग।

वामपन्थी विचारों का। मैंने अपने बेटे को उसके हवाले कर दिया। शायद उसी की सोहबत में उसके दिमाग़ में वाम विचारधारा की नींव पड़ी हो।

बर्कले यूनिवर्सिटी से म्यूजिकोलॉजी में पीएच.डी. करना चाहता था। यह सुनकर मैं हक्की–बक्की रह गयी कि पैसे कमाने के लिए वह कभी–कभी

सड़क बनाने का काम भी करता था। बैरागिरि तो आम बात थी। उसने यह भी बताया था कि उन दिनों बहुत–से नक्सली यहाँ से भागकर बर्कले में रह रहे थे, मौत को चकमा देकर। उन दिनों नैनीताल में बिजली बहुत चली जाती थी। शाम हुई नहीं कि बिजली गुल। करो क्या? लॉन में सब बैठ जाते या किसी कमरे में और संगीत, कहानियाँ, पहेलियाँ या अपने जीवन की कुछ अजीब घटनाओं का वर्णन करते। इसी से समय काटते, जब तक बिजली नहीं आ जाती। मैं, वर्मा जी और विद्यार्थी अकसर रम पीते। लोड शैडिंग के उस अँधेरे में डेविड मेरे पास आकर बैठ जाता और अनगिनत अमरीकी गीत गाता रहता, उसकी भौहें मुझे घेरे रहतीं।

राजेन्द्र उन दिनों बैंगलोर गया हुआ था। उसकी चिट्ठी नियमित रूप से आती रहती। वह कारन्त जी की मूवी 'चोमाना ड्रडी' की शूटिंग देख रहा था। चिट्ठियों में सब डिटेल्स भरे होते।

पहाड़ों की बारिश। अकसर रात को झमाझम बारिश होती और सुबह धुला–धुला सब कुछ। दूर नन्दा देवी की चमकती बर्फ़ीली चोटियाँ। क्लास के बाद विद्यार्थियों को लेकर ट्रिप के लिए निकल पड़ते। लोकल लोगों से बातचीत और दूसरे दिन क्लास में उसकी रिपोर्टिंग–यह पाठ्यक्रम का हिस्सा था।

जून के तीसरे हफ़्ते में ही पड़ाड़ों पर मानसून शुरू हो जाता है। रास्ते में अकसर लैंड स्लाइड्स होते थे। सबको टैक्सी में लेकर वापस दिल्ली जाना था। मुझे चिन्ता शुरू हो गयी। रोज़ दो–चार दुर्घटनाओं की ख़बर आती। डेविड ने मेरा नाम रखा था 'चिन्ता देवी'। लौटते समय डेविड मेरे साथ बैठा रहा और ध्यान बँटाने के लिए एक खेल खेलता रहा, जिसका नाम था–'हू ऐम आई'। खेल कुछ ऐसा था–मैं एक किताब हूँ। किस भाषा में? अंग्रेज़ी। कविता, गद्य या नाटक? नाटक। मिडीवल या मॉडर्न? मिडीवल–लेखक? वग़ैरह। रास्ता कट जाता, ध्यान बँट जाता।

प्रोग्राम ख़त्म हो रहा था। सितम्बर में दूसरा प्रोग्राम शुरू हो जायेगा। डेव के जाने का समय हो गया था। हम दोनों का मन बेहद उदास था। अब मन खोलकर बातें किससे करेंगे? "आई डोंट नो व्हाई आई गो ऑन गेटिंग इनवॉल्व्ड विद लीब्रा विमेन।" वह कहता।

जिस दिन वह जा रहा था, मैंने उसे रात के खाने के लिए बुलाया। बंगाली खाना। मछली–भात, खीर वग़ैरह। एक बजे हवाई अड्डे पहुँचना था उसे। उसके पास काफ़ी समय था। वह सिर्फ़ एक बैग लेकर आया था,

हाथ में सितार, खादी की काली शर्ट और ब्लू जीन्स पहने था। राजेन्द्र नगर की बरसाती की उसे बड़ी–सी छत पर चटाई बिछाकर वह सितार बजाने बैठ गया। बीयर का गिलास सामने था, बच्चे थे, मैं थी और राजेन्द्र। एक घण्टे तक वह बजाता रहा। बरसात के धुले आसमान पर अनगिनत तारे और सितार की झंकार। बजाना ख़त्म हुआ और खाना भी। चलने से पहले उसने कहा–"फिर मिलेंगे।" उसने बाँहें फैला दीं। पता नहीं मुझे क्या हुआ, मैं उसके गले लग गयी और रोने लगी और कहा–"हाँ फिर मिलेंगे।" थोड़ी देर हम वैसे ही खड़े रहे। उसने मेरे सिर पर हाथ फेरा और अलग हो गया। राजेन्द्र हैरान था। उसकी आँखों में अविश्वास और हैरानी भरी हुई थी–"तू पागल हो गयी है क्या?" उसकी आवाज़ में रोष मुझसे छिपा नहीं था। मैंने कहा–"हाँ, शायद।" डेव ने अपना बैग उठाया और सीढ़ियाँ उतरकर चला गया। अजीब–से ख़ालीपन से मन भर गया।

बर्कले पहुँचकर उसने चिट्ठी लिखी। जवाब भेज दिया। चिट्ठियाँ नियमित रूप से आतीं।

76 में विस्कांसिन यूनिवर्सिटी में समर कोर्स पढ़ाने गयी। फ़ोन पर अकसर डेविड से बातें होतीं। अब वह एक जापानी महिला कैथी के साथ रह रहा था। मुझे बार–बार बुला रहा था। विस्कांसिन से वेस्टकोस्ट जाना काफ़ी महँगा था। हवाई जहाज़ से ही जाया जा सकता है। मैंने तय किया कि मैं जाऊँगी। ऑफ़िस में मेरे बॉस और राजेन्द्र दोनों ही मेरे इस निश्चय से हैरान थे क्योंकि भारत वापस आने के लिए मुझे फिर न्यूयॉर्क से ही फ़्लाइट लेनी थी।

डेविड सैन फ्रांसिस्को में ही रहता था। उसने कहा था, वह मुझे लेने आयेगा। प्लेन से निकलते ही मैंने देखा एक ओवर ऑल पहने डेविड खड़ा है। उसे देख 'रिलीफ़' और ख़ुशी से मन भर गया। हम एक–दूसरे के गले लग गये। बाहर आकर उसकी छोटी–सी वोल्क्सवेगन गाड़ी में 'सैन फ्रांसिस्को वे' के बिल्कुल पास एक बहुत सुन्दर छोटे–से फ़्लैट में आ पहुँचे।

चारों तरफ़ सब्ज़ी और फलों की क्यारियाँ, बीच में उसका छोटा–सा एक बेडरूम वाला फ़्लैट। कैथी ऑफ़िस जाने को तैयार खड़ी थी। हमारे पहुँचते ही 'हैव अ नाइस टाइम' कहकर उसने विदा ली।

सामान रखकर हम 'सैन फ्रांसिस्को वे' की तरफ़ चलते चलते हुए दुनिया–जहाँ की बातें करते रहे। छोटी–सी खाड़ी का एक कोना, यहाँ की वनस्पति हिन्दुस्तान जैसी थी। बड़े–बड़े यूकेलिप्टस के पेड़, बोगेनविलिया

के झाड़। एक बेंच पर जाने कितनी देर बैठे रहे, फिर घर लौटे। अमरीकी तौर–तरीक़े के अनुसार सैंडविच, कॉफी और फल का लंच खाया, फिर डेविड ने कहा चलो मेरे म्यूज़िक रूम में। मन में थोड़ा खटका–सा हुआ, कहीं कुछ और तो नहीं मन में? पर नहीं उसने धूप बत्ती जलायी और सितार बजाने लगा–आलाप फिर गत। दीवान पर अधलेटे सितार सुनते हुए मेरा मन जाने कहाँ चला गया और घण्टे भर बाद मेरी ऊँघ खुली। सितार बन्द हो चुका था। डेविड सितार पर सिर टेके सो रहा था।

शाम को कैथी लौटी। तब तक मैंने कुछ खाना बना दिया था। जापानी तरीक़े से नीची मेज़ पर खाना परोसा। मेज़ के बीचोबीच एक चीनी मिट्टी का डोंगा जिसके नीचे हीटर था। डोंगे का पानी उबल रहा था। छोटे–छोटे मछली के टुकड़े काँटे में बींधकर उबलते नमकीन पानी में डालो और दो–तीन मिनट बाद खाओ किसी सॉस में डुबोकर, साथ में 'साके' पिओ। क़रीब–क़रीब कच्ची मछली के टुकड़े गले के नीचे नहीं उतर रहे थे, पर निगलना पड़ रहा था।

डेविड ने दो–तीन दिन में ही पूरा सैन फ्रांसिस्को घुमा दिया। बहुत अजब और दिलचस्प शहर है। जाते वक़्त मन बहुत उदास हो गया। उसने कहा, वह अगले साल फिर भारत आयेगा कोमल कोठारी से लोकसंगीत के बारे में 'मैटर' लेने के लिए।

घर से चलने लगे तो एक किताब ख़रीदकर दी सिलविया प्लैथ की 'द बैल जार'। उसके पहले पन्ने पर लिखा था–'टु टोनी, हू डांसेज बिनीथ द बैल जार'–डेविड। वह किताब अब भी मेरे पास है।

(5)

सन् 67 की गर्मियाँ। मसूरी। बच्चों को लेकर छुट्टियाँ बिताने चली आयी थी। कुलड़ी के नीचे की ओर हमारे क़रीबी मित्र का घर ख़ाली पड़ा था, वहीं पर डेरा डाला था। राजेन्द्र नाथ, जिससे एक साल पहले समर स्कूल में मिली थी, वाई.एम.सी.ए. में ठहरा हुआ था। वह निगम साहब का भी मित्र था–पर फॉर्मल। वाई.एम.सी.ए. माल रोड पर ही था, तो एक दिन उससे मिलने गयी बच्चों को लेकर।

वह बहुत कम बोलने वाला था (अब भी है)। कभी कोई किताब पढ़ता या धुएँ के जाल से घिरा बरामदे में बैठा घाटी को निहारता मिलता। मैं

थी बहुत बोलने वाली। कोई न भी बोले तो खोद–खोदकर मन की बात निकालने वाली। बातों–बातों में अस्पष्ट–सा संकेत मिला–गहरे दुख में है, जीवन का पहला धक्का–शायद। कुल मिलाकर कोई चार–पाँच मुलाक़ात ही हुई होंगी कि छुट्टियाँ ख़त्म हो गयीं। मैं देहरादून और वह दिल्ली लौट गया। लौटते समय एक दिन के लिए हमारे घर रुका था। मसूरी से लौटकर एक कहानी लिख दी–'कगार और लहरें' जो धर्मयुग में छप गयी। उसके बाद वह अकसर कहीं जाते वक़्त देहरादून होकर जाता।

चाहे कोई कितना भी कम बोलने वाला हो, मेरे स्वभाव में कुछ ऐसा है जिससे मैं दूसरे व्यक्ति का विश्वास सहज ही जीत लेती हूँ। और मुझसे मन की बात कहने में लोग झिझकते नहीं। राजेन्द्र से बातों–ही–बातों में उसके परिवार के बारे में बहुत कुछ जान गयी थी।

इनका परिवार बहुत बड़ा और 'वैल निट' था। शादी–ब्याह बहुत क़रीबी रिश्तों में भी हो जाते हैं। जैसे इसकी छोटी बहन की शादी अपने मौसेरे भाई से हुई। बड़ी बहन अपनी बड़ी भाभी की चचिया सास हैं। ऐसे कितने ही उदाहरण हैं। शायद इसके पीछे सुरक्षा की भावना काम करती हो कि कोई 'घर तोड़ू' लड़की न आये।

झेलम डिस्ट्रिक्ट के डलवाल गाँव में इनका कुनबा रहता था। विभाजन के समय जब गाँव में दो–तीन हत्याएँ हुईं तो मुस्लिम पड़ोसियों ने इन्हें सलाह दी कि ये हिन्दुस्तान चले जायें। रात के अँधेरे में ट्रक का बन्दोबस्त किया गया। पूरे परिवार को उसमें बैठाकर उन्होंने साथ खाना बाँधकर दिया और रुख़सत कर दिया। बहुत डरे हुए जैसे–तैसे ये दिल्ली पहुँचे और सुजान सिंह पार्क के सर्वेंट्स क्वार्टर में ठहरे। एक कमरे में दस–पन्द्रह लोग। बाद में कुछ रुड़की, कुछ यू.पी. के छोटे शहरों में चले गये। और राजेन्द्र का परिवार दिल्ली के बल्लीमारान मोहल्ले में एक मुस्लिम के छोड़े हुए घर में रहने लगा।

जब मैं एम.ए. करने दिल्ली आयी तो वह बल्लीमारान में ही रहता था। मेरे साथ इसकी जान–पहचान या मेल–मिलाप का इसके परिवार को कुछ भी पता नहीं था। इसकी तरफ़ से यह एक 'वेल गोर्डड सीक्रेट' था। जबकि मैंने शुरू में ही अपने परिवार से इसका परिचय करा दिया था। पर हम दोनों के परिवारों के मूल्यबोध में ज़मीन–आसमान का फ़र्क़ था।

एक उदाहरण। जब मैं कीर्ति नगर में रहती थी तो यह लंच के लिए मेरी बरसाती में आता था। एक दिन बड़ा टेंस था। कारण पूछा तो बताया

कि कल उसका, भांजा नीचे से गुज़रा और उसने राजेन्द्र का स्कूटर नीचे पार्क किया हुआ देख लिया। शायद तहक़ीक़ात भी की होगी कि ऊपर किसके पास गया है।

ज़्यादा पूछताछ तो मैंने की नहीं पर इतना पता चल गया कि राजेन्द्र ने गोलमोल–सा उत्तर ही दिया।

यह छोटी–छोटी घटनाएँ मेरे मन को द्वन्द्व से भर देतीं। क्योंकि मुझे अहसास होने लगा था की इसकी और मेरी सोच में बड़ा अन्तर है। पर सोच बदल भी तो सकती है। फिर निगम साहब की बात सोचती। उनकी सोच तो कितनी आधुनिक थी, पर क्या व्यावहारिक रूप में भी? मेरे परिवार में भी सभी इस दोस्ती के बारे में 'क्रिटिकल' होने पर भी उदारता बरतने की कोशिश करते थे। सबसे ज़्यादा डिस्टर्ब्ड बाबा थे। बड़े भाई की शादी टूटने के बाद अब शायद मेरी बारी है, यह चिन्ता उन्हें सालती रहती, और कहीं वे इसके लिए ख़ुद को ही दोषी ठहराते।

राजेन्द्र की इस छिपाचोरी की एक बड़ी ही दिलचस्प घटना बताती हूँ। अमरीकन इंसटीट्यूट में पढ़ाती थी तो शुरू में समर स्कूल के लिए भी विद्यार्थी आते थे। अकसर उन्हें किसी पहाड़ी शहर में ले जाया जाता था, दो महीने के लिए। फिर वे वापस चले जाते थे। उस साल समर प्रोग्राम नैनीताल जा रहा था। मुझे भी पढ़ाने जाना था और गर्मी की छुट्टियों में बच्चे तो देहरादून जाते ही थे। सीधे–सीधे मेरे साथ नैनीताल जाकर रहना शायद ठीक न लगे इसलिए राजेन्द्र ने प्लान बनाया कि वह रानीखेत में ठहरेगा और वीक एंड्स में मैं रानीखेत चली जाया करूँगी। मैंने उससे पूछा कि क्या उसने यह बात घर पर बतायी? तो बोला कि 'नहीं'। फिर क्या हो? स्टाफ के लोग और विद्यार्थी चले गये। 'वीक एंड' में हमें रानीखेत जाना था, फिर सोमवार को क्लास लेनी थी। घर में राजेन्द्र अपने छोटे भाई के साथ एक ही कमरे में सोता था। शायद छोटे भाई को शक हो गया था, 'कंसर्न' की वजह से कहा–'मैं आपको बस स्टॉप छोड़ आऊँगा।" सुबह छह बजे आई.एस.बी.टी. से बस चलती थी और बारह घण्टे बाद रानीखेत पहुँचती थी। सुबह पाँच बजे का अलार्म लगाया गया। राजेन्द्र बहुत नर्वस था कि छोटे भाई को पता चल जायेगा कि वह अकेला नहीं जा रहा। हम सोचते रहे। फिर मैंने ही तरकीब सुझायी। मैंने उससे कहा कि भाई के सोने के बाद अलार्म की सुई खिसकाकर छह बजे का कर देना। जब वह उठेगा तो हम दिल्ली से चल दिये होंगे। राजेन्द्र ने यही किया। मुझे

याद है राजेन्द्र कितना टेंस था कि कहीं भाई की नींद पहले ही न खुल जाये और वह आई.एस.बी.टी. पहुँच जाये। मुझे बड़ी हँसी आ रही थी कि लोग लड़की भगाते हैं और यहाँ...। दिल्ली से काफ़ी दूर निकल जाने पर चैन की साँस ली और मैं दिल खोलकर हँसी।

पाँच दिन पढ़ाना और वीक एण्ड में रानीखेत। वहाँ एक बिल्कुल 'कॉलोनियल स्टाइल' का होटल था 'नॉर्टन', कैंट एरिया में। उसके मालिक लखनऊ के कोई मुस्लिम सज्जन थे। मुस्लिम बैरा बिल्कुल अंग्रेज़ी क़ायदे क़ानून में दुरुस्त। हम शाम को लम्बी सैर के लिए निकलते। आसपास के सैलानी जगहों को देखते। बड़े–बड़े पहाड़ी पत्थरों पर बैठकर मैं दिल खोलकर गाती। हमारी लेडी डायरेक्टर के पति मेरे क्लासमेट और निगम साहब के पुराने छात्र थे। हमने साथ ही एम.ए. किया था। वह महिला टोहती रहती की वीक एण्ड में मैं जाती कहाँ हूँ? मुझसे पूछा तो मैंने साफ़ बता दिया कि रानीखेत जाती हूँ, वहाँ राजेन्द्र ठहरा हुआ है। उन्होंने इस बात की इत्तला निगम साहब को एक चिट्ठी में दे दी। निगम साहब ने चिट्ठी लिखकर पूछा कि "क्या यह सही है?" तो मैंने लिख दिया–"हाँ"। हालाँकि मुझे डायरेक्टर साहिबा के किये पर बड़ी कोफ़्त हो रही थी। पर मैं यह भी मानती थी कि सामाजिक दृष्टिकोण से यह किसी का व्यक्तिगत मामला है। कहकर हाथ झाड़ लेना बहुत मुश्किल है, चाहे कोई कितना ही आधुनिकता और अंग्रेज़ियत से भरा क्यों न हो।

उन दिनों सार्त्र, सिमोन और बर्ट्रेंड रसेल को ख़ूब पढ़ रही थी। मेरी सोच बदल रही थी। जो भी करती थी, उसमें 'इंटेलेक्चुअल कनविक्शन' होता कि ठीक कर रही हूँ। मेरे परिवार, दोस्तों और ऑफ़िस सर्कल में राजेन्द्र का खुला परिचय था कि वह मेरा दोस्त है। राजेन्द्र भी धीमी गति से साहस जुटा रहा था। उसने अपने मित्रों से मेरा परिचय कराया था–जिनमें अभियान के कई मेम्बर थे और इसके क़रीबी मित्र। इसके अलावा नाटक जगत के कई प्रतिष्ठित लोग भी थे, जैसे–अवस्थी जी, उस समय संगीत नाटक अकादेमी के सेक्रेटरी, पु.ल. देशपाण्डे, संगीत नाटक के शायद वाइस प्रेसिडेंट। किरणमय रहा, जगन्नाथन और मोहन राकेश, श्यामानन्द, बादल सरकार, गिरीश। अकसर प्रेस क्लब में ही अड्डा जमता। फिर मेरी बरसाती में ड्रिंक और डिनर पार्टीज होती थीं।

ऐसी ही एक पार्टी में ओमप्रकाश जी के साथ महाश्वेता दी आयी थीं। कलकत्ते में उन दिनों 'हज़ार चौरासी की माँ' का बड़ा शोर था?

ओमप्रकाश जी ने मुझे कहा–"आप अनुवाद कीजिए।" बस शुरू कर दिया। कुछ महीनों में ही वह छपकर आ गयी। इसी समय के आसपास राकेश जी ने 'आधे अधूरे' लिखा था। वे राजेन्द्र नगर में मेरी बरसाती के पास ही रहते थे। अब भी इस नाटक की पहली रीडिंग याद है। एक बड़ा–सा कमरा नामचीन लोगों से भरा हुआ, राकेश जी नाटक पढ़ रहे हैं। ख़त्म हुआ तो सब मन्त्रमुग्ध, 'पिन ड्रॉप साइलेंस', फिर राकेश जी ने ही लोगों से राय पूछी। कइयों को अन्त अप्रत्याशित लगा और सावित्री का चरित्र 'नेगेटिव' लगा। राकेश जी बोले–"नहीं–नहीं, सावित्री को व्यभिचारिणी दिखाने की मेरी कतई मंशा नहीं है।" इस पर राजेन्द्र ने कहा था–"कलम कभी झूठ नहीं बोलती।"

सन् 71 में पूर्वी पाकिस्तान का मुक्तियुद्ध। दिसम्बर के महीने में रोज़ शाम को ब्लैक आउट हो जाता था। हमने बरसाती की खिड़की–दरवाज़ों पर काले पेस्टल पेपर लगा दिये थे। रात को गश्ती हवाई जहाज़ घर्राते रहते।

इन्ही दिनों एक दिन राजेन्द्र ने मुझसे कहा कि दफ़्तर से प्रेस क्लब आ जाऊँ–लंच के लिए। डेढ़ बजे प्रेस क्लब पहुँच गयी। घण्टा बीत गया, राजेन्द्र नहीं आया। बाहर आकर खड़ी रही। इन्तज़ार में चार बज गये वह नहीं आया। मैं घबराहट के मारे रोनी–रोनी हो गयी। बस पकड़कर घर आयी। बच्चे घर पर ही थे। उन्हें बताया। बेहद परेशान थी। आख़िर साढ़े पाँच बजे के क़रीब मैं राकेश जी के घर पहुँची और उन्हें सब बात बतायी। राकेश जी को पता था कि राजेन्द्र के घरवाले मेरे बारे में कुछ नहीं जानते। तो उन्होंने ख़ुद ही राजेन्द्र के छोटे भाई का फ़ोन मिलाया। पता चला कि वह दुपहिए पर कॉलेज से कहीं जा रहा था तो शंकर रोड पर स्कूटर स्किड कर गया। सिर पर गम्भीर चोट आयी है, बेहोश है और विलिंगडन में दाख़िल है। वहीं पर राजेन्द्र के मँझले भाई डॉक्टर थे। मेरा तो हाल बुरा। शाम को राकेश जी के साथ हॉस्पिटल गयी, अवस्थी जी भी पहुँच गये थे। राजेन्द्र इमरजेंसी वार्ड में साधारण मरीज़–सा पड़ा था। अवस्थी जी ने इन्दिरा गाँधी को फ़ोन किया कि उनका एक क़रीबी दोस्त...वग़ैरह, तब जाकर मशीनरी हिली, और तेज़ी से इलाज का काम शुरू हुआ। दिमाग़ी चोट के कारण नाक–कान से काफ़ी ख़ून बह गया था। वह तो भाग्य की बात थी कि इसको स्कूटर से गिरते इसके एक पुराने स्टूडेंट ने देख लिया था और अपनी कार में उठाकर अस्पताल में दाख़िल कराया और घर पर भी इत्तला दी।

राजेन्द्र और मेरी दोस्ती और घर में आने–जाने, खाने को चार साल हो चले थे, पर इसके घरवालों को मेरे बारे में कुछ भी नहीं पता था। इसकी तरफ़ से यह एक 'वेल गोर्डेड सीक्रेट' था। लेकिन अब मेरे लिए पर्दे के पीछे रहना मुश्किल था। मैं अस्पताल गयी और इसके डॉक्टर भाई साहब को अपना परिचय दिया। रोज़ ऑफ़िस से लौटते समय हॉस्पिटल जाती रही। मुझे मालूम ही न चला कि इसकी याद्दाश्त खो गयी थी। क्योंकि वह मुझसे बड़ी नॉर्मिली बातें करता था। जिस दिन याद्दाश्त वापस आयी, वह चुप हो गया और नर्वस भी।

जब मैं हॉस्पिटल जाती तो इसके घरवाले इसे घेरकर खड़े रहते और मैं कमरे के बाहर एक कोने पर चुप खड़ी रहती। कामू के 'आउटसाइडर' का दृश्य याद आता, जब वह ओल्ड होम में अपनी मृत माँ को देखने गया तो उसे लगा होमवाले ही उसकी माँ के क़रीबी हैं–वह एक बाहरी आदमी है। और मैं तो सचमुच ही बाहरी थी।

क्रिसमस ईव था। मैं चिकन सूप और चिकन पुलाव बनाकर ले गयी और गटगट अन्दर चली गयी। इस बार मैंने राजेन्द्र की माताजी को नमस्ते कर बात की और कहा–"इसे चिकन सूप पीना चाहिए, मैं बनाकर लाऊँगी रोज़।" इस तरह चार साल का राज़ मैंने खोल दिया। घरवालों का रिऐक्शन नेगेटिव तो होना ही था। विवाहिता, दो स्कूल गोइंग बच्चों की माँ, नौकरी पेशा और काली। किसके चक्कर में पड़ गया यह? इसकी मत मारी गयी?

उस समय मैं सोचती थी कि इसका पारिवारिक बैकग्राउंड बड़ा परम्परावादी है और इसकी सोच भी इससे प्रभावित है। तभी यह सोचता है कि यह कुछ ग़लत कर रहा है और इसलिए उसे यह सब परिवारवालों से छुपाना चाहिए। इस बात को लेकर मेरे साथ बहुत बहसें होती थीं। मेरा इससे मिलना घर या रिहर्सल में होता था। शो के बाद जो पार्टी होती थी उसके आलावा किसी और पार्टी में मेरा जाना वर्जित होता था। बाहर यह अपनी हीरोइन के साथ जाता था जिसका पता मुझे तीस साल बाद किसी महिला लेखिका के संस्मरणों से लगा। ख़ैर, चार साल बाद राज़ खुलने पर भी मैं इसके परिवारवालों के लिए वर्ज्य ही रही। राजेन्द्र के जीवन में मेरी उपस्थिति का ज्ञान उसके घरवालों को हो चुका था पर अस्वीकृति बरक़रार थी। मुझे इससे कोई ख़ास परेशानी नहीं थी क्योंकि मैं जानती थी की उसका परिवार मेरे परिवार से बिल्कुल अलग है–धार्मिक, रूढ़ीवादी, व्यवसायी परिवार। राजेन्द्र से बहुत बहसें होती थीं और कभी–कभी चुभने

वाली बातें इसके मुँह से निकल जातीं। मैं पहले इस पर झपटती, फिर ज़ार–ज़ार रोने लगती।

एक्सीडेंट के बाद इसने अपनी माँ के कहने पर टू व्हीलर चलाना बन्द कर दिया। एक सेकण्ड हैण्ड फियेट ले ली। अब यह शनिवार को राजेन्द्र नगर में ही रह जाता था। रविवार सुबह बल्लीमारान में अपने घर नाश्ता करने जाता। मैं भी कभी–कभी साथ चली जाती। मेरे साथ एक नपी–तुली दूरी रखने के बावजूद मेहमानों का–सा अच्छा बरताव किया जाता। पंजाबी बाग़ में मकान बना, चार भाइयों के लिए चार सेट वाला।

कभी–कभी मन बड़ी हताशा से भर जाता कि राजेन्द्र साहस क्यों नहीं जुटा पाता। आख़िर मैंने भी तो अपने परिवारवालों से लड़ाई लड़ी है। बड़े बूढों को कन्विंस करने के साथ–साथ बच्चों के मन में भी एक नयी सोच की नींव रखी है। शायद और इन्तज़ार करना होगा।

पर जल्दी ही वह समय आ गया और इसके परिवार में भी एक स्त्री द्वारा ही यह पहल की गयी। इसकी भांजी की शादी में मामा–मामी कलीरें बाँधते हैं, ऐसी कुछ रस्म है। उस रस्म में राजेन्द्र की बहन ने राजेन्द्र के साथ मुझे बैठाकर यह रस्म पूरी की। कभी–कभी साधारण–से–साधारण व्यक्ति जो साहस दिखा पाते हैं, वह विशिष्ट व्यक्ति भी नहीं दिखा पाते। मुझे बहुत अटपटा लग रहा था क्योंकि कोई रस्म–रिवाज मैं तो मानती ही नहीं थी। फिर भी मैंने सोचा कि चलो, एक शुरुआत तो है। इसके पिताजी वहीं चारपाई पर बैठे हुए थे। कड़ककर बोले–"शंताना सिर ढक।" मैंने सिर ढक लिया। पास बैठी मेरी बेटी की आँखों में आँसू भर आये। पूछने पर उसने कहा–"माँ जिस बात पर विश्वास नहीं करती, वह क्यों करती हो?" मैंने कहा–"धूप में सिर नहीं ढकती? यही सोच लूँगी।" ख़ैर, एक शुरुआत तो हो गयी।

इससे पहले पिताजी ने इस रास्ते से हटाने की काफ़ी शिद्दत से कोशिश की। यह मुझे राजेन्द्र ने ही बताया था। उन्होंने इससे पूछा था–"तुझे नहीं लगता कि तू पाप कर रहा है?" तो इसने कहा था–"आपका पाप मेरा पाप अलग है।" दरवाज़े के पीछे खड़ी इसकी माताजी सुन रही थीं। उन्होंने इसे अलग बुलाकर कहा था–"इक्को बार हथ पकड़या ते छड्डीं ना।" (एक बार हाथ पकड़ा है तो छोड़ना नहीं)। पर ऐसा कर पाया था क्या राजेन्द्र?

इसके बाद राजेन्द्र को कोई छिपा–चोरी नहीं करनी पड़ी–कम–से–कम घरवालों से। पर 'ऑकवर्डनेस' के झीने परदे से यह घिरा ही रहा।

और समाज के रीत–रिवाज ऐसे थे, जिनसे मुझे हर क़दम पर लड़ना पड़ा। हम लोग बहुत घूमने जाते थे और ठहरने की जगह रजिस्टर की ऐंट्री में 'मिस्टर एंड मिसेज' न लिखा जाये, ऐसा मैं ज़िद करती थी। दिक़्क़तों का सामना करना पड़ता पर अन्त में बात मान ली जाती। सिर्फ़ अपने देश में ही नहीं, अमरीका में, सन् 76 में जब गयी थी तो विस्कांसिन में यूनिवर्सिटी अपार्टमेंट में एक कमरे वाला अपार्टमेंट लिया। फॉर्म भरते समय डिपार्टमेंट के हेड डॉ. वर्मा ने कहा–"राजेन्द्र भी ठहरेंगे आपके साथ तो आप क्या लिखेंगी?" मैंने कहा–""फ्रैंड।"" उन्होंने कहा–"दिक़्क़त हो सकती है।" मैंने कहा–"देखी जायेगी।" वहाँ भी मिस्टर एंड मिसेज़ की रीत है। और सोशल गैदरिंग में अकसर अमरीकन राजेन्द्र को मिस्टर निगम कहते और हमें राजेन्द्र का नाम बताकर उन्हें सुधारना पड़ता।

मेरे मन में क़ानूनी रिश्तों के प्रति एक अनीहा पैदा हो गयी थी। जो प्राकृतिक सम्बन्ध हैं, उन्हें बनाये रखने या तोड़ देने की सज़ा नहीं मिलती। पर मुझे इस बात का अहसास था कि मेरे विवाहिता होने पर इस तरह के 'लिव–इन' सम्बन्ध के कई काम्प्लीकेशन हो सकते थे। तभी क़ानूनी दाँवपेचों के बारे में नया ज्ञान प्राप्त हुआ यानी हम दोनों के एक साथ रहने से सारा दोष राजेन्द्र का यानी पुरुष का होगा और उसे सज़ा भुगतनी पड़ सकती है। किसी की पत्नी अगर पर–पुरुष के साथ रह रही हो तो सज़ा पत्नी को नहीं "पर–पुरुष" को मिलेगी। औरत की इच्छा–अनिच्छा की कोई अहमियत नहीं। प्रॉपर्टी जो ठहरी। राजेन्द्र का कॉलेज सरकारी था। एक दिन उसने कहा, "मेरी नौकरी जा सकती है।" मैंने सिर्फ़ यही कहा, "जब समस्या सामने आयेगी तो देखी जायेगी।

कई बार डिवोर्स की बात भी सोची। स्पेशल मैरिज ऐक्ट के तहत हमारी शादी हुई थी जिसमें पहली बार 'डिवोर्स बाई म्युचुअल कांसेंट' का प्रावधान था। सिर्फ़ पति–पत्नी के राज़ीनामे से तलाक़ मिल सकता था। पर निगम साहब यह करने को तैयार न थे। हालाँकि मैं वकीलों के घर की लड़की हूँ, पर कानूनी लड़ाइयों से मुझे सख़्त चिढ़ है। पर सामाजिक 'सेंसर' से अन्तहीन लड़ाई सिर्फ़ मेरे लिए ही नहीं, बच्चों के लिए भी बड़ी कठिन और शक्ति को सोख लेने वाली होती। एक बात जो मुझे सालती थी कि जो मैं कर रही हूँ, उसका फल मेरे परिवार यानी माता–पिता, भाई–बहन को भी भुगतना पड़ रहा है। अपने उस छोटे–से शहर में उन दिनों मैं ही अकेली ऐसी 'ब्लैक शीप' थी। एक बार मैंने माँ

से पूछा था–"माँ मोहल्ले की औरतें मेरे बारे में तुम्हें बातें सुनाती होंगी।" माँ ने कहा–"हाँ।" पर मैं उन्हें पूछती हूँ कि क्या आप लोगों ने कभी यह जानने की कोशिश की है कि कितनी औरतें एक छत के नीचे अलग रहती हैं? मैं भी तो अलग रहती हूँ, एक ही छत के नीचे। आप लोगों ने मुझे तो कभी कुछ नहीं कहा। मेरी बेटी ने तो सिर्फ़ 'छत बदली है'। माँ यह कह सकती है तो बेटी क्यों न जुझारू हो। माँ का साहस मेरे लिए ढाल बन गया था। और मेरे बच्चों के लिए मेरा साहस ढाल की तरह था। दो व्यक्ति मिलते हैं, एक–दूसरे के पास आते हैं और साथ रहते हैं। क्यों? कौन–सी वह चीज़ है जो उन्हें साथ रहने को प्रेरित करती है? राजेन्द्र अकसर कहता है–"ऐक्सिडेंट ऑफ़ टाइम एंड स्पेस।" शायद ठीक ही है। समय की ज़रूरत। नहीं तो दिमाग़ी तौर पर और स्वभाव से बिल्कुल अलग दो लोग क्यों आकर्षित होते हैं और साथ रहने की ग़लती करते हैं? और उस ग़लती को ढोते रहते हैं तब तक, जब तक, रिश्ता सिर्फ़ एक मजबूरी बन जाता है।

लिव–इन सम्बन्ध

जब कोई चोट लगती और तिलमिला देने वाला दर्द होता है तो हाथ के पास जो भी दवा या घरेलू नुस्खा हो, हम उसका प्रयोग कर लेते हैं। राजेन्द्र के चोट खाये दिल के लिए शायद मैं एक घरेलू नुस्खे जैसी दवा थी, सस्ती और कारगर–ऐसे ही वह मेरे लिए। हम दोनों के मन में ही एक ख़ाली जगह थी जिसे भर देना ज़िन्दगी का काम था।

मैंने अपने परिवार में अपने आसपास ऐसे कई जोड़े देखे हैं, जिनमें कुछ तो बहुत ही सन्तुलित, सन्तुष्ट और अपने इस स्थायी भाव को क्लेरिफाई करने वाले होते हैं–और वे डंके की चोट पर कहते हैं कि इसकी जड़ में आपसी प्रेम है। कई जोड़े ऐसे हैं जिनमें पुरुष दबंग होता है–बाहर से मीठा कंसिडरेट, मीठी छुरी–ऐसे केस में स्त्री बिल्कुल मिसेज़ 'येस' यानी 'श्रीमती हाँ–हाँ' बन जाती है। कई बिल्कुल विपरीत मत, स्वभाव और आदत के होते हैं। उनकी पूरी ज़िन्दगी एक–दूसरे के साँचे में ढलने–ढालने में बीत जाती है या फिर उनका जीवन कुरुक्षेत्र का मैदान बना रहता है–सशब्द या निःशब्द। शुरुआती दौर में कितने ही क्षेत्रों में बिल्कुल अलग दृष्टिकोण रहते हुए भी मुझे लगा कि ऐसे तीन प्वॉइंट हैं, जो हमें जोड़े रख सकते हैं–नाटक–प्रेम, भ्रमणप्रियता और दैहिक कम्पैटिबिलिटी। जिस समय मैं राजेन्द्र से मिली थी, मेरी मानसिक स्थिति बहुत अस्त–व्यस्त थी। कितनी ही परतें, सबकी अलग–अलग डिमांड। यह सब एक बहुत बड़े चैलेंज की तरह मेरे सामने खड़ी थी। उस चैलेंज को स्वीकारना था मुझे। साथ ही उम्र भी तो ऐसी थी पैंतीस, छत्तीस। एक स्त्री के सब दैहिक अनुभवों की धैया छू आयी थी–प्रेमिका, पत्नीत्व–मातृत्व। और यह रियलाइज़ करती थी कि एक स्वतन्त्र चेता स्त्री होने के नाते मुझे दोस्त, प्रेमिका, माँ सबका रोल एक साथ निभाना है। मेरी तुलना में राजेन्द्र काफ़ी अनुभवहीन था, हर मायने में।

लिव–इन सम्बन्धों की अपेक्षाएँ

मुझे नहीं मालूम इस तरह के सम्बन्ध में एक–दूसरे का रोल कैसा होता है, क्योंकि इस बारे में पता लगाने या बात करने का कोई अवसर नहीं मिला। क्या रोल होता है? पति–पत्नी जैसा, बग़ैर कानूनी सुविधाओं के? राजेन्द्र ने इस बारे में कोई स्पष्ट स्टैंड नहीं लिया था। पर क्योंकि पहल मेरी थी तो मैंने लिया। सबसे पहले पैसा। उसका क्या हो? जैसे शादीशुदा ज़िन्दगी में मुझे अपनी तनख़्वाह (120/225 रुपये) का कुछ हिस्सा बच्चों के लिए डाकघर बचत और इंश्योरेंस के लिए रखना पड़ता और कपड़ों का ख़र्च मेरा। किचन और नौकरों की तनख़्वाह निगम साहब। अब ऐसा नहीं हुआ। प्रेस एनक्लेव के फ़्लैट के पैसे राजेन्द्र ने चुकाये थे, इंस्टॉलमेंट में। पर सारा वुड वर्क, फ़र्नीचर का ख़र्चा मेरा शेयर था। जो डी.डी.ए. फ़्लैट मैंने अपने नाम ख़रीदा, उसका सारा ख़र्चा मेरा। किचन और बच्चों का सारा ख़र्च मेरा। कोई ज्वॉइंट एकाउंट नहीं था, न अब है। राजेन्द्र के पैसों से मेरा कोई लेना–देना नहीं था। जब तक नौकरी रही, बच्चों की पढ़ाई और मेडिकल ऑफ़िस से मिलते रहे। टेलीफ़ोन भी ऑफ़िस का। मैंने कभी कोई कामवाली नहीं रखी पर साठ साल के बाद रखी, सो किचन, धोबी, अख़बार, कामवाली, केबल का ख़र्चा मेरा। जब कभी मैं अपने सम्बन्धियों या मित्रों से यह बताती तो वे सभी कहते–''तुम्हें राजेन्द्र से पैसे लेने चाहिए।'' मेरा जवाब होता–और आज भी है–कि मर्द के पैसे की रोटी मैं नहीं खाती।

राजेन्द्र की माताजी उसे खोद–खोदकर पूछतीं–"पैसे लेंदी है? या तू पैसे देंदा है?" तो वह कहता–"नहीं।" हर इतवार जब राजेन्द्र उनसे मिलने जाता तो उसके साथ वे फल और आटा भेजती रहीं पूरी ज़िन्दगी।

मुझे किसी से रुपये–पैसे की अपेक्षा नहीं थी। अमरीकियों से बचत करना सीख लिया था। उसी के बूते पर पैसा दिया ही है, लिया किसी से नहीं।

टुगेदरनेस यानी सह जीवन का यह पहलू कोई ख़ास डिस्टर्बिंग नहीं होता शुरू–शुरू में। हमारे साथ भी ऐसा ही हुआ। बस सबसे ज़रूरी है नाटक करना, घूमना। घूमते थे हम। नाटक लेकर विभिन्न शहरों के अलावा गर्मी की छुट्टियों और जाड़ों के छोटे ब्रेक में हम ख़ूब घूमे। कश्मीर, उड़ीसा, राजस्थान, हिमाचल प्रदेश, उत्तर प्रदेश के पहाड़ों पर, माउंट आबू–

कभी बच्चों के साथ पर ज़्यादातर सिर्फ़ दोनों ही जाते। बच्चे बड़े हो गये थे तो उनका अपना ग्रुप था दोस्तों का। इन यात्राओं में नाटकों को पढ़ना, अनुवाद करना भी होता।

राजेन्द्र बीच–बीच में विदेश–यात्राएँ भी करता पर अकेले, जैसे–जर्मनी, इंग्लैंड और पूर्वी यूरोपीय देश और रूस। टिकट और रहने के पैसों का जुगाड़ कर ही लेता। युवा निर्देशकों की पहली क़तार में इसका नाम तो था ही। इन अकेले भ्रमणों का कोई भी वृत्तान्त इसने नहीं लिखा। जो भी जानकारी मुझे हासिल हुई, वह बहुत ही थोड़ी और मौखिक।

लेकिन जब हम साथ घूमने जाते तो देश–भ्रमण के आनन्द के साथ इसे बहुत पास से देखने का मौक़ा मिलता और तब यह रियलाइज़ करती कि हम दोनों कितने अलग हैं। पर वह समय था जब 'हॉरोमोन ऐक्टिव' थे और सारे झगड़े, विरोध बिस्तर में ही सुलझ जाते थे। मोहभंग से उपजे ख़ालीपन को मारने के लिए व्यस्तता ही दवा थी। पारिवारिक ज़िम्मेदारी समस्याओं से जूझने, जूझकर सुलझाने में ही सारा समय लग जाता था।

कई पुरुषों का यह स्वभाव होता या प्रकृति ही कहिए कि अगर विपत्ति (डेंजर) की उपस्थिति आसपास न हो तो उनकी उर्जा का नाश हो जाता है। विपत्ति चाहे वह किसी भी शक्ल में हो।

इस सन्दर्भ में कुछ बातें ऐसी हुईं जिसका ज़िक्र करना गैर–ज़रूरी न होगा। मेरे पढ़ाने के सोलह सालों के दरम्यान यह घटित हुआ। एक रूटीन था कि पढ़ाने के बाद सप्ताह में दो–तीन बार बॉस को फ़ोन पर स्थिति और समस्याओं का ब्योरा देना होता था। ऐसे ही एक दिन फ़ोन किया तो उधर से आवाज़ आयी "आई लव यू।" बॉस की आवाज़। मैं सकते में थी। मैंने कहा–"मैं अभी आ रही हूँ।" क्लास छोड़कर स्कूटर लेकर मेन ऑफ़िस पहुँची। देखा बॉस की मेज पर चेम्बर्स डिक्शनरी खुली हुई है, एल वाला पेज। उन्होंने मुझे 'लव' का मतलब पढ़ा दिया। क्या कहती? फिर भी कहा "आपको सब पता है फिर भी..." "यह मेरा अपना मामला है। मैंने आपसे कुछ माँगा तो नहीं।" मैं चुप। यह सच था। मेरे पूरे नौकरी के कार्यकाल में मुझे उनकी तरफ़ से सहायता ही मिली। एक बार उनके घर में पार्टी हो रही थी, वे किसी और से कह रहे थे, बड़े हँसते हुए और सीधे–साधे भाव से मैंने तीन औरतों से प्यार किया है, एक अपनी बचपन की दोस्त (जो एक टीचर थी और वहाँ उपस्थित थीं), दूसरी मेरी बीवी और तीसरी मिसेज़ निगम। मैं हँसती रहती। राजेन्द्र बहुत अटपटा

महसूस करता। मेरी तरफ़ से एक अच्छी 'फीलिंग' के अलावा और कुछ न था। हमारे समाज में अकेली औरतें विशेषकर 'डिवोर्सी' या 'सेपरेटेड' की स्थिति अजीब होती है। ज़्यादातर स्थितियों में पुरुषों के लिए वह 'भोग्या' ही होती है, बिना किसी ज़िम्मेदारी के। ऐसी स्थिति में ज़्यादातर पुरुष, जिनके पास 'पावर' होती है, सहायता करने को तत्पर रहते हैं। शायद यह भी 'ईगो सैटिस्फैक्शन' का ही एक तरीक़ा हो।

मेरे नौकरी जीवन में बॉस की उपस्थिति भी शायद राजेन्द्र के लिए एक बारीक काँटे की तरह हो जो कहीं गहरे में गड़ा हो और जिसे निकालना मुश्किल हो। जिसे स्वीकार कर लेने के अलावा कोई चारा न हो। वैसे कई लोगों का यह स्वभाव होता है कि किसी व्यक्ति या काम में दिलचस्पी बनाये रखने के लिए उन्हें विषमता या प्रतिकूल स्थिति सहायता करती है। प्रतिद्वन्दी है तो लड़ाई करने और लड़कर जीतने में विजयी होने की भावना जीवन को सार्थक बनाती है।

मेरे पूरे नौकरी जीवन में यह स्थिति बनी रही। पर सोलह साल बाद मेरी नौकरी के जाते ही राजेन्द्र का मेरे प्रति रुख़ पहले जैसा न रहा। प्रतिद्वन्द्वी का न होना ही क्या इसका कारण रहा होगा?

इस सन्दर्भ में सिर्फ़ हम दोनों की ही बात करना वाजिब न होगा। मेरे साथ दो बड़े होते बच्चे थे। इस स्थिति के प्रति उनका रुख़ कैसा था, यह भी एक अहम प्वॉइंट है। इन्हीं दिनों 'आपका बंटी' लिखी गयी थी। ख़ूब चर्चा में थी। हालाँकि असली बंटी की स्थिति उपन्यास के बंटी की स्थिति से काफ़ी अलग थी पर फिर भी डर और चिन्ता तो होती है। मेरी यही कोशिश होती कि दो बड़े होते बच्चों को इस 'असामाजिक' या कठिन सामाजिक स्थिति में ख़ुद को ढालने में पूरी सहायता करूँ। बातों–बातों में यह पता चला कि राजेन्द्र की माता जी बहुत डरी रहती थी कि मेरा बेटा राजेन्द्र को शारीरिक नुक़सान पहुँचायेगा। उनका क्या दोष? उन्होंने यही देखा–सुना होगा। और यह सही है कि ऐसी परिस्थिति में अकसर 'टीन एजर्स' प्रॉब्लम बन जाते हैं। पर मेरे बच्चों ने इस परिस्थिति में ख़ुद को ढाल ही लिया था। शायद इसलिए कि मेरे साथ रहने का चुनाव उनका ख़ुद का था। साथ ही राजेन्द्र के रवैये में एक अलगाव और दूरी थी। उसने बच्चों को शायद ही कभी डाँटा हो। डाँटने–पीटने के लिए सिर्फ़ माँ ही काफ़ी थी। उनके पिता भी इस मामले में काफ़ी 'कंशस' थे। बच्चे उनसे रेगुलरली मिलते थे। पर आज दोनों बच्चे ही यह स्वीकार

करते हैं कि "बस, अंकल थे, यह भी बड़ी बात थी।" मैंने पूछा, "हवा की तरह?" अगर न हो तभी महसूस होता है कि नहीं है ? "हाँ, शायद ऐसा ही", उन्होंने कहा था। पर मैंने एक दिन राजेन्द्र से उसके अलगाव की बात पूछी थी तो उसने जवाब दिया था—"मैं उन्हें मार नहीं सकता।" मैंने कहा—"यह तो उनके पिता भी नहीं कर सकते।"

ख़ैर इस फ्रंट में भी मुश्किलें ऐसी न थीं कि सुलझायी न जा सके और इसका श्रेय हम सभी को मिलना चाहिए, मय निगम साहब के।

मेरा तिरपनवाँ साल चल रहा था। दैहिक और मानसिक रूप से औरत के लिए बहुत मुश्किल के दिन। मेनोपॉज हो चुका था। इस मामले में ज़्यादातर लोगों का ज्ञान काफ़ी सीमित होता है। वह यही समझते हैं कि जीवन के दैहिक भाग का यह पटाक्षेप है—विशेषकर स्त्रियों के जीवन में। मेरे विचार में यह शत—प्रतिशत सच नहीं था, फिर भी एक साथ इतना कुछ घटित होने से मन बुझ गया, और जीवन का एक और फेज़ चालू हो गया। पर न शरीर मरता है, न मन यह अब जान पायी हूँ। बल्कि पुरुषों का शरीर, मन तो दूसरी पारी खेलने को तैयार हो जाता है। पर हम भारतीय नारियों को ठोक—ठोककर सिखाया जाता है 'वयमेव याताः' हम ही बीत गये—'वयमेव मुक्ताः' हम ही भोग लिये गये। अब धर्म, कर्म में मन लगाओ। धर्म से तो कोसों दूर थी, सो कर्म में मन लगाया। नातिन को पालने में, लिखने में—और 89 में लम्बे समय के लिए इंग्लैंड चली गयी। बड़ी बहन, भांजी और उसके बच्चों के संग। राजेन्द्र भी साथ था।

राजेन्द्र ने इंग्लैंड जाने के लिए ब्रिटिश काउंसिल से ग्रांट का जुगाड़ कर लिया था। उस समय सुषमा बहल वहाँ थी और राजेन्द्र से उसके काफ़ी अच्छे टर्म्स थे। लन्दन में ज़्यादा—से—ज़्यादा नाटक देखना इस यात्रा का उद्देश्य था। मैंने भी उस दौरान इसके साथ कोई आठ—दस नाटक देखे। और राजेन्द्र ने तो और भी ज़्यादा, पर उनके बारे में लौटकर कोई लेख नहीं लिखा।

वहाँ छह—सात हफ़्ते साथ रहने के बाद मुझे लगने लगा था कि हम दोनों के बीच पहले जैसा कुछ भी न रहा। बासीपन तो बहुत पहले ही आ गया था। सच, औरत जितनी जल्दी बासी होती है, उतनी और कुछ नहीं।

इस सन्दर्भ में अपने दो अनुभवों का ज़िक्र करूँगी।

हम हैमरस्मिथ नाम की जगह पर एक नाटक देखने गये। लौटने में दस बज गये। चाहे कितनी ही देर हो जाये, घर लौटकर पीना, फिर 'घर की रोटी' खाना, फिर सो जाना, यह फिक्स्ड रूटीन था। इसमें कोई बदलाव न होता। घर पहुँचते ग्यारह बज गये। घर के पास एक स्टोर था। मैंने सोचा, यहाँ से मिक्स्ड वेजिटेबल का एक पैकेट ले लेती हूँ। मैं दुकान में घुसी ही थी कि धड़ाम से सामने का दरवाज़ा बन्द हो गया। दुकानदार शायद हिन्दुस्तानी था, पता नहीं किस प्रदेश का। मैं बेहद नर्वस। मैंने अंग्रेज़ी में पूछा–"आपने दरवाज़ा क्यों बन्द किया?" "ग्यारह बज गये हैं, यह क्लोजिंग टाइम है।" "तो मुझे पहले क्यों नहीं बताया? मैं अन्दर आती ही नहीं।" वह अजीब तरह से घूर रहा था, शायद पी रखी थी। उसने मुझे पैकिट पकड़ाया। मैंने उसे पैसे दिये और खिड़की से बाहर देखा तो राजेन्द्र बाहर लैम्पपोस्ट से टिककर खड़ा था। मैंने ऊँची आवाज़ में कहा–दरवाज़ा खोलिए।" इतने में अन्दर से एक महिला आयी, शायद दुकानदार की पत्नी और पूछा–"क्या हुआ?" मैंने बताया तो उसने साइड दरवाज़ा खोल दिया। पूरा समय राजेन्द्र बिना एक शब्द कहे लैम्पपोस्ट के नीचे बुत की तरह खड़ा रहा। मुझे इसका बरताव बेहद अजीब लगा, पर रात के बारह बजे कौन बखेड़ा खड़ा करे। मैं अन्दर–ही–अन्दर भुनती रही और यह घर जाकर अपने रूटीन में व्यस्त हो गया।

लन्दन की ही दूसरी घटना। किसी नाटक का नाइट शो देखकर आ रहे थे। रात के शो विद्यार्थियों के लिए होते थे और बहुत भीड़ होती थी। ट्यूब्स में भी सबसे ज़्यादा भीड़ इसी समय होती थी। हमारे पास दिन भर का पास था। जो भी गाड़ी आये राजेन्द्र उस पर चढ़ जाये, फिर यह पता लगे कि यह 'ओवल' स्टेशन नहीं जायेगी। फिर उतरो, फिर इन्तज़ार। मैं उसे बता ही रही थी कि कौन–सी ट्रेन लेनी है। इतने में सही ट्रेन धड़धड़ाती आ पहुँची और मैं भीड़ धकेलती हुई ट्रेन में चढ़ी। ट्रेन चलने लगी तो इधर–उधर देखा–राजेन्द्र नदारद। गया कहाँ? मेरे पीछे सार्डीन की तरह एक–दूसरे से चिपके सब खड़े थे। मैं बहुत नर्वस, क्योंकि दोनों टिकट राजेन्द्र के पास थे। पर्स में पैसे भी बहुत थोड़े। रात के साढ़े बारह बज रहे थे। मैंने दो–तीन बार ज़ोर–ज़ोर आवाज़ लगायी। कोई जवाब कहीं से नहीं आया। लोग मेरा मुँह ताकें। नर्वसनेस के मारे मैं रोने लगी। अंग्रेज़ वैसे भी बड़े असम्पृक्त होते हैं। सबके सपाट चेहरे। मुझे रोते देख इधर–उधर देखना शुरू किया। फिर एक स्टेशन पर ट्रेन

रुकी तो मैं भीड़ धकेलती हुई दरवाज़े के पास आ गयी और बाहर मुँह किये ज़ोर से पुकारा–'राजेन्द्र'। दूर कहीं से आवाज़ आयी–"मैं यहाँ हूँ।" उससे अगले स्टेशन पर गाड़ी रुकी तो वह मेरे वाले डिब्बे में आ गया। मेरा हाल देखकर भी उसके चेहरे पर जो कौतुक भरी निःस्पृहता थी, उसे देखकर मेरा मन दुख और आक्रोश से भर गया। यह कर कैसे सकता है ऐसा? पूछा तो चुप।

लन्दन जैसे ख़ूबसूरत नगर में भी सात हफ़्तों से ज़्यादा रहना हमारे लिए मुश्किल हो गया। कैसी–कैसी चीज़ों की याद आती थी। बारिश के शुरू में सोधीं मिट्टी की गन्ध, मोगरे की खुशबू, शोर भरे बाज़ार, पकौड़ों की ख़ुशबू, सड़कों पर गाय, घोड़े, कुत्ते। चलो भई, वापस अपने गन्दे ग़रीब देश में। और हम आ गये। राजेन्द्र दो हफ़्ते के लिए वहीं रुक गया, बचे–खुचे पैसों से प्ले देखने और शॉपिंग करने के लिए।

वापस आकर अकेले रहते हुए मेरा यह अहसास विश्वास में बदल गया कि हम दोनों के बीच कुछ बदल रहा है या बदल गया है। ज़रूरत, मानसिक निर्भरता, लगाव कोई एक या सभी कुछ। वक़्त बहुत गुजर गया था। तीस साल कोई कम नहीं होते।

मन में प्रश्न उठते थे, क्या फ़र्क़ होता है लिव–इन सम्बन्ध और विवाहित सम्बन्ध में? कोर्ट, कचहरी नहीं करनी पड़ती, क़ानूनी ज़ंजीरों की जकड़न नहीं होती, क़ानूनी हक़ की टोकरी (औरत के लिए) ख़ाली रहती है, बस इतना ही न? पर बासीपन से उपजा अबोला और अलगाव। हाँ, आदतों और मजबूरी की बेड़ियाँ जकड़ लेती हैं। रहे चलो साथ।

नब्बे का दशक

देखते–देखते हुलिया ही बदल गया आसपास का। बिल्डरों की बाढ़–सी आ गयी। जहाँ थोड़ी–सी ज़मीन मिली बहुमंज़िला इमारत बन गयी। पॉश कॉलोनी के बँगले, पॉश तिमंज़िले, अपार्टमेंट्स बन गये। एकमंज़िले फ़्लैट्स तिमंज़िले, पहली मंज़िल में दुकानें। हर मोहल्ला छोटा–मोटा बाज़ार बन गया। वॉशिंग मशीन ले लो। एल.जी. फ्रिज, एअर कंडीशनर, मोबाइल ले लो। गाड़ी–हर दूसरे साल बदलेगी। पुराने की जगह नया। पैसा–पैसा। कमाओ, जोड़ो। बॉण्ड, म्यूचुअल फंड, शेयर सर्टिफ़िकेट ख़रीदो, ख़रीदो। ब्याज दर कम हो गयी। हाय–हाय। बैठ गया। वाह–वाह। एक गाड़ी से काम नहीं चलता, दो ले लो। फ़्लैट बुक करा लो, पुराना डी.डी.ए. वाला बेचो। गुड़गाँव में पॉश ले लो। खाना–वीक एण्ड में 'कैरी होम' या होम डेलिवरी। खाना–पीना, पहनना सब बदल गये। 'पीना' ज़रूरत, 'पीना' नफ़ासत। पीने के बग़ैर खाना जहालत। मर्द न पीये तो चुटियाधारी, औरत न पिये तो 'भंगतिक', 'जाहिल'।

एक दिन मैं एक मराठी नाटककार मित्र से बात कर रही थी कि नाटक–सिनेमा से लोअर मिडिल क्लास तो जैसे ग़ायब ही हो गया। क्यों? उन्होंने कहा–"क्योंकि लोअर मिडिल क्लास अब है ही नहीं।" मैंने कहा–"कैसे? चलिए मेरे साथ पुष्प विहार और लोधी रोड के सरकारी क्वार्टरों में–उत्तर, दक्षिण, पूर्वी और पश्चिमी दिल्ली की उन 'पुरियों' में–आपको लोअर मिडिल क्लास दिखाती हूँ। वे ग़ायब हुए हैं, फ़िल्में, टी.वी., नाटकों से क्योंकि उनके बारे में लिखने, उन्हें देखने और उनकी बात सुनने में कोई थ्रिल नहीं है।"

बँगला के एक लेखक है शीर्षेन्दु मुखर्जी। उन्होंने अपने एक उपन्यास में लिखा है–"हमारे देश में तीन तरह के लोग हैं–तीन वर्ग कह लीजिए। फोटो की तरह–कलर्ड फोटो, ब्लैक एंड वहाइट और नेगेटिव। ज़ाहिर है

यह युग तो कलर्ड फोटो का ही है। ब्लैक एंड वहाइट को कौन पूछता है और नेगेटिव तो लिफ़ाफ़े में बन्द कहीं पड़े रहते हैं।"

ऐसे शुरू हुआ नब्बे का दशक।

व्यक्तिगत जीवन में नब्बे का दशक जैसे झोली भर के दुख ले आया।

पर शुरुआत के दिनों में ख़ुशियों के क्षण भी थे। दूसरी दोहती हुई। मेरी दो अनुवाद की किताबें छपीं। एक साहित्य अकादेमी से, दूसरी नेशनल स्कूल ऑफ़ ड्रामा से। कहानियों पर फ़िल्में बनायीं। उसके साथ कुछ क्रियेटिव काम किया। इस सबके साथ–साथ पढ़ाना जारी रखा।

चार–पाँच साल पहले मन्नू जी हौज ख़ास आ गयी थी। उनसे इस दौरान काफ़ी दोस्ती हो गयी थी। यूँ तो मेरी स्त्री मित्रों की संख्या काफ़ी है, पर प्रायः सभी नाटक की दुनिया से। साहित्य की दुनिया में जान–पहचान काफ़ी होने पर भी दिल खोलकर बातें करने का रिश्ता बहुत ही कम है। मन्नू जी के हौज ख़ास वाले घर तब भी जाती थी, जब लोग–बाग व शोर–गुल से घर भरा रहता था और तब भी, जब सब सुनसान और चुप। बस मन्नू जी के कमरे की बत्ती जलती, वहीं बैठकर बातें करना। यही वह समय था जब दुख एक साथ हमारे घर आया था।

व्यक्तिगत जीवन में टूटन की शुरुआत

निगम साहब रिटायर होने के बाद दिल्ली चले आये थे। नीति बाग में एक कमरा लेकर रह रहे थे। दोनों बच्चे उनसे मिलने जाते थे। साथ खाना खाते, साथ समय बिताते। पर थोड़े ही दिनों में वह घर छोड़ना पड़ा। मेरा डी.डी.ए. का फ़्लैट ख़ाली पड़ा था, सो मेरे कहने पर वहाँ रहने लगे। बेटी की शादी हुई और वह भी उसी फ़्लैट में रहने लगी। मैंने मन में सोच लिया था कि अपना फ़्लैट बेटी के नाम कर दूँगी। माँ की तरह बेघर न हो। मेरे इस निश्चय से निगम साहब काफ़ी नाराज़ थे। बेटी को दे दिया, और बेटा? हालाँकि बेटे को जब मैंने पूछा तो उसने कहा था–"माँ। मैं तो कहीं भी रह लूँगा, तुम उसी को दे दो।" वह उस समय 'होलटाइमर' था। दामाद भी। उन्हीं दिनों कुछ 'बुद्धिजीवी' लोगों ने मिलकर एक कोऑपरेटिव सोसाइटी के फ़्लैट्स बनाये–सह–विकास। उसी में निगम साहब ने अपनी पूरी जमा–पूँजी लगाकर बेटे के नाम से फ़्लैट लिया। फिर बेटा, बहू और निगम साहब, बहू के माता–पिता सब वहीं रहने लगे।

सन् 92, अप्रैल का महीना। बेटे ने आकर बताया कि वे दोनों अलग

हो रहे हैं। पोता तब सिर्फ़ पाँच साल का था। मेरे सिर पर जैसे वज्रपात हो गया। अपना घर टूटा तो जो दुख मिला था, उसकी इससे कोई तुलना ही नहीं। यह एक चोट है जो स्वयं पर लगी चोट से सौ गुणा ज़्यादा दुख देती है। निगम साहब के लिए यह सदमा और भी जानलेवा था। क्योंकि एक घर में रहकर भी उन्हें इस बात की कोई सूँघ भी न लगी थी।

निगम साहब बेहद उदास और अकेले हो गये थे। दो–तीन साल भरे परिवार में रहने के बाद निपट अकेले। बेटा ज़्यादातर घर से बाहर ही रहता था। निगम साहब इन्हीं दिनों बेटी के घर अकसर आकर रहते थे और प्रेस एनक्लेव भी आ जाते थे। क्या यह एक आयरनी नहीं है कि वकीलों के घर की बेटी होने के बावजूद क़ानूनी रिश्तों पर मेरी कभी कोई आस्था नहीं रही। और इनसानी रिश्तों से दुराव न रहा।

बेटी अकसर लंच हमारे साथ खाती तो मैंने निगम साहब से भी कहा आप भी आ जाया कीजिए। इस बारे में मेरे और राजेन्द्र के बीच खुलकर कोई बात नहीं हुई थी। अकसर निगम साहब अपना खाना ले आते थे तो राजेन्द्र ने एक बार मना कर दिया कि हम जो खायेंगे आप भी वही खायें, अलग से लाने की ज़रूरत नहीं। निगम साहब अकसर खाना खाने के बाद ड्रॉइंग रूम के दीवान पर ही सो जाते (मेरे कहने पर)। फिर चार बजे उठकर चले जाते। ऊपर से सब कुछ सामान्य–सा लगता पर पता नहीं क्यों मुझे लगता कि कहीं पर राजेन्द्र के लिए लाल बत्ती जल उठी है। पर मेरी तरह मन की हर बात को धड़ल्ले से कह देने वाला वह नहीं था।

सन् 94 की दुर्गापूजा। अष्टमी का दिन। यह वह दिन था जब मैं पूजाबाड़ी चली जाती थी, बस नाम के लिए। बचपन के वह चार दिन के जश्न, सजना–धजना, ड्रामे, खाना–पीना, प्रोग्राम देखना, हर मोहल्ले की मूर्तियाँ देखना–सब ख़त्म हो गया था।

इस बार दुर्गा अष्टमी और कंजक एक साथ पड़े। निगम साहब बहू का दिया नया कुर्ता पहने बेटी के घर पहुँच गये। हम जाने को तैयार थे। बहस हो रही थी कि कालीबाड़ी जायें या चितरंजन पार्क? बेटी ने तय किया कि कालीबाड़ी जायेंगे। निगम साहब को मन्दिरों से चिढ़ थी, शायद इसलिए बोले–"चितरंजन पार्क चले चलेंगे पर कालीबाड़ी नहीं।" हम राजेन्द्र की गाड़ी में कालीबाड़ी चले गये। वे बेटी के घर अकेले ही रह गये। बच्चियों के लिए पड़ोस से जो हलुवा–पूरी का प्रसाद आया था, वही खा लिया।

शाम पाँच बजे के क़रीब एक फ़ोन आया नीति बाग़ से। वहाँ निगम

साहब की पुरानी ह्यूमैनिस्ट मित्र रहती थी, डॉक्टर गौरी बज़ाज़। उन्हीं का फ़ोन था, राजेन्द्र ने सुना और बिल्कुल चुप हो गया। ज़रूर कुछ गड़बड़ है। पर जो सुनने वाली थी, उसका कोई अन्दाज़ा ही नहीं था मुझे। बहुत पूछने पर बताया कि निगम साहब को बहुत गम्भीर हार्ट अटैक हुआ और वे नहीं रहे।

अचानक जैसे सब ख़ाली हो गया। बच्चियों को राजेन्द्र के पास छोड़कर मैं वहाँ चली गयी। वहाँ ड्रॉइंग रूम के कार्पेट पर उनका निस्पन्द शरीर पड़ा था। जाते समय भी पराये घर में, निपट अकेले। आसपास अपना कोई नहीं।

इसके बाद से ही मैं बहुत गहरे डिप्रेशन में चली गयी। वैसे सभी काम हो रहे थे पर दुख की परत चढ़ी ही रहती हर चीज़ पर। बार–बार यही सोचती, अगर हम कालीबाड़ी नहीं जाते तो वे भी हमारे साथ ही होते, मेडिकल सहायता तो मिल जाती। वैसे जब उन्हें अटैक हुआ तो डॉक्टर बजाज दौड़कर पड़ोस के डॉक्टर को ले आयी थीं। पर तब तक निगम साहब चले गये थे। दोनों बच्चे दुख और गिल्ट से भरे हुए कि पिता के लिए कुछ नहीं कर पाये।

मेरा डिप्रेशन ख़त्म होने को नहीं आ रहा था। राजेन्द्र चुपचाप सब देखता था। वैसे ही कम बोलता है और अब तो जाने क्या सोचता रहता था। क्या यही कि यह रिऐक्शन क्यों? क्या बन्धन टूटा नहीं था इतने दिनों में भी? पर रिश्तों की कई परतें भी होती हैं। यह अहसास शायद उसके अनुभव की दुनिया से परे था। छब्बीस साल के अलगाव के बाद भी वह कौन–सा तार था जो टूटा नहीं? आदमी–औरत, पति–पत्नी का सम्बन्ध टूट जाने पर भी माँ–बाप, नाना–नानी, दादा–दादी होने का तार?

दुख, अवसाद, किसी के चले जाने से जीवन की एक जगह ख़ाली हो जाना यह सभी कुछ हो रहा था। पर मन को टटोलकर भी मैंने अपने मन में किसी अपराधबोध की भावना नहीं पायी। अगर मैं निगम साहब की ज़िन्दगी में नहीं आती तो वे हमेशा अकेले ही रह जाते। घर, पत्नी, बच्चे क्या होते हैं, यह जान ही नहीं पाते।

उनके जाने के बाद बेटे ने एक 'ऑबिचुअरी' में लिखा था–"माई फ़ादर गोट अ फैमिली थ्रू अ मैरिज दैट फेल्ड।"

लोगों की दृष्टि में मैं विधवा हो गयी थी। मेरा कानूनी 'स्टेटस' तो यही था पर सधवा–विधवा का कॉन्सेप्ट ही मेरी सोच से निकल गया

था। लेकिन यह भी तो सच था कि एक लम्बे अर्से का साथ छूट गया था क्योंकि इस दुनिया से वह तिरोहित हो गया था। लगातार डिप्रेशन में रहने के कारण सेहत की प्रॉब्लम शुरू हो गयी थी। डॉक्टर को दिखाया तो पता चला कि हार्ट की प्रॉब्लम है।

इसी समय अभियान में अभिनेत्रियों की समस्याएँ शुरू हो गयी थीं। हमारे सबसे पुरानी ऐक्ट्रेस वीणा जो पिछले बीस सालों से काम कर रही थी, वह किसी टी.वी. सीरियल के लिए दो साल के कॉण्ट्रैक्ट पर चली गयी। अब सिर्फ़ सुचित्रा ही रह गयी थी। सो दो–तीन बंगाली ऐक्ट्रेसों ने भी कुछ नाटकों में काम किया। पहले की तरह अभिनेत्रियाँ सिर्फ़ अभियान में ही काम नहीं करतीं–वे किसी भी ग्रुप में काम करने को स्वतन्त्र थीं और एडजस्टमेंट कर लिया जाता था क्योंकि ग्रुप की ज़रूरत थी। जब बाहर की अभिनेत्रियाँ काम करने लगीं तो नाटकों में पुरानी ऐक्ट्रेसों को साइड रोल दिया जाने लगा। तर्क यह कि उम्र ज़्यादा हो गयी है। हालाँकि वीणा ने काफ़ी उम्र में भी 'नलिनी' का रोल बख़ूबी किया था, 'जात ही पूछो' में। मेरा मत अलग होने पर भी निर्देशक का मत और तर्क सबसे ऊपर।

वसन्त देव जी के न रहने पर मराठी नाटकों के अनुवाद को भी धक्का लगा। जो नाटक अनूदित होकर आ रहे थे, उन्हें या तो कोई और कर लेता या राजेन्द्र को पसन्द नहीं आते। सो लगातार बँगला नाटक ही हो रहे थे जिनका अनुवाद मैं करती थी। 'खारा पानी', 'हवाई महाराज', 'असमाप्त', 'स्वप्नसन्तति', 'क़िस्सा हक़ीम साहब का' और 'सैंया बेईमान'। ये सभी नाटक बेसमेंट में हुए।

फिर अचनाक सरकारी आपत्ति के कारण श्रीराम सेंटर के बेसमेंट में नाटक होने बन्द हो गये। शायद 'लालमाटी' ही बेसमेंट में अभियान का आख़िरी नाटक था। सभी ग्रुपों के लिए यह बड़ी कठिन परिस्थिति थी। बड़े हॉल का किराया इतना कि बिना स्पॉन्सर या ब्रोशर के काम ही नहीं चलता। हैबिटेट का बेसमेंट और एल.टी.जी. का ही सहारा था।

इसी दशक में कई बहुत पास के लोग दुनिया छोड़ गये। राजेन्द्र पॉल और अशोक भट्टाचार्य। राजेन्द्र के बहुत क़रीबी और अच्छे दोस्त थे, इसीलिए मेरे भी। शादी के बाद पॉल नारायणा में रहता था। हम वहाँ बहुत जाते थे और अकसर रात का खाना खाकर आते थे। पॉल और

राजेन्द्र ने साथ ही प्रेस एनक्लेव में फ़्लैट की बुकिंग करायी थी और पॉल की 'एनैक्ट' पत्रिका तो जैसे जान ही थी दोनों की—उन दिनों के नाटक का एनसाइक्लोपीडिया था एनैक्ट। प्रेस एनक्लेव आने के कुछ दिनों बाद ही पॉल बीमार हो गया। बाहर आना—जाना बहुत कम हो गया उसका। राजेन्द्र ने भी जाना कम कर दिया—पर जब भी मौक़ा मिलता तो मैं गप्पों के लिए चली जाती।

इसी तरह अशोक भट्टाचार्य के घर भी हमारा बहुत आना—जाना था। पर उसे शुगर की बीमारी ने दबोच लिया। उसका भी घर से निकलना क़रीब—क़रीब बन्द ही हो गया। राजेन्द्र का आना—जाना कम हो गया। एक अजीब बात थी कि राजेन्द्र बीमार व्यक्तियों से बहुत कतराता था, और मैं इससे बिल्कुल उल्टी ही थी। सन् 91 में दोनों ही दोस्त चले गये। अगले ही साल हमारे बहुत अच्छे पड़ोसी रघुवीर सहाय भी चले गये। मन बेहद उदास रहने लगा। एक बार सिलसिला शुरू हो जाये तो लगता है हम भी लाइन में लग गये।

सदी के आख़िरी दिन 31 दिसम्बर 1999 में हमारे भाई—बहनों में से सबसे पहले छोटे भाई साहब चले गये।

अन्धड़

कहाँ किस मोड़ पर घात लगये बैठा है दुख, कौन जाने?

सन् 97 की 26 जनवरी। हम अपने दो नाटक लेकर कलकत्ते के लिए रवाना हुए–'जात ही पूछो' और 'क़िस्सा हकीम साहब का'। बहुत दिनों बाद श्यामानन्द के निमन्त्रण पर कलकत्ता जा रहे थे।

ए.सी. स्लीपर में हम लोग क़रीब बीस जने थे। शायद पहली बार ए.सी. में जा रहे थे। क्यों? यह मुझे मालूम नहीं था। इन दिनों राजेन्द्र के सलाह–मशविरे में मेरा कोई 'रोल' नहीं होता था। बस बता दिया जाता था कि यह प्रोग्राम है।

यात्रा के दौरान गप्पे, राजनीतिक बहसें (सिर्फ़ कुछ लोगों की) बीच–बीच में लाइनें याद करना और ताश–स्टेक लगाकर। दोपहर का खाना, दिवानिद्रा, चाय, टिफ़िन। फिर रात के खाने से पहले एक कम्पार्टमेंट में कुछ सीनियर लोगों का बन्द हो जाना, कभी–कभार नये–पुराने ऐक्टरों का बन्द कम्पार्टमेंट में बारी–बारी आना–जाना यह सब चलता रहा। इन यात्राओं में मैं और राजेन्द्र शायद ही कभी साथ बैठे या बतियाये हों। इस बार की यात्रा में पूरे समय राजेन्द्र के बरताव में अजीब–सा अलगाव रहा। मैं पुरानी एक्ट्रेसों और ऐक्टरों के बीच बैठी बतियाती रही थी। नयी ऐक्ट्रेसों के लिए निर्देशक का सान्निध्य पाना एक नया अनुभव होता है। पर राजेन्द्र जाने क्यों इस बार मुझे बहुत 'सेल्फ कांशस' लग रहा था।

हम कलकते में महाराष्ट्र निवास में ठहरे थे। इन्तज़ाम ग्रुप की ही एक नयी ऐक्ट्रेस ने किया था। इतने गन्दे बिस्तर में हम शायद ही कभी सोये हों। चाहे कितना ही सीधा सादा–खाना, रहना हुआ हो पर बाथरूम, बिस्तर तो हमेशा ही साफ़ रहे।

'क़िस्सा हक़ीम साहब का' का शो चल रहा है। राजेन्द्र विंग्ज़ में चहलक़दमी कर रहा है। मैं कभी विंग्ज़, कभी ग्रीन रूम में आ–जा रही

हूँ। एक नाटक स्टेज पर हो रहा था और एक नाटक अन्दर हो रहा था। ग्रीन रूम में। हीरोइन ज़ार–ज़ार रो रही थी। राजेन्द्र को बताने पर "उसे समझाओ"–इतना ही कहा। उस क्षण पता नहीं कौन–सी बिजली कौंधी और–

बचपन में एक चीज़ होती थी–हम बँगला में कहते थे 'जौलछोबी'–जलछवि। एक सफ़ेद कागज़, उस पर पानी लगाओ तो पूरी तस्वीर बन जाती थी। ऐसा ही कुछ हुआ। आँखों से बहे पानी से जलछवि स्पष्ट हो गयी।

दूसरे दिन से ही राजेन्द्र मेरे बहुत पास–पास रहने लगा। ग़ैर–ज़रूरी बातें करने लगा, चाइनीज खिलाने ले गया। शॉपिंग मॉल में गये हम सब लोग। पर हीरोइन दूर–दूर ही रही। मन चौकन्ना, फिर उदास हो गया। मेरे इतने क़रीब होने पर भी ऐसा क्यों? यह पहली बार नहीं हो रहा था–पर तिरसठ साल की उम्र का पहला और आख़िरी हादसा। इस हादसे की कहानी सालों चलती रही। एक मोटे थ्रिलर की किताब की तरह। थ्रिलर राजेन्द्र को बहुत पसन्द है।

विश्वास की चादर ओढ़े
अगर दिन भर मँडराता रहे
मेरे आसपास
अविश्वास,
तो कैसे पहचानूँ उसे?

–दिलारा बेगम, बांग्लादेश

और झूठ, छल, कपट का अम्बार ही लग गया रोज़मर्रा की ज़िन्दगी में।

आपसी सम्बन्ध में प्रेम, आकर्षण, देह और मन के सब प्रकरण होने पर भी सबसे अहम चीज़ होती है विश्वास–आपसी विश्वास। विश्वास का टूटना या तोड़ दिया जाना–इससे ज़्यादा तक़लीफ़देह और कुछ नहीं होता शायद। यह एक अनकही शर्त होती है साथ जीने की। कड़वा सच बेहद कष्टदायक हो सकता है, मन को तोड़ सकता है मगर एक बार, सिर्फ़ एक ही बार न? पर ख़ुशगवार झूठ सन्देह का ऐसा विषवृक्ष बोता है, जिसकी शाखाएँ फैलती ही जाती और सन्देह का विषैला धुआँ सब कुछ ढक लेता है। हम ऐसे–ऐसे ओछेपन में उलझ जाते हैं जिन्हें याद करके बाद में हैरानी होती है कि हमने यह किया कैसे? क्यों किया? जिसके

साथ सब कुछ शेयर करने की बात थी, उसी के चारों ओर यह झूठ का 'आयरन कर्टन' कैसा? विश्वासी मन, अविश्वासी रोगी हो जाता है। सबसे ख़तरनाक बात होती है, ख़ुद पर से विश्वास उठ जाता है। लगता है क्या होगा जीकर?

चौथी मंज़िल की छत की सीढ़ियाँ चढ़ रही हूँ। सिर्फ़ दो पैड़ियाँ रह गयी हैं। अचनाक ज़हन में फ्रॉक पहने दो बच्चियों का चेहरा उभर आता है। जैसे चेहरा ऊपर उठाकर पूछ रही हो–"दादी, कहाँ जा रही हो?" बरसों पहले पढ़ी किसी किताब़ का एक वाक्य याद आता है–"आई विल डाई अलोन, बट अदर पीपल विल लिव माई डेथ।" शायद सिमोन की किसी किताब की पंक्ति। नहीं, ये बच्चियाँ मेरी मौत को नहीं जियेंगी। मैं सीढ़ियों से नीचे उतर आयी थी।

बेटे, बेटी और उनके पार्टनर्स से बात की। उन्होंने कहा–"माँ तुम अलग रहो। पहले भी तो अलग रही थी।" मैंने कहा–"हाँ, तुम लोगों को 'अनसैटल्ड' किया था पर कुछ 'अचीव' भी तो किया था। पर अब क्या हासिल करना है अपने लिए? बीच में से ये बच्चियाँ 'अनसैटल्ड' हो जायेंगी एक लड़ाई और लड़नी है–अकेले होने की। यहीं रहकर लडूँगी।"

प्रेस एनक्लेव का यह फ़्लैट डूप्ले है। एक ही मकान में छत बदल ली। अपनी माँ और नानी की तरह। ऊपर के कमरे में रहने लगी–बहुत कुछ से अपने को काटकर–काटते हुए।

सालों पहले की बात याद आती है। एक दिन बाबा ने हम तीनों बहनों को बुलाकर कहा था–"चाहे जितना भी लड़ो–झगड़ो, किचन मत अलग करना।" सो किचन चिपका हुआ है साथ–घर दि रोट्टी। क्यों होती है इतनी तक़लीफ़? पूरे वजूद को एक 'रिजेक्शन' झेलना पड़ता है, इसलिए? 'सिर्फ़ इस्तेमाल होते रहे' यह भावना सालती है? पर सामना तो करना ही है, लड़ना तो है ही इस अँधेरे से। जब मिठास बीत गयी तो कड़वाहट भी बीत जायेगी। काफ़ी अनुवाद का काम मिल गया था, उसी में उलझा लिया मन को। पता चला 'डिस्लैक्सिक' हो गयी हूँ–उल्टा लिखना शुरू कर दिया था। कोशिश करके ठीक किया अपने को। स्कूल में संस्कृत में अच्छी थी तो हमेशा शनिवार को होने वाले हवन में मुझे बिठा दिया जाता। हवन कुण्ड की लपटों में घी समिधा डालते हुए मन्त्र पढ़ती–सोमाय स्वाहा, अग्नये स्वाहा–अग्नये ददमि इदं न मम। असतो मा सदगमय, तमसो मा ज्योतिर्गमय, शान्तिरापः, शान्ति रोषदयः, सर्वे भवन्तु

सुखिनः –और भी जितने मन्त्र याद आते, उन्हें बोलती हुई कॉलोनी के चारों तरफ़ चक्कर लगाती रात के बारह बजे, एक बजे। सुबह पाँच बजे फिर घूमने चली जाती–ध्वन्तारीं सर्व पापघ्न प्रणतोऽस्मि दिवाकरः...

कॉलेज के दिनों की 'कामरेड', नास्तिक मैं यह सब कर रही थी। ज़हर निकालने के लिए। क्या हठयोग इसी को कहते हैं?

'प्रेम' की इस दुखभरी भूलभुलैया में मैं सालों भटकी हूँ। हर बार लगता था कि अबकी बार बाहर आ गयी। पर नहीं, वह अन्दर जाने का ही एक और रास्ता होता था, बाहर निकले का नहीं।

और फिर एक दिन बाहर आ ही गयी, उस कष्टदायक अँधेरे से। अब दूर से उस भूलभुलैया को बड़ी उदासी से देखती हूँ। इससे होकर गुज़रना तो शायद नियति थी मेरी। और मुझ जैसे बहुतों की।

राजेन्द्र की शारीरिक उपस्थिति तो वैसी ही रही पर बरसों पहले जो रिश्ता शुरू हुआ था, उसके दमघोंटू अँधेरे से निकलकर खुले में आ गयी–रोगमुक्त।

उन तिलिस्म खोहों में भटकना ख़त्म हुआ। तब लगता था जीवन, मरण, अपार सुख, असह्य दुख–सब यहीं है। हमीं अस्तो, हमीं अस्तो, हमीं अस्त। बहुत दूर निकल आयी हूँ। अब वह सब पकड़–जकड़ अर्थहीन लगते हैं। सिर्फ़ यह अहसास होता है कि मनुष्य होने का अर्थ होता है–याद रखना। गुज़रे हुए समय को, मिटे हुए रिश्तों को, उन्हें नये नामों से स्वीकार करना। माँ कहा करती थी–"जो पास आकर फिर दूर चले जाते हैं, वे क्या बिल्कुल ही मिट जाते हैं? जीवन से, मन से? वे तो रह ही जाते हैं। क्योंकि हम मनुष्य हैं न, पशु–पक्षी तो नहीं।"

अन्धड़ के बाद

कहाँ, किस कोने में छुपा बैठा है सुख, कौन ढूँढ़े?

'प्रेम' चला गया बहुत दूर। 'प्रेम' के नाम पर बिका हुआ समय भी बिला गया। मन की टूट–फूट को सँवारना, कूड़े–करकट को बुहारना, कोनों में छुपे बैठे सुख के छोटे–छोटे टुकड़ों को ढूँढ़ना, उनमें रमने की कोशिश। बहुत काम होता है। सो उसी में मन लगाया। इन सबके साथ–साथ मन हिसाब–किताब करता रहता है। जोड़, घटाना, गुणा, भाग। आत्मविश्लेषण। यह सब कुछ भी नहीं होता, अगर मन समझौता कर लेता। हज़ारों–लाखों औरतों की तरह। समझौते के नाम पर चुप्पी साध लेना, अनदेखी करते रहना, अपने को दबाते रहना, मिटाते रहना साहचर्य की बलिवेदी पर। एकतरफ़ा ऐडजस्टमेंट।

'तुमने ख़ुद ही चुना था यह रास्ता'। बार–बार यही सुनने को मिलता है। हाँ, चुना था। पर सोचा था...? कि साथ–साथ चलते रहेंगे? हमेशा? आगे–पीछे नहीं? यह कैसे हो सकता है? तुम्हें पीछे खींचने वाली लगामें? घर, हाँ घर। ड्रॉइंग रूम, बेडरूम, बाथरूम, किचन, सफ़ाई, कुकिंग, सामान लाना, धोबी, महरी, कपड़े धोना, सुखाना, तहाना, पार्टियाँ देना, समेटना, बीमारी, दवाई, डॉक्टर, तीमारदारी, बैंक, बाज़ार, टी.वी, मिक्सी, गीजर, टूट–फूट, मरम्मत, ख़रीदारी, सब्ज़ी, आटा, दाल, फल, कपड़े–लत्ते, त्योहार, जन्मदिन, मेहमान, सगे–सम्बन्धी, मित्र–पड़ोसी एक बहोऽऽत बड़ा गट्ठर है घर। बाँधना–खोलना, सँभालना–ढोना, तुम्हारा काम। अकेले।

अपने आप चुना हुआ साहचर्य और उसके 'डिमांड्स' कैसे स्त्री को अन्दर–ही–अन्दर दीमक की तरह चाट जाते हैं, इसका कोई और उदाहरण नहीं क्योंकि हमारी प्राथमिकताएँ अलग होती हैं, पुरुषों की अलग। यहाँ औसत पुरुषों की बात नहीं कर रही, औसत से अलग हटकर जीना चाहते हैं जो, उनकी बात कर रही हूँ।

हर समय साथ रहना, घूमना, एक ही क्रियेटिव काम में लगे रहना, पुरुषों के काम में सहायता करना। यह सोचना कि हमारे बग़ैर इसका गुज़ारा नहीं। और ऐसे कितने ही अनदेखे छिद्रों से समय बहकर निकल जाता है। हम अपनी रुचियों को भुला देते हैं, तिलांजलि दे देते हैं। बड़ा जानलेवा होता है यह साहचर्य, लँगड़े की बैसाखी की तरह। अनजाने में ही निर्भरता की आदत पड़ जाती है। आत्मनिर्भरता विदा ले लेती है। साथ और साहचर्य एक रबड़ की तरह व्यक्तित्व को मिटाता है। सिनेमा, नाटक, सभा, पार्टी में अकेले जाना अटपटा लगता है, किसी का साथ ज़रूर चाहिए। चाहे वह साथी हो, मित्र हो, कोई बच्ची ही क्यों न हो।

साहचर्य आशीर्वाद भी है और अभिशाप भी। जब ज़ाया हो जाने का बोध जागता है तो चारदीवारी के अन्दर एक निःशब्द कुरुक्षेत्र बनता रहता है, जहाँ कितने ही निहत योद्धाओं की तरह इच्छाएँ और सम्भावनाएँ जान गँवा देती हैं। उनकी कोई गिनती ही नहीं। अन्त में रह जाता है या तो अन्तहीन खेद या लादा हुआ सन्तोष। "मैं मिटती रही ताकि तुम बनो।" सबसे अहम बात यह कि यह सब कुछ बहुत धीरे–धीरे होता है। यह मिटना, व्यक्तित्व का बिला जाना।

मैंने भी साहचर्य का मूल्य चुकाया, पर अन्त तक आते–आते सब कुछ उल्टा क्यों पड़ गया?

आदतें, स्वभाव, विचार और मूल्य। ये चार बातें बहुत अहम होती हैं। जिसके साथ ज़िन्दगी जियो, उसके साथ इन चारों ही बातों का मेल हो यह तो असम्भव ही होता है। पर एक भी न मिले तो? विकल्प होता है मान लेना, अनदेखी करना। ऐसे ही समझौता होता है। पर समझौता भी किसी कारण ही किया जाता है। किसलिए? सिर्फ़ साथ बने रहना? एक उम्र में यह भी ज़रूरी लगता है–बहुत ज़रूरी। पर जीवन में हर क़दम पर अपने मूल्य, स्वभाव, विचारों को कुचलते जाओ क्योंकि सिर्फ़ साथ रहना है? सही और सुरक्षित समझी जाने वाली राह पर चलना है? अपने लिए, औरों के लिए, क्योंकि यही रीत है, यही महत्त्वपूर्ण है। मन गवाही नहीं देता। मेरा मन।

मैंने सोचा था
मैं खड़ी हूँ ऊपर।
इन सीढ़ियों से चढ़कर
ऊपर चलती हुई लगातार

पर सीढ़ियाँ सिर्फ़ ऊपर ही नहीं
नीचे भी तो ले जाती हैं।
इन सीढ़ियों से मैं नीचे उतरी हूँ
लगातार।
अन्धे कुएँ की अतल गहराइयों में—
नाटकों के डायलॉग याद आते हैं।

"अकेले—अकेले लड़ाई नहीं होती, धीरे—धीरे मर जाना होता है या फिर यहाँ आ पहुँचना होता है (गिनिपिग)।"

हालाँकि नाटक की सिचुएशन दूसरी है। पर कहीं पर मेल तो है ही। जहाँ मैं पहुँची हूँ, वहाँ पहुँचना नहीं चाहती थी। विशिष्टता की ऊँचाई का लोभ या महत्त्वाकांक्षा कभी न रही। पर अपना मनचाहा काम छूट जाये और किसी को इसका अहसास ही न हो? लिखना छूट गया। किसी लेखक को अपना परिचय देती हूँ तो कहते हैं—"अच्छा, अच्छा सांत्वना निगम।" भूतपूर्व हो गयी हूँ। इसके लिए मैं भी उतनी ही ज़िम्मेदार हूँ, जितने मेरे आसपास के लोग। मैं अगर दूसरों को सुविधा मुहैया कराने वाले काम छोड़ देती तो सभी को एतराज़ होता, पर इस पर किसी ने एतराज़ नहीं किया।

अपना चाहा न कर पाने, औसतपन की भीड़ में खो जाने वाली मैं ही पहली औरत नहीं हूँ। लम्बी लाइन लगी है। एक पूरी भीड़ है ऐसी औरतों की जो मणिकौल की फ़िल्म 'दुविधा' के 'भूत' की तरह अन्धे कुएँ से निकलकर उजाले की ज़िन्दगी जीकर फिर से अन्धे कुएँ में फेंक दी गयी हैं और चीखकर कह रही हैं—"मुझे निकालोऽऽ यहाँ से, मुझे निकालोऽऽ"।

रवीन्द्रनाथ की एक कविता है 'पौरोश पाथोर'—पारस पथरी। एक आदमी पारस पथरी ढूँढ़ रहा है। कमर पर लोहे की साँकल बँधी है। वह रास्ते में पड़ी किसी भी पत्थर को उठाता है, ठन्न से साँकल से छुआता है और पलभर साँकल को देखकर पत्थर फेंककर आगे बढ़ जाता है, दूसरे पत्थर के लिए। ऐसा करते—करते वह गाँव के अन्त तक पहुँच जाता है। उसे अपनी सुध—बुध नहीं है, पगलाया—सा हो गया है।

तभी बच्चों का एक झुण्ड खेलता हुआ आता है और कहता है—संन्यासी ठाकुर तुम्हारी कमर पर सोने की ज़ंजीर? कहाँ से मिली? पागल चौंक उठता है। आँखें मसलकर, हाथ से छूकर देखता है—सच ही तो। कब से कब में लोहा सोना बन गया, उसे पता ही नहीं। पारस पथरी को

साधारण पत्थर समझकर फेंक दिया। वह लौट पड़ता है, फिर से पारस पथरी ढूँढ़ने के लिए–

बाक़ी अर्ध भग्न प्राण
आबार कोरिलो दान
फिरिया खूँजीते
शेई पौरोश पाथोर

अपनी बची–खुची शक्ति, टूटा–फूटा शरीर हाथ आकर खो गयी। उसे पारस पथरी को ढूँढ़ने में लगा देता है।

मुझे भी अब लगता है लिखने में ही मेरी मुक्ति है–छपे या न छपे।

देस बिराना है

"किताबों के पन्नों से मिलाकर ज़िन्दगी जीना बहुत मुश्किल है ''त्विषाम पतिः"–'ताम्रपत्र' नाटक का यह डायलॉग कानों में गूँजता है। मैंने भी शायद यही जुर्रत की थी। इतनी लम्बी ज़िन्दगी में उल्लेख योग्य शायद कुछ भी न कर पायी। पर लड़ाई की थी–साधारण–सी लड़ाइयाँ, जो अकेले ही लड़ी जाती हैं। जिसका बीड़ा हमारे बाद परिवार का या आसपास का कोई उठा लेता है। बहुत लोग नहीं, पर इक्के–दुक्के तो प्रभावित होते ही हैं ऐसी लड़ाइयों से। पगडण्डियों पर चलकर उनको रास्ता बनाना कहीं पहुँचने का। "खून और कानून के दायरे के बाहर भी परिवार हो सकता है"–यह मैंने कोशिश की। इस लड़ाई में बाहर से ज़्यादा अन्दर की लड़ाई अधिक झेलनी पड़ी। दोनों को। स्वार्थ तो होता ही है, पर डिग्री में फ़र्क़ होता है। स्वार्थ, हाँ जुड़े रहने का स्वार्थ। राजेन्द्र की तरफ़ से अलगाव की परतें ज़्यादा रहीं, लगाव की कम। अपने को 'मैं और मेरा' के दायरे में बाँध लेना। समय, सोच, लेना–देना सब कुछ–मैं और मेरा। इस मामले में व्यक्ति की सोच को गढ़ने में उसके परिवार और उसकी पृष्ठभूमि का रोल बहुत अहम होता है। यहाँ भी ऐसा ही था।

घर अब 'डेरा' बन गया था। दो जनों का। जिन बच्चियों को गोद में खिलाकर बड़ा किया, अब उन्हें किसी सहारे की ज़रूरत न रही और वे आगे बढ़ गयीं। हम रह रहे हैं, नदी के द्वीप की तरह, साथ–साथ नहीं पास–पास। असम्पृक्त पुराने पड़ोसी हों जैसे। राजेन्द्र है–सुखी–असुखी, सन्तुष्ट–असन्तुष्ट यह वही जाने। पर हम दोनों के लिए यह एक समझौता–एक मजबूरी है। एक ही जगह रहते चले जाने की, जहाँ विशिष्टता के दम्भ और औसतपन की उदासीनता का टकराव चलता रहता है, निःशब्द और निरन्तर।

वह है और उसके साथ हैं–ब्लडप्रेशर, ब्लडशुगर, एल्कोहॉलिज़्म (हिन्दी

का शब्द बड़ा सड़कछाप लगता है अतः) स्वअर्जित रोग जिनको जवानी में खुली बाँहों से स्वीकारा जाता है। तो क्या हुआ? देखभाल करने को तो कोई रहेगी ही।

अभी तीन साल पहले राजेन्द्र की नब्बे प्लस के उम्र की माता जी चली गयीं निश्चिन्त होकर कि उनके लीक पर न चलने वाले बड़े बेटे को 'घर दि रोट्टी' बनाकर खिलाने वाली अब कहीं नहीं जायेगी–"शी हैज कम टु स्टे।" और मुझसे मरे हुए व्यक्ति का भी विश्वास नहीं तोड़ा जाता। सो कुकिंग–हाउसकीपिंग चल रही है। बामशक़्क़त उम्रक़ैद।

सब कुछ सूख जाने के बाद भी
यह कौन–सा नाला है जो ऊसर में बहता है?
(निर्मल वर्मा, रात का रिपोर्टर)

शारीरिक व्यस्तता के बावजूद मन में अथाह ख़ाली समय। संवादहीनता की मार को हमारी उम्र की सभी औरतों को झेलना पड़ता होगा। दुनिया से जाते समय एक ही तो लगेज होता है जो साथ जाता है–चुप्पी और रोमन्थन।

सो समय काटो। झींको मत। पार्क चली जाओ। लाइब्रेरी चली जाओ। जाती हूँ–साहित्य अकादेमी। आई.आई.सी. की लाइब्रेरी। बेहद सुन्दर जगह, लोदी गार्डन से लगी हुई। पौधों–फूलों से भरा शान्तिकुंज–सा। जो लोग आते हैं, प्रायः सभी 'शाम के राही' उम्र में। दोपहर को आओ–अपनी गाड़ी में। सारा दिन बिताओ लाइब्रेरी में, कुछ लिखो–पढ़ो। लोदी गार्डन में वॉक के लिए चले जाओ। शाम को कोई प्रोगाम हो या कोई फ़िल्म, बैठो, देखो, सुनो, घण्टा भर बैठकर अपने डेरे की ओर चल दो। यहाँ प्रायः सभी अकेले पुरुष और अकेली स्त्रियाँ होती हैं–सीनियर सिटिजन्स।

इस उम्र की सबसे बड़ी ज़रूरत। बात करे कोई। कोई हो जिससे बात कर सको। मन सालों पीछे लौट जाता है। याद आते हैं नानी के वे लम्बे–लम्बे 'मोनोलॉग'। सुबह के शुरू हुए शाम को रुकते थे। माँ का गला खोलकर रवीन्द्र संगीत गाना–अपने आप ही बोलते जाना। संवादहीनता से लड़ने का उनका अपना तरीक़ा। इस तरह का अबोला ख़त्म होते देखा है, अपने मित्र वर्गों में जब दोनों में से एक, विशेष रूप से पुरुष रोगग्रस्त हो जाता है। बोलचाल फिर से चालू हो जाती। क्यों? क्या शारीरिक रूप से आत्म–निर्भरता ख़त्म हो जाती है, इसलिए?

आजकल लिव–इन सम्बन्धों में स्त्रियों को कुछ क़ानूनी सुविधाएँ देने

की बात चल रही है। विरोधी स्वर भी काफ़ी, बल्कि ज़्यादा ही हैं। पर मुझे क़ानूनी सुविधाओं की कोई अपेक्षाएँ नहीं रहीं, वैवाहिक या विवाहेतर सम्बन्ध दोनों में ही। इतना ज़रूर मानती हूँ कि ऐसा होने से, शायद इस तरह के सम्बन्ध में बहुत–सी स्त्रियाँ शोषित अनुभव करने से मुक्ति पायें।

मैंने दोनों तरह की ज़िन्दगियाँ जी हैं। अपने अनुभव के आधार पर कह सकती हूँ कि मेरे लिए वैवाहिक सम्बन्ध या लिव–इन सम्बन्ध में कोई फ़र्क़ न रहा। अगर बात न बन पाये तो पति या प्रेमी के नागपाश में कोई फ़र्क़ नहीं होता क्योंकि दोनों ही पुरुष–प्रधान समाज की उपज हैं। उनकी सोच, माँगें, दबाव साथ रहने वाली स्त्री पर एक–से होते हैं। प्रेमी होने से ही क्या वह अपनी सोच को, जो एक सामन्ती पुरुष–प्रधान समाज की उपज है, बदल सकता है? मुझे नहीं लगता। इन दोनों युद्ध–क्षेत्रों में लड़ते रहना और फिर अकेले होते जाना ही मेरी और जाने और कितनी स्त्रियों की नियति है शायद। मैंने कई स्त्रियों को इस रास्ते पर न चलने की ही सलाह दी है। उनसे कहती हूँ–दायरे के अन्दर रहकर लड़ो, बाहर आने पर बहुत टूट–फूट झेलनी पड़ेगी। बहुत दम चाहिए इसे झेलने के लिए, और लड़ाई के बाद नगण्यता में खो जाने के लिए। कभी–कभी 'ख़ाली हाथ' के लिए मन बहुत उदास होता है पर संघर्ष का मुट्ठी भर इतिहास तो साथ है ही। वही क्या कुछ कम है?

चौथा आश्रम—मन का

धीरे—धीरे अकेले होते जाने का नाम ही बुढ़ापा है, शायद। विरूपता, अलगाव की इच्छा, आक्रोश, आत्मदया, आत्म—धिक्कार, पश्चात्ताप, हवा के झोंके की तरह आते हैं और थोड़ी देर ठहरकर गुज़र जाते हैं। शरीर कहता है मन से--समझौता कर लो समय से, अब क्या होगा क्रोध और कलुष पालकर? इससे अच्छा तो यह है कि कुछ ऐसा पीछे छोड़कर जाओ जिससे निश्चिह्न न हो जाओ। क्या इसलिए कि हम जाना नहीं चाहते? या फिर पिछली पीढ़ी की तरह विश्वास नहीं है कि "फिर आयेंगे हम, आत्मा कभी नहीं मरती।" शायद इसीलिए मरने के बाद भी बने रहने की यह इच्छा। एक ही प्रश्न मुँह बाये खड़ा रहता है—"क्या होगा?" बस शरीर को ज़िन्दा रखने के लिए जो ज़रूरी है, उन्हीं कामों में ख़ुद को उलझाये रखना।

जो बातें नहीं बन पायीं, वे मानो भीड़ लगाकर मन की दहलीज़ पर खड़ी हो जाती हैं? शिकायत करती हैं कि "हम खड़ी रही चौखट के उस पार, तुम्हारा इन्तज़ार करतीं, पर तुम्हें समय ही न मिला अर्थहीन व्यस्तता के परे झाँककर देखने का, हमारी ओर। अब हम लौट रही हैं" और हम उदास हो जाते हैं। समझौतों का मरहम लगाते रहते हैं अपनी अक्षमता को जस्टिफाई करने के लिए।

क्या हुआ जो कुछ बातें नहीं बन पायीं? ज़ख़्म पर जमी हुई पपड़ी चिटककर अलग हो जाती है तो अच्छा लगता है। जिन चीज़ों को कभी महत्त्व नहीं दिया, वही हमारे इन अकेले दिनों के साथी हो जाते हैं। बालकनी में आते पंछी, शोर मचाती गिलहरी से दोस्ती हो जाती है।

दाना—पानी डालकर सन्तोष कमाते हैं। पेड़—पौधों से लगाव हो जाता है। क्या होगा इनका जब हम न रहेंगे?

रोज़ 'पीछे की यात्रा' में उलझ जाते हैं। लौटना, पुरानी चिट्ठियों को खँगालना, पढ़ना, बिना फाड़े तह कर रखते जाना। पुरानी साड़ियों को

धूप दिखाना, उनसे जुड़ी तारीख़ों को याद करना और सोचते रहना कि कैसे समय बीत गया। अभी उस दिन की ही तो बात है?

शौब पाखी घौरे आशे
शौब नोदी
फुराये ए जीबोनरे
शौब लेन–देन
थाके शूधू अन्धकार
मुखोमुखी बोशीबार
बोनो लता सेन

(जीवनानन्द दास)

लौटते हैं पंछी बसेरे में
लौटती हैं सब नदियाँ
चुक जाता है जीवन का
सब लेन–देन।
रहता है सिर्फ़ अँधेरा
आमने–सामने बैठने का
वनलता सेन

नहीं कोई 'वनलता सेन' नहीं है आमने–सामने बैठने को। पर अब भी इच्छा होती है 'साथ' की। वैसे साथ की नहीं जो अब तक थी या अब है। साथ चाहे कोई भी हो–बच्चा, बूढ़ा, औरत, मर्द (मर्द क्यों नहीं?) जिसके साथ बातें हों। बसन्त, पतझर, वर्षा, शीत का आना–जाना, इन ऋतुओं को महसूस किया जाये। साथ बैठे संगीत, नाटक, कविता का आनन्द उठाया जाये, लोदी गार्डन में घूमते हुए पंछियों को ढूँढ़–ढूँढ़कर देखा जाये, खिलकर मुर्झाते फूलों को देखकर उदास हुआ जाये, यह महसूस किया जाये कि जाना तो है ही पर जाने से पहले तक क्यों न जिया जाये, जीवन को एक विलम्बित लय के गीत की तरह?

❑❑